KB233145

어원 산책

어원산책

최 창 렬 지음

어원을 캐는 재미

최 창 렬(전북대학교 명예교수)

고맙습니다. 시골에서 조용히 공부하고 있는 제가 우리나라에서 가장 권위 있는 학술재단의 학술 공로상을 받는다는 것은 제 생애에 가장 큰 보람이요 영광입니다. 이름도 빛도 없이 그늘에서 조용히 제 앞 감당이나 가까스로 꾸려가지고 사는 사람을 발굴하여 뜻밖에도 이렇게 과분한 큰 상을 내리시니 참으로 눈물겹습니다. 지리산 덕두봉 자락, 하늘 아래 첫 동네, 첫 집인 대나무 숲 안집에서 태어나 아버지 어머니가 선산에서 베어 내린 아름드리 소나무로 동네 사람들과 더불어 땀흘려 지으신 노루목 예배당의 종치기 소년으로 자라 사범학교에 들어갔을 때 동네 이웃사람들이 퍼부어 주던 성원에 목메던 때가 절로 생각납니다. '내가 이 좋은 내 이웃에게 무엇으로 보답하며 내 삶을 살아갈꼬?' 하는 마음의 짐을 지기 시작했습니다.

'나를 키워주는 힘은 과연 어디서 오는 것일까? 그것은 하늘이 내게 내려주신 이 땅 우리 고장의 우리말이다'라는 생각으로 농가월령가의 구절처럼 전개되는 농가의 아름다운 풍습과 풍경을 더 유의미하게 새기며 살리라는 다짐으로 서울대학에 들어갈 때에도 우리말을 공부하는 과를 찾아갔습니다.

이희승 은사님의 조용조용한, 그러면서도 명쾌한 우리말 강의, 최현배 은사님의 무섭고도 단호한 우리말 사랑의 절대명령, 그리고 김형규 은사님의 우리말 공부의 보람과 다정다감한 제자 사랑과 아르바이트 안내, 피천득 은사님의 부드러운 옛날 영시 감상, 이휘영 은사님의 어려우면서도 더 배우고 싶은 불어 강의, 이 탁 은사님의 인생을 걸고 펼치는 듯한 우리말 뿌리 강의……. 이 모두가 저의 대학시절의 황홀경이었습니다. 이 땅의 사나이가 가야 하는 군복무를 마치고 나서 보니 제가 감당하여 짊어지고 갈 무거운 짐들이 제가 공부하는 길도 조정해 주었습니다. 이때에 의미론 공부도, 우리말 공부를 좀더 새롭게 접근해 보자는 과분한 욕심으로 이을환 선배님, 이용주 선배님, 박갑수 선배님, 김민수 선배님, 심재기 동기의 글들을 모조리 탐독하면서 어렵기만 한 일을 시작했는데, 여기에서 한 걸음 더 나아가는 방법은 '우리말의 근원지인 의미'를 찾아서 밝혀보는 일이라고 생각하여 우리말 어원 연구에 돌입하게 되었고, 가면 갈수록 그것이 그처럼 재미나고 신날 수가 없었습니다.

이 신나는 공부를 해 나가면서 『우리말 어원연구』, 『어원의 오솔길』, 『아름다운 민속어원』, 『어원산책』 등의 책을 내고 있는 동안에 그늘에 묻혀 있는 저에게 어느 날 갑자기 철도청 기관지 '한국철도'에서, 한국일보에서 MBC와 KBS라디오에서 한국교총기관지 <새교육>에서 <전통문화>지에서 원고청탁이 들어오게 되어, 저는 더욱 눈코 뜰 새 없이 바빠져서 날밤을 새는 일이 잦아졌고 또 그것이 재미있었습니다. 이때 한글학회에서 우리 말글 연구와 실천의 공로를 표창받게도 되고, 문화공보부에서 『어원의 오솔길』을 우수도서로 추천하여 청소년 필독도서로 선정, 구입해 국내외 공관에 배본 비치한 것이 저에겐 큰 격려가 되었습니다. 그러다가 우리가 가장 값진 언어 유산으로 꼽는 우리 '속담'의 어원에도 관심을 가져보자고 하여 쓴 논문이 30여 편 나오게 되어 이것을 『우리속담 연구』로 묶어 내게 되었습니다. 이것이 대한민국 학술원에서 가장 우수한 도서로 추천받게 된 것이 저에겐 또 한번의 격려요 큰 영광이 아닐 수 없었습니다.

이렇게 그늘진 시골에서 우리말의 어원을 찾아 신나서 공부하는 동안에 정년이라는 이정표를 지나오면서 아직 꿈속에서 그려 보며 이루지 못한 것 또 하나가 부각되어 이것이 길 안내를 하기 시작했습니다. 우리말 사전의 과반수에 이르는 한자어의 어원을 캐자면 '자원(字源) 탐구'를 해야 한다는 생각으로 정년 이후 줄곧 찾아본 것이 40편 정도의 논문 원고가 되어 지금 편집, 교정 중에 있습니다. 옥편의 기술도 바로잡아야 할 데가 많이 보이기 시작했습니다.

아무튼 이번 이 상은 제가 게으름 피우지 말고 남은 여생을 우리말 어원 공부에 힘닿는 데까지 정진하라는 격려로 받겠습니다. 고맙습니다.

(제9회 동숭학술 공로상 수상소감)

차 례

Ⅰ. 착각 속에 맴도는 말들

[가] 마렵다 ··· 19

  1. 큰 실수 ··· 19

  2. '마렵다'의 뿌리 ······································ 20

  3. 목마르다 ··· 20

[나] '사람인(人)'자 풀이 ······························· 22

  1. 어이없는 착각 ·· 22

  2. 두 사람이 아닌 한 사람 ······················· 22

  3. 천원(天圓), 지방(地方), 인립(人立) 사상 ····· 23

[다] 가멸다 ··· 25

  1. 하늘만큼 ··· 25

  2. 잊혀져 가는 고운 말 ····························· 25

[라] 샘물과 우물 ··· 27

  1. 우물은 움물에서 ···································· 27

  2. 샘솟는 물 ·· 28

  3. 몰이네 몰이네 ·· 28

  4. 샘이 깊은 물이 바다에 가나니 ··············· 29

    5. 샘물과 우물 ······ 29
    6. 샘물과 우물을 복수표준어로 삼다니 ······ 30

[마] 샛별과 기라성 ······ 32
    1. 샛별과 계명성 ······ 32
    2. 일본말투 '기라성'의 정체 ······ 33

[바] 반물 ······ 35
    1. '곤색'은 일본말 ······ 35
    2. 반물치마와 쪽빛 하늘 ······ 35

[사] 냄새와 냅다 ······ 37
    1. 연기가 맵다고 해서야 ······ 37
    2. 매운 맛과 내운 냄새는 다르다 ······ 37

[아] 다니다 ······ 39
    1. 다리 밑에서 주어 온 아이 ······ 39
    2. 다니다와 거닐다 ······ 40

[자] 아니리 ······ 42
    1. 흥겨운 한판의 소리 '판소리' ······ 42
    2. 창하는 소리 안에서 말로 이르는 사설 ······ 43

[차] 활개 ······ 44
    1. 새에 날개가 있듯이 ······ 44
    2. '발·밟다'와 '볼·볿다' ······ 45
    3. 활개와 화장 ······ 45

[카] '살강' 이야기 ·· 46

　　1. 살강도 모르는 요즘 아이들 ································· 46

　　2. '시렁'과 '살강' ··· 47

　　3. 지게에 짐을 짊어지다 ··· 47

　　4. '시렁'은 물건을 '실어' 얹어 두는 곳 ················· 48

　　5. '콩나물'과 '엿기름'에서의 유추 ························· 49

　　6. '살강'은 '실겅'의 변형 ·· 50

[타] 마무리가 불가능한 끝없는 착각의 말들 ·················· 52

　　1. 용납할 수 없는 착각들 ······································ 52

　　2. 끊임없이 이어지는 착각의 미로 ······················ 53

II. 푸짐한 음식

[가] 상추쌈과 풋고추 ··· 57

　　1. 식탁의 진미 ··· 57

　　2. 상추 ··· 58

　　3. 배추 ··· 60

　　4. 김치 ··· 61

　　5. 동치미 ··· 66

　　6. 김장과 지 ··· 68

　　7. 풋고추 ··· 71

　　8. 마무리 ··· 72

[나] 등심과 안심 ··· 75

　　1. 연하고 순한 등심 ··· 75

　　2. 쇠고기의 여러 부위와 맛 ·································· 76

가) 사냥과 목축으로 길들인 고기 맛 ·············· 76

나) 쇠고기의 여러 부위 ·············· 78

다) 맛깔스러운 다양한 요리 ·············· 79

3. '등심'의 근원적인 뜻 ·············· 81

가) 사전의 그릇된 기록 ·············· 81

나) 힘이 솟아나오는 힘살 ·············· 82

4. '안심'의 근원적인 뜻 ·············· 84

가) '안심' 부위의 위치 ·············· 84

나) 갈비 밑 안쪽 힘살 ·············· 86

5. 마무리 ·············· 88

[다] 빈대떡과 약밥 ·············· 91

1. 계절식 이야기 ·············· 91

2. 연초의 계절식 ·············· 92

가) 만두와 인절미 ·············· 92

나) 빈대떡과 저냐 ·············· 101

다) 단자와 다식 ·············· 103

라) 식혜와 수정과 ·············· 106

마) 세주(歲酒)와 이굳히엿 ·············· 109

3. 대보름의 계절식 ·············· 110

가) 약밥과 오곡밥 ·············· 111

나) 부럼과 귀밝이술 ·············· 114

다) 묵은 나물과 복쌈 ·············· 115

4. 마무리 ·············· 116

[라] 한참과 새참 ··· 119

  1. 농촌의 맛깔스러운 새참과 밤참 ······················ 119

  2. '한참' 이야기 ··· 120

    가) 철마(鐵馬)와 역참(驛站) ···························· 120

    나) 말먹이꾼의 일화 ····································· 121

    다) '汽車'와 '驛' ·· 122

    라) 담배 한참 ·· 124

    마) 담배 한 대를 왜 '개비'나 '까치'라고 하나? ··········· 125

    바) '한참'의 근원적인 뜻 ································ 126

  3. '새참' 이야기 ··· 127

    가) 품앗이와 새참 ·· 127

    나) '품팔이'와 '품앗이' ·································· 128

    다) '품·품다·품앗이'의 상관 ························· 128

    라) '새참'과 '한참' ······································· 130

  4. 마무리 ·· 131

Ⅲ. 수를 헤아리는 말의 어원

[가] 하나·둘·셋 ··· 137

  1. 헤다 ··· 137

  2. '하나'의 어원과 의미 ······································ 140

    가) 그럴듯한 오인 ·· 140

    나) 옛말을 디딤돌 삼아 ································· 142

  3. '둘'의 어원과 의미 ··· 145

    기) 재미있는 발견 ·· 145

    나) '둘'이 걸어 온 발자취 ······························ 146

    다) '둘'과 이웃하는 파생어들 ························ 146

4. ‘셋’의 어원과 의미 ································ 148

　　가) ‘셋’과 근원을 같이하는 말들 ············· 148

　　나) 세 번째로 꼽는 가운데손가락 ············· 151

5. 마무리 ······································ 153

[나] 수를 셈하는 지혜 ······························ 155

1. 손가락 ····································· 155

2. 수를 적는 지혜 ······························ 156

3. ‘넷’의 어원 ·································· 158

4. ‘다섯’의 어원 ······························· 161

5. 새로운 출발 ‘여섯’ ·························· 164

6. 영원한 두 맞수 ······························ 167

　　가) ‘서·너’와 ‘사·나’ ······················ 167

　　나) ‘닷·엿’과 ‘대·예’ ······················ 168

[다] 양의 수와 음의 수 ···························· 172

1. 음양 ······································· 172

2. 양이 극에 이른 수 ‘아홉’의 어원 ············· 174

3. 음이 극에 이른 수 ‘열’의 어원 ··············· 177

4. ‘여덟’의 어원 ······························· 182

5. ‘일곱’의 어원 ······························· 184

6. 마무리 ····································· 187

[라] ‘흔’ 계열 수 이름의 어원 ······················ 189

1. ‘흔’자 돌림의 수 이름들 ····················· 189

2. 서른의 옛말 ‘셜흔’ ·························· 190

3. ‘마흔’의 어원 ······························· 191

    4. '이른'의 옛말 '닐혼'과 '예순' ……………………………… 194

    5. '아흔'의 어원과 '여든' ………………………………………… 197

    6. 마무리 ……………………………………………………………… 198

[마] '스물'과 '쉰'의 어원 …………………………………………… 201

    1. 남은 과제를 푸는 지혜 ………………………………………… 201

    2. '쉰'의 어원적 의미 ……………………………………………… 202

        가) '다섯'과 '쉰'의 관계 ……………………………………… 202

        나) 새 암시에서 얻은 가정 …………………………………… 204

    3. '스물'의 어원 …………………………………………………… 208

        가) '둘'과 '스물'의 먼 거리 ………………………………… 208

        나) 하나의 가정 ………………………………………………… 210

        다) 의미상 넘나드는 가교 …………………………………… 212

    4. 마무리 …………………………………………………………… 214

Ⅳ. 인간과 자연

[가] 가랑비와 싸락눈 ………………………………………………… 219

    1. 철 따라 내리는 비 ……………………………………………… 219

    2. 가랑비 이야기 …………………………………………………… 220

        가) 고맙고 반가운 비 ………………………………………… 220

        나) 안개같이 내리는 능개 …………………………………… 221

        다) 정감어린 가랑비 …………………………………………… 223

        라) '가랑비'의 근원적인 뜻 ………………………………… 224

        마) 논 갈고 밭 가는 정성 …………………………………… 225

        바) '갈다'에서 움돋는 말의 싹들 ………………………… 227

3. 싸락눈 이야기 ···················· 228

　　가) 싸락눈을 받아먹는 동심 ················ 228

　　나) 싸라기와 싸락눈 ···················· 229

　　다) 시래기 토장국과 싸락눈 ············· 231

　　라) 쓰레기와 싸락눈 ···················· 232

4. 마무리 ··························· 234

[나] 도토리와 다람쥐 ························ 235

1. 반가운 다람쥐 ························ 235

2. 도토리와 상수리의 어원 ················ 237

　　가) 도토리나무의 별명들 ················ 237

　　나) 참나무 열매 '상수리' ················ 238

　　다) 떡갈나무 열매 도토리 ··············· 239

　　라) 졸참나무 열매 굴밤 ················· 240

3. 다람쥐의 어원과 그 의미 ··············· 241

　　가) 반가운 동물 ······················ 241

　　나) 쥐과의 신사 다람쥐 ················· 243

　　다) 표범 무늬의 귀족 ·················· 244

　　라) '쥐'의 족보 ······················· 246

　　마) 달리기 선수 ······················ 247

4. 마무리 ··························· 249

[다] 연 ································· 252

1. 동심의 날개 ························· 252

2. 연에 담긴 뜻 ························ 253

　　가) 하늘에 매달아 놓은 사람의 마음 ······· 253

　　나) 하늘을 날아 떠 있는 솔개 ············ 254

3. 연에 실어 멀리 띄우는 사연 ·········· 255

4. 연에 얽힌 일화 ·········· 256

5. 연과 복조리 ·········· 258

6. 연의 구조 ·········· 259

7. 연줄과 얼레 ·········· 261

8. 연의 이름과 빛깔 ·········· 262

　　가) 기반(棋斑) ·········· 263

　　나) 묵액(墨額) ·········· 263

　　다) 쟁반(錚盤) ·········· 264

　　라) 방혁(方革) ·········· 264

　　마) 묘안(猫眼) ·········· 264

　　바) 작령(鵲鴿) ·········· 265

　　사) 어린(魚鱗) ·········· 265

　　아) 용미(龍尾) ·········· 266

9. 마무리 ·········· 266

[라] 우주와 인간 ·········· 268

1. 우주의 신비 ·········· 268

2. 공간은 어떤 모양으로 전개되는가? ·········· 270

　　가) 공간(空間)개념의 네 차원 ·········· 270

　　나) 집합이론의 가정과 세 단위 ·········· 271

3. 공간으로 이해되는 시간 ·········· 273

4. 시간은 어디로 흘러가는 것일까? ·········· 275

　　가) 원형회귀의 반복으로 본 그리스인의 시간관 ·········· 276

　　나) 목표지향적인 기독교의 시간관 ·········· 277

　　다) 가속일로로 달려가는 변증법적 시간관 ·········· 279

5. '인간'에 관한 몇 가지 착각 ·········· 279

가) '인간'의 근원적 의미 ·············· 280

나) '사람'과 '人'의 근원적인 의미 ·············· 281

6. 마무리 ·············· 282

◇참고논저◇ ·············· 284

I. 착각 속에 맴도는 말들

〔가〕 마렵다

1. 큰 실수

삼복더위가 다가오면 사람마다 땀을 흘리게 마련이지만 특히 뙤약볕에서 논밭의 김을 매는 농부들의 일손은 더욱 바빠져 비지땀을 흘리게 된다. 이때 시원한 막걸리 한 사발이 타는 목을 식혀 주면 더 말할 나위도 없겠지만 옹달샘에서 막 길어 온 차가운 물 한 그릇이라도 들이켜고 나면 더 바랄 것이 없을 것만 같을 것이다. 때마침 새참을 장만하여 머리에 한 광주리 이고 아내나 며느리가 나타나면 그 반가움이 어떠하겠는가?

이때 갓 시집 온 며느리가 시아버지께

"목 마려우신데 시원한 것 좀 드시고 땀 좀 개시지요."라고 말했다면 큰 실수다.

아내가 남편에게

"목 마랍지요, 얼른 나와 막걸리 한 잔 하고 숨 좀 돌립시다."
라고 말했다 해도 역시 큰 실수임에 틀림없다. 이 얼마나 아름다운 풍경인가? 어찌 실수라 하랴. 그러나 그 다정스럽고 효성스러운 마음씨와 정성어린 내조의 모습이 돋보이는 풍경임에도 불구하고 그 말하는 내용을 새겨 보면 엄청난 큰 실수를 저질러 버리고 만 것이다.

이와 같은 말씨는 비단 농촌에서만 쓰이는 것이 아니라 관청이나 회사의 사무실에서 꽤 지위가 높고 교양과 지식이 갖춰진 사람이라고 믿어지는 사람들끼리도 종종 이런 말투는 오가게 마련이다.

그렇다면 이 대화의 한 토막 가운데 어떤 말이 어째서 큰 실수가 된다는 것일까?

2. '마렵다'의 뿌리

'목 마려우시지요'나 '목 마랍지요'라는 말은 사용할 수 없는 이른바 어불성설이다. 목은 음식을 섭취할 때 몸 안에 들어오는 입구의 통로라고 볼 수 있는데 '마렵다'는 이 음식이 몸에서 소화를 끝내고 그 찌꺼기가 몸 밖으로 쏟아져 나가는 출구로서의 통로에 느끼는 감각을 나타내는 말이기 때문이다.

'마렵다'의 옛말을 찾아보면 'ᄆ릅다'로 쓰이고 있었다. 시골말에서 지금도 '마랍다'로 쓰인다. 이때 이 말의 어근은 'ᄆᆞᆯ'이다. 이는 '큰 ᄆᆞᆯ, 작은 ᄆᆞᆯ'로도 쓰이면서 분뇨를 가리키는 말이었다.

분뇨(糞尿)라는 한자를 분석하면 더욱 재미있다. '糞'은 쌀이 몸속에 들어가서 달라진 것을 가리킨다. '尿'는 꼬리(尾)에서 쏟아지는 물을 가리킨다. 이 분뇨를 우리 옛말에서 'ᄆᆞᆯ'이라 했던 것이다. 여기에 형용사접미사 'ㅡ읍다'가 붙어서 'ᄆᆞᆯ＋읍다'의 조어구조를 이루어 'ᄆ릅다'로 쓰였던 것이다. 이것이 오늘날 시골말에 '마랍다'로 남아 있고 표준어로는 '마렵다'로 바뀌어 쓰이고 있으나 그 뜻은 여전히 그대로 남아 있는 것이다.

3. 목마르다

성경에 보면 예수가 십자가에 못 박혀 기진탈진하였을 때 "내가 목마르다."라고 했고 신포도주를 적신 해웅을 우슬초에 매어 그 입에 대니 받아 마시고 나서 "다 이루었다."는 마지막 한 마디를 남긴 뒤 머리를 숙이고 숨을 거두는 장면이 나온다.

목마른 상황은 이처럼 마지막 숨을 거두는 자리에서까지 한 방울 물이라도 적셔 주기를 갈망하는 안타까운 소망이다. '갈망'이라는 말 자체는 목마르게 바란다는 뜻의 말이다. 이 말을 따라 한자 '목마를 갈(渴)'자를 써서 '목이 갈하다'라고 나타내기도 하는 까닭을 우리는 알 수 있다. 더욱 각박한 표현으로는 '목이 탄다'고도 말한다. 목 타게 기다린다는 표현의 말이 두루 쓰이고 있는 것을 보면 그 까닭을 알 수 있다.

따라서 목이 '마르다'나 '갈하다'나 '타다'라고 말할 자리를 목이'마렵다'고 나타낸다면 실수치고는 큰 실수가 아닐 수 없다. 상체의 목에 신선한 생수를 들이켜고 싶은 간절한 소망을 하체의 부패한 분뇨를 쏟아 배설하고 싶다는 표현으로 잘못 버릇 들여 쓴다면 "목에서 분뇨가 쏟아져 나올 것 같지요."라는 뜻의 말이 되고 말 것이니 이게 어디 말이나 될 법한 말인가?

〔나〕 '사람인(人)'자 풀이

1. 어이없는 착각

우리는 끝없는 착각 속에 헤매며 살아가고 있는지 모른다. 이 착각의 악몽에서 깨어날 줄 모르고 그것을 오히려 미화하여 오도하는 경향마저 있으니 안타까운 일이 아닐 수 없다.

우리말에 꿈보다 해몽이 좋다는 말이 있다. 어이없는 착각을 발을 구르며 애달아한다고 별수도 없거니와 네 탓이니 내 탓이니 탓을 잡아 잘 풀릴 리도 만무할 터이니 차라리 웃으며 곱게 보고자 하는 우리 선인들의 지혜로운 생활자세에서 우러나온 말이리라.

나를 믿는 게 지나쳐 천하가 내 발 아래 있다고 믿어 버리는 나 자신에 대한 과대망상도 그렇거니와 남도 내 마음 같은 줄 알고 믿어 버리다가 큰 코 다치는 일 또한 그렇다. 삶의 값진 인고의 지혜를 감각에 거슬리거나 마음에 내키지 않는다고 헌신짝처럼 아무렇게나 함부로 내동댕이쳐 버리는 일도 그렇다.

그 어느 착각도 진실 앞에 무릎을 꿇어야 마땅하지만 진리를 가르쳐야 할 지도급 인물들이 허상의 착각에 말려들어 거짓을 가르치고 있는 일이 자주 있다면 이 또한 큰 일이 아닐 수 없다. '사람 인(人)'자가 두 사람이 의지하여 붙들고 있는 모양을 그린 상형문자라는 풀이가 착각의 좋은 본보기의 하나라고 생각한다.

2. 두 사람이 아닌 한 사람

사람은 사회적 동물이어서 혼자 살 수 없고, 따라서 서로 도와서 의지하고 살아가야 함을 '사람 인(人)'자가 잘 보여주고 있다는 이야기는 너무 자주 들어서 이제는 거의 상식으로 되다시피 귀에 익어 있다. 초등학교 때도 들어 본 기억이 나고, 중학교 때도 들었던 것 같고, 고등학교 때도 애국조회에서 이름 있는 교장의 훈화로 들어 본 기억이 있는 사람이 요즘 젊은층에는 대단히 많을 것이다.

재작년이던가 유명 중앙지인 모 일간신문 광고대상에도 두 사람이 꽉 껴안고 있는 모양이 사람 인자로 크게 그려진 것이 차지한 일이 있어 이 착각은 더욱 깊은 늪에 빠져 들게 된 셈이다. 심지어는 국영방송이나 민영방송의 퀴즈에도 등장하여 텔레비전 화면을 통하여 우리 가정 안방 구석구석까지 이 착각을 진리인 것처럼 오도해 오고 있다. 그러나 그것은 어이없는 착각이 빚은 허상이 말쟁이들의 말장난에 의해 진실의 옷을 허울로 빌려 입고 날뛰는 격이라 아니할 수 없다.

상고시대 갑골문자를 쓰던 때의 사람 인(人)자를 찾아보면 '𠆤'로 그려져 있다. 두 사람이 결코 아닌, 한 사람이 서 있는 옆모습을 그려 놓은 상형문자임에 틀림없다. 이 상형문자의 모양을 처음 딱 보는 순간 우리는 그동안 호사가들의 언어유희를 유식한 진실로 착각하여 왔다는 것을 즉각 판단할 수가 있으며 허무맹랑한 허상에 속아 그동안 놀아났다는 허탈감에 빠지는 것을 어찌할 수가 없는 것이다.

3. 천원(天圓), 지방(地方), 인립(人立) 사상

'사람 인'자의 모양을 굳이 풀이한다면 머리는 하늘을 우러러 위로 향하고 발은 땅을 제겨 딛고 서서 팔은 앞으로 내어 흔들며 활동하여 앞으로 나아가려는 자세를 그린 것이라고 할 수 있을 것이다. 하늘은 무한하다는 것을 '둥글다'로 표현했고, 땅에는 새(東) 마(南) 하늬(西) 높(北)의 네 방위가 있음을 '지방(地方)'이라고 나타냈고, 사람은 하늘과 땅 사이에 가장 영귀하여 몸은 땅에 속하지만 그 머리와 영혼은 하늘에 닿아있음을 '인립(人立)'으로 나타냈던 옛 선인들의 높은 지혜에 바탕을 둔 글자라고 풀이될 성질의 것이다. 결코 두 사람이 붙들고 껴안고 있는 모양이라는 속된 말장난에 속아서는 안 될 것이다.

〔다〕가멸다

1. 하늘만큼

우리는 어렸을 적에 올해 풍년들어 거둬들인 곡식이나 과일이 얼마나 많으냐고 물으면 곧장 양팔을 활짝 펴서 한 아름 벅차게 안으려는 자세를 취하면서 '이만큼, 이마아안큼' 많다고 말하곤 했을 것이다. 이만큼이 도대체 얼마 만큼이냐고 다그쳐 물으면 '이마아아안큼, 하늘만큼'이라고 말하면서 가슴을 활짝 열고 웃음을 함빡 머금었다가 이윽고 터뜨려버렸던 기억이 더욱 분명히 떠오를 것이다.

이처럼 우리는 한없이 풍요롭고 부요하다는 표현을 가슴을 활짝 열어 가슴 벅차다는 몸짓을 하여 나타내었던 것이다. 우리의 풍요롭다는 뜻의 옛말 '가멸다'나 '가멸지다'도 여기에서 싹튼 말임을 우리는 깨닫고 다시 한번 그 말을 만든 옛 선인들의 슬기를 반기지 않을 수가 없다.

그런데 종종 '가멸다'나 '가멸지다'가 '감이 열다' 또는 옷감이나 먹을 감과 같은 자료로서의 '감이 열다'의 조어구조로 오판하는 일이 있다.

2. 잊혀져 가는 고운 말

우리말의 자랑스러운 특징 가운데 아름다운 형용사가 많다고 하는 것이 그 으뜸가는 자랑거리의 하나라고 생각된다.

그런데 참으로 값진 뜻을 가진 고유 수 우리말 형용사가 한자어의 세력에 눌려 그 자취조차 찾아 볼 길 없이 잊혀져가고 있어 안타깝기 짝이 없는 일이 종종 있다. '가멸다'가 그 좋은 예다. 이 말은 풍년이 들어 먹을 것이 많다는 뜻의 '豊饒롭다'나, '豊盛하다' 또는 '富裕하다'라는 한자말 어휘가 대신 쓰이고 있을 뿐 '가멸다'는 그 변이된 어형 '가멸지다'까지도 언어사용의 현장에서 그림자조차 없어져가고 있다. 그런데 이 '가멸다'는 되살려 다시 쓰고 싶은 고운 말이다. 그렇다면 '가멸다'는 원래 어떤 뜻을 가지고 있고 어떤 조어구조로 이룩된 말이었을까? 우리는 흔히 흡족하다는 뜻의 말을 '가슴 뿌듯하다'라든지 '가슴 벅차다'라는 표현의 말로 쓴다. '가멸다'가 바로 이러한 뜻과 관련이 있다.

'가멸다'의 옛 어형은 『두시언해』에 이렇게 나타나 있다.

ᄀᆞᅀᆞ멸며 裕ᄒᆞ면 내게 뜬구름 곹ᄒᆞ니라: 富貴於我如浮雲(杜解 16: 25)
ᄀᆞᅀᆞ면 희를 누 닐오디 더디다 하ᄂᆞ뇨: 豊年熟云遲(重杜解: 34)

여기에서 '가멸다'가 '가ᅀᆞ멸다'로 쓰이다가 'ᄀᆞᅀᆞ멸다'로 바뀌어 나타나 있음을 본다. 이것이 다시 줄어 '가멸다'가 된 것이다. 여기서 우리는 '가멸다'의 옛말이 '가슴(胸)+열다(開)'의 조어구조로 분석된다는 것을 알 수 있다. 이것을 깨닫는 순간 우리는 모든 농작물이 잘 익어 풍년이 들어서 농부들이 땀 흘려 일한 보람을 느끼면서 천석꾼이나 되는 듯하여 가슴 뿌듯하고 가슴이 벅차는 기쁨을 이기지 못해 가슴을 활짝 열고 기쁨이 넘치는 환호와 함께 조물주에게 감사하다는 뜻을 나타냈던 진솔한 우리 선인들의 얼굴을 대하는 듯 반갑기만 하다.

잊혀져가는 어휘를 찾아보고 다시 음미해 보는 일은 여간 기쁜 일이 아니다. 가슴을 활짝 여는 만족과 기쁨으로 풍요로움을 표현하는 이 '가멸다'라는 어휘는 그 대표적인 예라고 할 수 있다. '풍요하다', '풍성하다', '부유하다' 같은 한자어를 형용사로 변형시켜 쓰기보다는 아름다운 우리말을 입에 올려봄 직하지 않는가. 더구나 그 의미구조나 조어구조를 알고 보면 한자어보다 훨씬 깊은 정신이 담겨져 있어 선인들의 숭고한 생활철학이 느껴지기까지 하게 될 것이다.

〔라〕 샘물과 우물

1. 우물은 움물에서

샘물과 우물을 동일한 의미로 사용하는 경우가 많은데 과연 샘물과 우물은 동의어일까? 샘이라고 하는 것은 물이 땅에서 솟아나오는 자리를 말한다. 우물은 땅을 파고 지하수의 물을 괴게 하여 물을 얻는 것을 말한다.

물은 왜 [mul]이라고 하는가? 15세기에 이 말은 '믈'로 나타난다. 모음의 /으/는 그 앞의 /ㅁ/에 동화되어서 /우/로 바뀌었다. 그러나 15세기 이전의 어형은 어떤 것이었을까? 혹은 다른 언어로서 이와 기원을 같이하는 말을 가진 것은 없을까? 이러한 의문이 꼬리를 물고 일어난다.

『계림유사』에는 '水曰沒'이라 하였으니, 고려시대에도 대개 '믈'과 비슷한 음상을 가졌던 말을 사용했던 것으로 생각되는데, 이두 표기로서는 물을 '買'로 기록한 데가 많다. '買'는 물과 무슨 관련이 있는 듯하다.

몽고어에는 'mören'이 있는데 이것은 강이란 뜻이고, 만주어의 'muke'는 물이란 뜻이다. 일본어의 'mizu'의 'mi−'도 '물'과 무슨 관련이 있는 듯하다. 이런 말들은 혹시 공통된 말에서 분화되어 내려오지 않았을까 하는 생각을 갖게 만든다.

그렇다면 우물은 어떠한 변화과정을 겪어왔는지 한번 생각해보자. 이 말의 15세기 어형은 '우믈'로서 그 뜻은 현대어와 같았다. 그런데 '우믈'은 분명히 '움'과 '믈'의 합성어이었던 듯하다. 이렇게 생각하면 이 말은 원래 '움과 같이 땅속을 움푹 판 곳에 괸 믈'이 뜻이었던 것이다.

움믈 >우믈> 우물
(井) (움의 물)

어형 변화 면에서 우물이 이러한 변화과정을 겪었는데, 발음의 측면에서는 3단계의 변화를 겪었다. '움믈>우믈'의 과정에서는 중복자음(gemination)의 하나가 줄어든 것으로, 발음의 노력을 줄여 보려는 경향에서 오는 중복음의 축약—생략이다. 그리고 '우믈>우물'의 '으>우' 과정은 앞에서 본 것과 같다.

의미 면에서는 원래 '움에 괸 물'을 가리키는 말이었는데 의미 사이의 접촉으로 '물이 고인 곳'을 가리키게 되었다. 그리하여 현대어의 우물에서는 원래의 '물'의 뜻은 사라지고 완전히 '곳'을 가리키게 되어서 우물의 물을 가리킬 때에는 '우물물'이라 하기에 이르렀다.

그러면 샘물은 과연 어떤 의미를 갖는 말인가를 살펴보고, 어떻게 하여 우물이란 말과 혼동하여 사용하는지를 살펴보자.

2. 샘솟는 물

끊임없이 콸콸 샘솟는 물을 샘물이라 한다. 산속의 돌 틈 사이에서 맑은 물이 솟아오르는 것을 보고 덥쑥 엎드려 입을 대고 한바탕 꿀꺽꿀꺽 들이마시고 나면 온몸의 피가 맑아지는 것 같고 기운이 새로 솟아날 것만 같이 기분이 상쾌해지게 마련이다. 아침마다 약수터에 줄을 잇는 산책객들의 행렬에서 우리는 약으로 소독하여 마시는 수돗물과는 바꿀 수 없는 천연적으로 샘솟는, 생기 넘치는 생수의 물맛을 찾는 사람들의 마음을 알 만하다.

3. 물이여 물이여

어느 날 공자가 제자들과 더불어 숲 속의 계곡을 거닐다가 흘러가는 물을 굽어보고 "가는 것이 이와 같구나."(子在川上曰逝者如斯夫)라고 감탄한 적이 있다.

공자에게서 배운 맹자가 이번에는 그의 제자를 데리고 흐르는 물가를 거닐고 있었을 때에 제자 '서벽(徐辟)'은 스승인 맹자에게 이렇게 묻는 것이었다. "공자님께서는 물을 보시면 자주 물이여, 물이여 하고 감탄하셨는데 물의 무엇을 두고 그러신 것입니까?"

(徐子曰仲尼亟稱於水曰水哉水哉何取於水也)

4. 샘이 깊은 물이 바다에 가나니

제자의 이 갑작스러운 물음에 대하여 맹자는 스승으로서 천하에 길이 남을 명답을 남겼다. 근원이 깊은 곳에서 솟아오르는 샘물은 밤낮을 쉬지 않고 흐르고 또 흘러 빈 구덩이를 만나면 빠짐없이 밑바닥부터 가득 채워 놓고 나서 앞으로 나아가 이윽고는 넓은 바다에까지 이르게 됨을 볼 수 있다. 학문에 뜻을 두는 자도 이와 같이하여야 할 것이라고 감탄하신 것이라 하였다.

(孟子曰原泉混混不舍晝夜盈科而後進放乎四海有本者如是是之取爾也)

우리 한글로 처음 만든 노래 용비어천가(龍飛御天歌)에 "샘이 깊은 물은 가뭄에도 아니 그치므로 냇물을 이루어 바다에까지 가느니라."라고 노래한 것이 바로 여기에서 온 것이다.

5. 샘물과 우물

샘물은 돌 틈 사이로 새어 솟아나오는 물이요, 우물은 움을 깊이 파서 거기에 고인 물이다. '샘'은 동사 '새다'의 명사형에서 온 것이요, '새다'는 '새'라는 명사에서 파생된 동사요, '새'는 '사이'의 줄어든 말이요, '사이'는 옛말 '숫>스싀'(間)에서 온 것이다. 따라서 샘물은 돌 틈 사이에서 콸콸 솟아오르는 생기 넘치는 물을 말한다. 이런 뜻에서 영어에서도 옹달샘을 'spring'이라 한다. 여기에 비하면 우물은 '움믈'에서 온 말이다. 깊은 움을

움푹하게 푹 파서 거기에 고인 조용한 물로서 두레박으로 길어올려서 먹는
물이다.

우리는 우리말 샘물이 지니고 있는 웅숭깊고 생기 넘치는 뜻을 알고 보면
맑은 아침공기와 함께 마시는 약수터의 생수는 물 이전의 천연의 생기를 우리
몸에 듬뿍 부어주어서, 온 전신의 피를 맑히고 정신을 맑히고 피로를 가시게
한다는 근원적인 이치를 절로 깨닫게 된다.

6. 샘물과 우물을 복수표준어로 삼다니

오늘날 우리는 어이없는 착각 속에 하도 자주 익어 부딪혀 살다보니 이제
는 우리가 그것이 착각인 줄을 뻔히 알 수 있는 말조차도 착각이 아닌 것처
럼 느끼고 사는 것이 예사가 되어 버렸다.

이와 같은 착각에 잘못 길들어 익숙해져 버린 우리의 둔한 머리로서는 사람
의 외쳐 질러대는 고함소리가 산에 반향되어 되돌아오는 소리를 가리키는 메
아리와 땅속의 변화로 산이 울리는 소리를 가리키는 산울림이 전혀 다른 뜻의
말이라고 하는 사실을 잘 납득할 수가 없게 되고 말았다. 입을 다물 때 양 볼이
우묵하게 들어가는 볼우물과 웃음 지을 때 양쪽 입술가 언저리 볼이 조그맣게
파이듯이 푹 들어가는 보조개가 전혀 다른 뜻의 말이라는 사실도 역시 잘 판가
름되지 않을 것이다.

더욱 가관인 것은 언어정책을 다루는 당국에서조차 이러한 착각을 사실로
믿고 있어서 표준어를 제정하는 과정에서 이를 복수표준어로 정하는 묘한
현상이 일어나고 말았다는 사실이다. 그리하여 메아리와 산울림을 착각에
의해 복수표준어로 규정하고, 볼우물과 보조개를 꼭 같은 말인 것으로 착각
하여 복수표준어로 규정하기에 이른 것이다. 이와 꼭 같은 현상이 여기에서
논의 중에 있는 샘물과 우물에 관해서도 일어나고 만 것이다. 이번에 공포
된 표준어 규정에서 샘물과 우물은 같은 뜻의 말을 가리키는 복수표준어로
처리하는 실수를 범하고 만 것이다.

샘물이나 우물이나 그게 그것 아니냐고 하면 그만이라고 보고 싶은 사람도 없지 않겠지만 우물과 수돗물이 같은 말이라고 볼 수 없는 것이 사실이라면 우물과 샘물은 더욱 판연한 구분이 가는 서로 다른 말임에 틀림없기 때문에 결코 이를 복수표준어로 규정하여 같은 말로 처리할 수는 없는 것이다.

샘물이 돌 틈 사이에서 솟아 새어나오는 자연 그대로의 물이라면 우물은 사람이 인공을 들여 움을 땅속 깊이 파들어 가서 그 움에 고인 지하수를 도르래에 줄을 매달아 그 끝에 매어 단 두레박으로 퍼서 길어 올려 먹는 물이다. 그리고 수돗물은 냇물로 흐르는 물을 정수·소독하여 수도꼭지에서 받아먹는 물이니 서로 그만큼 차이가 난다 할 것이다.

〔마〕 샛별과 기라성

1. 샛별과 계명성

우리말 가운데 불가능에 가까우리만큼 매우 이루어내기 어려운 일을 가리키는 말인 '하늘의 별따기'라는 말이 있다. 그리하여 이름을 날리는 배우가 되면 서양에서도 'star'가 되었다고 하고 군인이면 가장 높은 계급을 별로 나타내는 것이 아닐까 한다.

별은 밤하늘에 아름다운 금빛 수라도 놓은 듯 무수히 반짝거리는 매우 작은 점으로 보이는 천체로서 사람마다 각기 제 별이 있다고 믿기도 한다. 이 별 가운데 금성(金星)을 일컬어 우리는 샛별이라 일컬어 오고 있다.

> 샛별 지자 종달이 떳다 호미 메고 사립나니
> 긴 수풀 찬 이슬에 베잠방이 다 젖겠다
> 아이야 시절이 좋을 손 옷이 젖다 관계하랴

우리가 잘 아는 이 시조에 나타난 말로 보아 샛별이 사라지면서 종달새가 공중에 떠 우짖음으로써 이른 새벽부터 풍년을 가꾸는 농가의 바쁜 하루 일손이 시작됨을 노래하는 가운데 샛별이 새벽하늘에 유난히 반짝이는 별임을 알려주고 있다. 그래서 이 샛별을 한자말로는 하늘의 새벽을 열어 밝히는 별이라 하여 계명성(啓明星)이라 이름한다. 밤하늘에 무수히 떠있던 별들도 새벽이 되면서 날이 밝기 시작하면 모두 사라져 버려 안 보이게 되지만 유난히 샛별만 남아서 밝게 반짝이기 때문에 붙은 이름이리라.

효성(曉星), 신성(晨星), 명성(明星)이라는 명칭들도 모두 같은 뜻의 한자 이름이다. 이 별이 밤하늘에 보일 때는 야명성(夜明星)이라 이름한다. 순 우리말 이름 '샛별'이 다름 아닌 날샐녘을 알리는 별이라는 뜻의 고운 이름이다. 그리하여 샛별처럼 맑고 반짝거리는 눈을 샛별눈이라고도 한다. 샛별이라는 말의 어근 '새'는 동녘을 일컫는 순 우리말이다. 새벽이라는 말도 동녘이 밝아오는 때라는 뜻의 '싀붉(東明)'에서 온 아름다운 말이요, '날이 새다'도 한 날이 동녘에서 트이며 밝아온다는 뜻으로 쓰이는 말이다.

2. 일본말투 기라성의 정체

여기에서 기억해 둘 한 가지 그릇된 말버릇이 있다. 그것은 다름 아닌 '기라성'이라는 왜식 말의 잔재다.

어린이 동요에 보면

반짝반짝 작은 별
아름답게 비지네

라는 구절이 나온다.

이때 '반짝반짝'이라는 말을 일본말로는 '기라기라'라 한다. 일본말로 별을 '호시'라 한다. 그리하여 반짝반짝 빛나는 별을 〈기라+호시〉라는 말의 조어 구조를 이루어 변음을 일으켜서 '기라보시'(煌星)라는 말을 일본 사람들이 쓰고 있는 것이다. 그런데 이것이 일제 때 우리나라 사람들 입에 '기라'라는 일본 말과 '성'(星)이라는 우리 한자음이 합해진 '기라성'이라는 잡동사니(雜同散異) 말이 생기게 된 것이다. 왜식 말로 별이 반짝반짝 빛난다는 말을 'kirakira hikaru'라고 한다. 그리하여 반짝거리는 별을 'kirabosi'(煌星)라 한다. 이 말이 앞의 'kira'라는 왜식 말투에 '성'(星)이라는 우리 한자음이 섞여 '기라성'이라는 잡초 같은 말로 자라나게 된 것이다. 더욱 웃지 못할 일은 이 잡어가 착각을 일으켜 '綺羅星'이라는 비단결 같은 뜻으로 둔갑하여 버젓이 국어사전에 실려 있다는 사실이다. 양식 있는 사람들의 이맛살을 찌푸리게 하고 있는 것이다. '기라성'은 마땅히 순 우리말 샛별로 쓰되 그 쓰임새에 따라서 반짝이는 샛별 이라고 써야 옳을 것이다.

〔바〕 반물

1. '곤색'은 일본말

너무 오래 그릇된 말이 익어져 버려서 되돌려 원말을 찾아 쓰기가 매우 어렵게 느껴지는 말이라면 우리가 늘 생활주변에서 널리 쓰고 있는 '곤색'이라는 말을 그 으뜸으로 꼽지 않을 수 없다는 생각을 자주 하게 된다. 국어사전에 어엿이 '곤색'이 실려 있는데 어찌 그 말을 가지고 시비하느냐고 반문을 겸한 반격을 할 자세로 나오는 사람이 아마도 적지 않을 것이다. 그러나 우리말을 가르치는 교과서에서는 결단코 '곤색'이라는 낱말을 싣지 않는다는 것만 보아도 일단 '곤색'은 마음 놓고 우리가 써서는 안 된다는 무슨 이유가 있을 것이라는 암시쯤은 받게 될 것이다.

한자말 '紺色'을 일본말로 'kon-iro' 곧 '곤(紺)＋이로(色)'라고 한다. 여기서 '곤'은 일본어 발음 그대로 읽고 '色'만은 우리 한자음으로 읽어서 곤색이 된 것이므로 이는 중국식 한자말이 일어와 한국어의 발음으로 뒤섞어 읽은 잡동사니 말이 되고 만 것이다.

우리식 한자음으로 제대로 읽으면 이는 '감색'이라고 해야 한다. '紺'은 붉은 바탕에 짙은 청색 곧 쪽빛이나 반물을 들인 실을 뜻하는 글자다. 따라서 '紺色'은 짙은 청색을 가리킨다.

2. 반물치마와 쪽빛 하늘

예로부터 우리나라 여성의 아름다운 한복 옷차림을 '노란 회장저고리에 반물치마'를 입은 모습으로 자주 그렸다. '반물'은 순 우리말로서, 한자로는

'藍色'이요, 왜식 말로 변질된 말로서는 '곤색'인 것이다.

　따라서 남색이라는 말을 쓸 자리에 흔히 작가들처럼 수준이 있는 사람들은 감색으로 나타내고 있거니와 바람직하기는 '반물'로 예전부터 써오던 우리 고유어를 살려 썼으면 싶다. 옛 기록(漢淸文藍)에 보면

　　반물 드리다: 람(藍)

이라고 적혀 있다. 이는 반물을 들인다는 말이다. 물은 물감이니 곧 색을 나타내는 우리말이요 '藍'을 뜻하는 어근은 '반'이다.

　또 다른 기록(訓蒙字會, 救急簡易方)에 보면

　　족 남: 藍/족닙: 藍葉

이라고 나온다. '족'은 오늘날의 '쪽빛 하늘'의 옛 어형이다. 이때 '족'이나 '반'은 모두 풀(草) 이름에서 짙푸른 남색 빛깔 이름으로 바뀐 것으로 보인다.

〔사〕 냄새와 냅다

1. 연기가 맵다고 해서야

‘맵다’라는 말을 코로 맡는 후각에는 쓸 수 없다. 고추를 먹으면 매운 맛의 감각을 느끼지만 연기를 코로 맡으면 결코 매운 냄새의 감각을 느낀다고 말할 수가 없는 것이다. 미각을 나타내는 감각 형용사지 결코 후각을 나타내는 말은 아니라는 데 우리는 유의해야 한다.

우리말은 형용사가 잘 발달된 말이라고 한다. 특히 그중에서도 우리의 다섯 가지 감각기관으로 느끼는 느낌을 나타내는 말이 매우 잘 발달되어 있다. 다섯 가지 감각이라 하면 눈으로 사물의 실체를 보아서 아는 시각을 비롯하여 귀로 소리를 들어서 아는 청각, 입으로 맛을 보아서 아는 미각과 코로 냄새를 맡아서 아는 후각, 그리고 피부로 닿아서 아는 촉각을 들 수 있다. 그 가운데 우리가 특히 관심을 가지고 고운 우리말을 바른 뜻으로 살려 써야 할 말을 찾아보면 후각적 표현인 ‘냄새’라는 명사와 이 말과 관련이 있는 ‘냅다’라는 형용사라고 볼 수 있다. 우리는 흔히 ‘냄새’라는 말은 자주 쓰고 많이 들어 본 말이라고 생각되지만, ‘냅다’라는 말은 처음 들어보는 어색한 말이라고 생각하기 쉽다. 우리는 종종 연기가 심하게 나는 곳 가까이에 가서는 눈물과 콧물을 흘리며 “아이 매워.”라고 말하는 예를 본다. 또한 고추를 먹었을 때도 “아이 매워!”라고 말하곤 한다.

2. 매운 맛과 매운 냄새는 다르다

약이 오른 풋고추를 툭 깨물어 먹으면서 “아이구 매워라!”라고 말하는 것은 옳다. 그러나 연기를 코로 맡으면서 맵다고 하면 그것은 옳지 못한 말의 표현을 하고 있는 것이다.

연기를 마실 때는 감각적 표현을 "아이 내워!"라고 하는 것이 옳다. 왜냐하면 미각으로서 '맵다'라고 말할 수는 있어도 연기를 쐴 때 코로 맡는 후각으로서는 '맵다'라는 말을 쓸 수가 없고 이때는 '냅다'라고 써야 하기 때문이다.

'냄새'나 '냅다'라는 말은 모두 '뇌'(煙, 霞)를 그 어원적인 뿌리로 삼아 자라난 말들이다. 냄새란 '뇌(煙)+음(명사형 어미)+새(명사형 접미사)'의 조어구조로 이루어진 말이다.

'냅다'는 '뇌'(煙)+ㅂ다(형용사형 접미사)의 조어구조로 이루어진 아름다운 순 우리말 후각 형용사다.

'냅다'라는 형용사가 오늘날 심한 연기가 후각에 고통을 주는 감각으로 느껴진다는 본래의 바른 뜻으로 쓰이지 못하고 이 말의 어형조차 다른 비슷한 발음의 딴말로 변질되어, 미각 형용사인 '맵다'로 대치되고 있는 것은 그대로 보고 넘길 수 없는 우리말에 대한 우리의 무관심한 무지의 소치로 빚어지고 있는 실언임에 틀림없다.

〔아〕 다니다

1. 다리 밑에서 주어 온 아이

우리는 누구나 어렸을 적에 어른들이 종종 "너는 다리 밑에서 주워 온 아이지, 너희 엄마가 낳은 아이가 아니야."라고 놀려대곤 했던 기억이 날 것이다. 그러면 "거짓말 마, 나는 우리 엄마가 낳았단 말이야!"라고 반박하면서 분해했던 기억도 또렷이 날 것이다.

그런데 왜 어른들이 어린 우리를 그런 불길하고도 요상스럽기 짝이 없는 말로 놀러대며 울렸을까 하는 의문점을 나이 다 들어 늙어 갈 때까지도 끝내 밝혀 해명하지 못한 채 인생을 마무리하고 가는 것이 예사이리라.

그런데 알고 보면 그 해답은 먼 데 있는 것이 아니라 아주 가까운 데서 쉽게 찾아낼 수가 있는 것이다.

사람의 하체 다리와 물을 가로질러 건널 수 있도록 밑을 받쳐서 걸쳐 놓은 다리가 원래는 같은 어원에서 의미의 확장을 일으켜 파생한 동음이의어라는 사실을 알고 보면, 엄마가 나를 낳을 때의 분만의 상태가 연상될 것이고, 그때 아기를 받는 조산원의 거동을 하나하나 연결지어보면 나는 엄마의 다리 밑에서 주워 오듯 신생아를 받아낸다는 사실을 알 것이다. 이것을 다리 밑에서 주워 온 아이라고 표현하면, 물을 건너는 다리 밑에는 각설이 타령을 부르는 거지 떼들이 기거하는 곳이라는 말이 떠올라 내가 거지새끼가 아니라고 분해하면서 반박했던 동심의 순진함을 떠올려, 비로소 말장난의 새끼를 즐기던 어른들의 짓궂은 심리를 이해할 수가 있게 될 것이다.

오늘날 우리가 쓰고 있는 아름답고 고운 우리말 가운데에는 그 근원적인 뿌리를 까마득히 잊고 있는 경우가 흔히 있다. '다니다'라는 말도 그 좋은 본보기의 하나라고 생각한다. 이 말이 우리가 걸음을 걷는 '다리'와 근원적으로 같은 뿌리에서 갈라져 나온 말이라는 것을 우리는 까마득히 잊고 있는 것이 예사다.

'다리'란 신체 하부에 달려있는 부위라고 생각할 수 있으므로 '매어 달리다'라는 말에서의 '달리다'의 원형 '달다'와 의미상으로 관련이 있는 말이라는 것을 곧 알 수 있다. 옛날 머리숱이 적은 여자들의 머리를 길게 하기 위해 잘라 놓았던 머리묶음을 이어서 덧들여 매어달기까지 하였는데 이때 '매어다는 머리'를 '다리'라 하였던 것도 같은 맥락에서 읽을 수 있다.

튼튼한 다리라고 할 때의 '다리'의 뿌리가 되는 어근은 '달'이요. 이 다리가 빨리 달릴 수가 있기 때문에 그것은 '내닫다'의 '닫'의 옛 어형 '듣'에서 바뀐 것임을 알 수 있다. 이 '닫'이 동사로 쓰이면 '닫다(走)'가 된다.

2. 다니다와 거닐다

잘 가노라 듣지 말며 못가노라 쉬지 말라
부디 긎지 말고 촌음을 아껴쓰다
가다가 중지 곧 하면 아니 감만 못하니라

이 아름답고 의미 깊은 옛시조에서의 '듣지 말며'에 나오는 '듣'이 바로. '내닫다'의 '닫' 그것인 것이다. 이것이 '내닫다'에서는 그대로 원형을 보존하고 있으면서도 일반적으로는 뒤에 '달리다'라는 말과 같이 '달'로 바뀐 것이다. 이것은 곧 '다리'로 이어진 것이다.

'다니다'라는 말의 앞에 나오는 '다'가 이 '듣다'의 '듣'의 변형인 것이다. 왜냐하면 '다니다'의 옛 어형은 '듣니다'였기 때문이다. 이것은 달리다의 옛말 '듣다'와 걸어가다의 옛말 '니다'가 합해진 '듣(走)＋니(行)＋다(動詞語尾)'의 조어구조로 이루어진 말이기 때문이다.

우리의 고운 옛말 '니다'가 없어지고 만 것은 참으로 안타까운 일이다. 이

‘니다’는 ‘걷(步)＋니(行)＋다’라는 조어구조를 이루어 오늘날의 ‘거닐다’가 된 것이다. 이 ‘니다’가 한때는 ‘네다’로 쓰이다가 ‘예다’라는 어형으로 바뀌어 널리 쓰였다. 이것은 다음 시조에서 잘 읽을 수가 있다.

> 고인도 날 못보고 나도 고인 못보애
> 고인을 못보아도 예던 길 알픠 잇네
> 예던 길 알픠 잇거니 아니 예고 어이리
>
> (李滉)

따라서 ‘다니다’다는 말의 근원적인 뜻은 다리를 부지런히 움직여서 어서 어서 서둘러서 내닫거나 또는 걸음을 걸으며 반복해서 여러 차례 가고오고 한다는 것을 가리킨다.

[자] 아니리

1. 흥겨운 한판의 소리 '판소리'

우리의 전통적인 흥과 멋을 맥맥히 이어 온 국악에 관한 관심이 최근 들어 노인들만이 아니라 젊은이나 어린이들에게까지 남녀의 구분 없이 널리 그리고 고루 사랑받고 있는 사실은 매우 바람직하고 고무적인 일이 아닐 수 없다.

한자문화에 너무 오래 지쳐오고 일제 식민지문화의 잔재에 너무 역겨워오고 미국식 일변도의 광란의 서양 오락문화에 진저리가 난 하나의 반작용으로 우리의 선인들이 가꾸어 온 아름다운 정신문화를 되찾아 이어받고 그 흥과 멋을 살리려는 이 물 흐르듯 도도히 흘러넘치는 추세를 우리는 반기지 않을 수 없다.

국악 가운데서도 가장 멋들어진 흥과 호소력을 지닌 것은 뭐니뭐니해도 판소리를 그 으뜸으로 꼽지 않을 수 없으리라.

'판소리'라는 이름부터가 한판의 흥겹고 멋들어진 소리판이 여러 사람이 함께 웃고 우는 군중들 앞에서 한바탕 떡 벌어짐을 말해주는 아름다운 순 우리말임에 틀림없다. '윷놀이판', '씨름판', '판을 치다'의 '판'이 한결같이 와자지껄 무리가 한 덩어리가 되어 마음껏 떠들며 흥을 같이 하는 오락장의 한마당을 말하거니와, '소리' 또한 슬픈 소리, 흥겨운 소리가 변화무쌍하게 이어지는 노래와 사설의 소리 가락임은 물론, "얼씨구 좋다."라고 외쳐대는 추임새 소리와 '합 궁 딱 궁 따드락 딱 궁궁 척 궁궁궁'하고 흥겹게 두드리는 북소리의 장단은 웃음소리, 떠드는 소리와 한데 어우러져 한판의 구성진 소리 떼를 이루는 것이 아니랴!

2. 창하는 소리 안에서 말로 이르는 사설

판소리에 쓰이는 말을 보면 '발림, 추임새, 시김새, 바디, 더늠, 아니리, 완자걸이, 잉아걸이, 자진머리, 휘몰이, 엇머리, 가락' 등 감칠맛 넘치는 아름답고 고운 순 우리말 용어가 대중을 이룬다.

그 가운데 '아니리'라는 말은 판소리의 줄거리를 이어가며 장면을 구성지게 바꿔주는 값진 용어가 아닐 수 없다. 판소리 창본을 보면 아니리와 창이 거의 반반으로 이루어졌다고 해도 과언이 아니다. 그러면 '아니리'란 과연 무엇을 뜻하는 말로 이루어진 것일까?

판소리 가운데 창과 창의 장면을 바꾸어 이어주면서 말로 하는 부분을 '아니리'라 한다. 창의 고조된 정서적인 긴장을 이완시켜 서사적 맥락을 이어 줄거리를 전개해 나갈 뿐만 아니라 목청을 잠시 쉬면서 가다듬는 구실도 하며 장단이나 조의 변화를 주는 음악의 전략의 한 가지다. 이는 창하는 소리 안에서 말로 이른다는 뜻의 '안(內)＋니르(謂)＋이(接辭)'의 조어구조로 분석되는 말이다.

창하는 법도에서 네 가지 요건을 인물치레, 사설치레, 득음, 너름새라고 판소리계의 성자라 일컬어지는 신재효는 일찍이 말하였거니와 이 가운데 사설치레가 바로 이 아니리와 관련된다. 이는 고상하고 우아한 언어구사의 문학적·예술적 재치를 뜻한다.

〔차〕 활개

1. 새에 날개가 있듯이

우리가 어렸을 적에 꿈을 꾸노라면 종종 겨드랑이에 날개깃이 활짝 펼쳐 열려서 공중을 훨훨 날아다니던 꿈을 자주 꾸었던 기억이 나지 않는 사람은 별로 없을 것이다. 그래서 꿈 많은 소년소녀 시절이라 이름하는지도 모른다. 그런데 병아리가 자랄 때를 눈여겨보아도 그렇거니와 닭고기나 오리고기를 요리하는 과정을 자세히 들여다보면 새의 날개를 이루는 근육이 짐승의 앞발이나 사람의 팔에 해당된다는 것을 쉽게 연상하며 이해할 수가 있다. 우리말을 자세히 들여다보면 이와 같은 현상이 하나의 가상이나 상상이 아니라 사물을 제대로 보아 사실대로 판단한 것임을 더욱 뚜렷이 알게 해 준다.

우리가 힘이 없어 풀이 죽어 어슬렁어슬렁 비실대며 걷노라면 종종 힘을 내어 활개를 치고 걸으라는 충고를 받곤 한다. 이 말은 새 같으면 날개를 치고 날으란 말과 같은 것이다. 다시 말하면 새에 날개가 있듯이 사람에게는 활개가 있다. 새의 날개는 날아가는 데 소용되는 것이므로 '날다(飛)'라는 동사의 어근 '날'에 접미사 '개'가 덧붙어서 명사화 파생을 함으로써 '날(飛)＋개(接)'의 조어구조를 이루어 '날개'라는 말이 이루어진 것임을 쉽사리 이해할 수 있거니와 '활개'라는 말은 과연 어떻게 이루어졌을까? 새의 날개에 해당되는 사람의 신체부위는 과연 어느 부분일까? 그것은 아마도 '팔'일 것이다. 사람이 길을 걸을 때에 팔을 내젓는 것을 보고 활개를 친다고 말하는 것을 보면 그것이 분명하다. 이 '팔'이 마치 새가 날개를 치며 날아가듯 내어 젓는다는 뜻을 담아 쓰고자 하면서 '팔(臂)＋개(接)'의 조어구조를 이루어 이룩된 말이 훨훨 날아간다는 '날개'를 닮아가게 되어 '활개'라는 말로

바뀌어 오늘에 정착되기에 이른 것으로 보인다. 그렇다면 이 말의 어형은
어떻게 바뀌어 온 것일까?

2. ‘발·밟다’와 ‘불·붋다’

우리는 발로 한 발 두 발 땅을 밟으며 걷는다. 그리고 농가에서 새끼줄을
짚으로 꼴 때에 팔로서는 그 팔길이를 단위로 한 발 두 발 길고 긴 새끼줄을
사리며 밟아서 백 발을 한 사리로 뭉뚱그려 감아서 그 길이를 헤아린다. 이렇
게 보면 팔을 옛말에서 ‘불’ 또는 ‘발’로 썼는데, 이는 사람의 사지(四肢)를 짐
승의 네 발과 같이 명명하던 때가 있었음을 알 수 있다.

 ‘한 발 두 발’하고 밟는다고 할 때에 ‘발’(丈)이 다름 아닌 팔의 옛말이요,
‘밟다’라는 말도 그 옛 어형은 ‘붋다’이다. 이는 다 발(丈)의 옛 어형 ‘불’에서
파생된 동사인 것이다. 결국 ‘발(불)’이나 ‘밟다’가 모두 팔에 관련된 말이라는
것을 알 수 있다. 이 ‘발(丈)’의 근원형은 팔의 옛말인 ‘불(臂)’에서 찾아 볼 수
있기 때문이다. 이 ‘불’에서 ‘받다’도 생기고 ‘벋다＞뻗다’도 생겼으며 ‘벌다’
‘벌이다’나 ‘벌리다’나 ‘벌어지다’ 등도 파생되었다는 것을 알 수 있다.

3. 활개와 화장

 한편 이 ‘불’이 ‘붋다＞밟다’를 파생시키면서 ‘발’로 바뀌고 다시 발이 팔
로 바뀌어 쓰이게 된 것이다. 이 ‘팔’이 새의 훨훨 치는 날개 짓을 닮아서
다시 ‘활개’라는 말을 나은 것이다. 양팔과 양다리를 벌리고 잠을 자는 사람
더러 네 활개를 벌리고 잔다고 하지 않는가? ‘팔’이 활개의 ‘활’로 바뀐 셈인
데 이것은 다시 받침이 떨어져 나가서 ‘화’로 쓰이기까지 한다. 여자의 한복
저고리 소매길이가 길거나 짧다는 말을 화장이 길거나 짧다고 말한다. 이때
의 ‘화장’이란 ‘활장’에서 바뀐 것으로 ‘활’은 팔이요, ‘장’은 길이를 나타내
는 한자말 ‘長’으로서 ‘화장’은 곧 ‘팔길이’라는 뜻의 말인 것이다.

〔카〕 '살강' 이야기

1. 살강도 모르는 요즘 아이들

우리 속담에 '살강 밑에서 숟가락 주웠다'라는 쉽고도 아름다운 말이 있다. 살강 위에 얹어 놓은 수저통이 넘어지기라도 하면 그 살강의 댓살 사이로 흘러내린 숟가락이나 젓가락을 그 밑에서 찾는다는 것은 너무나도 쉽고도 뻔하다는 말이 아니고 무엇이랴!

그런데 이 말을 두고 요즘 젊은 아가씨들에게 그 뜻을 물으면 제대로 대답을 못하는 일이 의외로 많다는 데 우리는 놀라지 않을 수가 없다. 도시의 어린이들은 말할 나위도 없다.

이렇게 쉽고도 뻔한 이 속담의 뜻을 요즘 젊은 아가씨들이 잘 이해할 수 없게 된 까닭이 무엇일까? 요즘 아가씨들이 부엌살림을 도무지 모르고 살아가는 것일까? 그러나 이유는 거기에만 있지 않다. 그것은 초가집이 없어지면서 우리의 주택구조가 전통적인 농가의 초가집에서 최근 양옥구조로 급격히 바뀌어 가버림에 따라 초가집의 부엌구조에서만 볼 수 있었던 '살강'의 모습이 사라져가고 있는 데서 연유되고 있다는 것을 알 수 있다.

그렇다면 듣기에 그 어감조차도 아름다운 '살강'이라는 우리말은 우리의 전통적인 농촌 가옥구조에서 어떻게 만들어 놓은 부엌의 시설물의 이름이며 이러한 이름이 붙게 된 경위는 또 어떻게 된 것일까?

이제 이 문제에 대하여 근원적으로 거슬려 올라가 추적해 보자. 그리하여 아름다운 우리말이 이룩되어 온 근원의 옹달샘에 이르러 그 원 뜻을 환히 밝혀 보기로 하자.

2. '시렁'과 '살강'

우리나라의 농촌 가운데서 우리는 두 가지 선반의 유형을 발견할 수 있다. 그 한 가지는 '시렁'이요, 다른 한 가지는 '살강'이다. '시렁'은 방안이나 마루의 천정 가까운 벽에 설치되어 있어 여러 가지 물건을 올려놓고 보관하는 데 쓰이고, '살강'은 부엌 안의 벽 중간쯤에 설치되어 있어 그릇들을 씻어 엎어두는 데 쓰인다.

그러면 이 가운데 '시렁'이라는 말이 쓰이게 된 것은 어떠한 과정을 밟아서 이룩된 것이라고 그 경위(經緯)를 설명할 수 있을까 하는 문제부터 풀어 나가 보기로 하자.

3. 지게에 짐을 짊어지다

우리는 어떤 것을 한 곳에서 다른 곳으로 옮기기 위하여 챙겨서 꾸려 놓은 것을 '짐'이라고 한다.

물건을 등에 둘러메고 운반하는 것을 짐을 지고 간다는 말로 표현한다.

이고 진 저 늙은이 짐 벗어 나를 주오.
나는 져멋(젊었)거니 돌인들 무거울까.
늙기도 설워라커든 짐을조차 지실까

이 옛 시조에서 물건을 나르기 위하여 머리 위에 실으면 '이다'라는 말로 나타내고 등에 둘러메면 '짊어지다'라는 말로 나타낸다. 그리고 그것을 나무의 'Y'자형 가지 두 개로 짜 맞춰 만든 기구로 받쳐 실어 짐을 질 때 그 기구를 '지게'라고 한다.

'지게'에 '짐'을 '지고'가기 위하여 물건을 꾸려서 싣는 것을 일컬어 '싣다'라는 말로 나타낸다.

여기에서 우리는 '지게'라는 말이 '지다'라는 동사의 어근(語根) '지'에 명사화 파생접사 '―게'가 합쳐져서 '지는 것'이라는 뜻을 담아서 이룩된 말임을 다시 확인할 수 있다.

'짐'이라는 말도 '지다'라는 동사의 명사형이 굳어져서 명사로 파생된 말임에 틀림없다.

'짊다'라는 말은 '지다(荷)'라는 동사가 '짐(荷物)'이라는 명사로 파생된 다음, 다시 '짐'을 꾸려서 싣는다는 뜻의 새로운 의미를 담아서 쓸 수 있는 동사로 역방향(逆方向)의 재파생이 이루어져 생긴 말이라는 것을 알 수 있다.

4. '시렁'은 물건을 '실어' 얹어 두는 곳

물건을 운반하기 위함이 아니고 보관하기 위하여 실어 두는 장치를 '시렁'이라는 말로 만들어 쓰게 된 것이리라는 안목을 가지고 '시렁'이라는 말을 분석해 보면 그 어원(語源)이 되는 말은 '싣다'라는 것을 어렵지 않게 추적(追跡)해 낼 수가 있다.

이 '싣다'라는 동사의 어근(語根) '싣'이 명사화 파생접사 '―엉'을 만나면 모음 앞에서 'ㄷ'이 'ㄹ'로 바뀐다는 'ㄷ변칙'이라는 국어의 음운현상에 따라 '싣＋엉'은 '시렁'으로 바뀌게 된다는 사실을 이해하는 데 별로 어려움을 느끼지 않는다.

그런데 우리 방언에는 '시렁'이라는 말을 '실겅'이라는 말로 많이 쓰고 있다는 사실에 우리는 유념할 필요가 있다.

여기에서 우리는 '시렁'에 'ㄱ'음운이 첨가되어서 '실겅'이 되었다고 설명할 수밖에 없는데 이러한 현상이 또 다른 데서 발견할 수가 있는가 하는 의문에 부딪친다.

이 의문점을 풀 수 있는 좋은 근거가 됨 직한 자료를 아주 가까운 데서 우리는 찾을 수가 있다.

5. '콩나물'과 '엿기름'에서의 유추

콩나물을 가정에서 기르는 모습을 농촌에서는 흔히 본다. 시루처럼 밑에 물이 새어나올 수 있도록 구멍이 뚫린 물동이에 삼베 같은 천을 깔고 콩을 담은 다음, 매일 일정한 시간에 몇 차례 물을 줄 수 있도록 큰 함지박 같은 질그릇에 물을 담아 안방에 들여 놓고, 나무 막대를 두어 개 질그릇 위에 가로질러서 이것을 선반으로 삼아 콩을 담은 항아리를 올려놓고 그 아래 함지박의 물을 조그만 바가지로 떠서 콩 담긴 항아리에 부어줌으로써 콩이 움 터서 자라도록 기르는 것이다.

이 콩나물 기르는 일을 '기르다'라는 말 대신 '질구다'라는 말로 남부지역에서는 즐겨 쓴다. '기르다'라는 말은 동사로서 '길다'라는 형용사에서 왔다. '기르다'는 구개음화(口蓋音化)되어 '지르다'가 되었다. '콩나물'을 '콩지름'이라고도 하는 것이 그것이다. 여기에 'ㄱ'음운이 들어와 어감(語感)을 강하게 하면서 '질그다'라는 방언을 낳았던 것이며, 이것이 사역형의 '우, 구'의 느낌을 살려 '질구다'로 쓰이게 된 것이리라.

'질그다'로 쓰인 흔적은 과연 있는가 하는 또 하나의 의문이 생긴다. 이 의문은 엿(飴糖)을 만드는 원료로서 '겉보리'를 물에 불려서 싹 내어 가지고 말린 것인 '엿기름'(麥芽糖)이라는 이름을 남부 방언에서 '엿지름' 또는 '엿질금'이라고 이르는 데서 쉽게 찾아낼 수 있다.

'엿기름'이 쉽게 발음하다 보면 구개음화(口蓋音化) 현상이 일어나 '엿지름'이 되고 이것을 강한 어감(語感)이 나도록 말하다가 보니까 'ㄱ' 음운(音韻)이 첨가되어 '엿질금'이 된 것임에 틀림없다는 판단을 할 수 있게 된다. '엿질금'의 '질금'은 곧 '질그다'가 쓰인 흔적이다.

바로 이와 같은 현상에서 '시렁'이 '실겅'으로 일컬어지는 방언이 나온 것이 아니고 무엇이겠는가?

이 문제가 이만큼 풀리고 나면 다음과 같은 아주 놀라운 사실이 새로이 해명(解明)될 수 있게 된다.

6. '살강'은 '실겅'의 변형

'살강'을 모르면 '살강 밑에서 숟가락 주웠다'라는 우리의 정든 속담을 들어도 무슨 말인지 알 수 없는 것은 당연한 것이다.

농촌에 가 보면 지금도 젊은 여인이나 아이들이 모이면 수수께끼 놀이를 하면서 '강은 강인데 못 건너는 강은 무엇?'하고 문제를 내는 것을 자주 볼 수 있다. 그 정답은 물론 '살강'이다. '살강'이라 함은 재래의 농촌 주택의 부엌의 벽 중간에 대나무를 굵직굵직 쪼갠 살을 엮어, 또는 잘고 작은 대를 통째로 엮어서 만든 대발을 건너질러 둔 나무 밑받침 위에 깔아 고정시켜 놓은 선반의 일종으로서, 밥상을 치우고 그릇을 씻어 엎어 두어 물이 빠지게 하는 시설물이다.

따라서 '살강 밑에서 숟가락 주웠다'라는 속담은 대나무쪽으로 엮은 댓살 사이로 새어 흘러내린 숟가락을 그 밑에서 줍는 일은 너무도 쉽고도 뻔한 이야기인데, 그것처럼 쉽고 뻔한 일을 가지고 괜히 헛좋아하거나 대견한 것이나 발견한 것처럼 헛자랑하는 것을 비꼬는 뜻의 속담임을 속 시원히 우리는 알 수 있다.

그러면 이 '살강'이라는 말은 그 어원(語源)을 어디에 두고 싹튼 말일까?

그것은 '실겅'의 변형이라는 데서 쉽게 그 어원(語源)을 찾아가는 길을 발견할 수 있다. '실겅'은 '싣다'에서 왔다. 따라서 '살강'의 어원(語源)이 되는 말은 '짐을 싣는다'고 할 때 쓰는 '싣다'라는 동사임을 추적(追跡)해 낼 수가 있다.

'싣다'가 '시렁'을 낳고 '시렁'은 '실겅'이라는 방언으로 변형되고, 이 '실겅'은 다시 '살강'으로 재변형을 일으킨 것이라고 그 경위(經緯)를 설명해 낼 수 있게 되었다.

그런데 '싣다'에서 '시렁'이 나온 것은 명사화 파생과 'ㄷ변칙'이라는 어법(語法)현상으로 설명되고 이 '시렁'이 '실겅'으로 바뀐 것은 강한 어감(語感)을 나타내려는 현상이라고 실망할 수 있겠지만 '실겅'이 다시 '살강'으로 변형을 일으키는 이유는 과연 무엇이냐가 밝혀지지 않았다.

앞에서 '살강'을 만들어 설치하는 과정을 설명할 때 이미 이 문제를 풀 수 있는 암시가 나와 있었거니와 '실겅'의 '실'이 '살강'의 '살'로 바뀌는 데는 간단한 음운상의 변화로 설명을 그칠 성질의 것이 아니라 의미(意味)라는 열쇠의 도움을 받아서 열어야 할 문제의 하나라고 생각된다.

그것은 아마도 잘디 잔 통대나무를 살로 하여 엮어서 또는 대나무를 굵직굵직 쪼갠 대나무살을 엮어서 이른바 댓살로 만든 실겅이라는 뜻을 살려 '댓살 실겅'의 개념이 강하게 작용하여 '실겅'의 '실'을 '살'로 바꾸게 되었으리라 믿어진다. 따라서 모음조화라는 음운현상에 어울리게 음성모음의 '실겅'의 '겅'도 양성모음의 '살'의 음운을 따라 양성모음의 '강'으로 바뀌어 발음하기 자연스러운 '살강'이라는 말이 이루어졌으리라 생각된다.

우리는 우리의 전통적인 농촌 주택의 부엌 시설물로서의 '살강'의 어원을 추적하기 위하여 '지게, 콩기름, 엿질금, 실겅' 등 실로 여러 단계의 중간 파생과정을 점검하면서 놀라운 사실을 찾아냈다.

그것은 '살강'이 그릇을 씻어서 엎어 둘 때 물 빠짐이 좋도록 댓살로 엮어서 만든 '실겅'이라는 뜻을 가지고 이루어진 말이라는 사실이다.

'실겅'은 곧 '시렁'이므로 그 어근(語根)은 물건을 올려놓아 싣는다는 뜻을 지닌 '싣'임을 알 수 있다.

이것을 해명하기 위하여 '지게에 짐을 짊어진다'고 하는 말이나 '머리에 인다'는 말과도 의미상 통한다는 것을 알아보았다.

이 '실겅'이 '댓살'로 엮은 '실겅'이라는 뜻이 합쳐지면서 '살강'이 되었다는 아주 분명하고도 신명나는 해명을 할 수 있게 된 것을 반가와 하지 않을 수 없다.

〔타〕 마무리가 불가능한 끝없는 착각의 말들

1. 용납할 수 없는 착각들

흔히 착각은 자유라고 일소에 붙이는 일도 적지 않다. 그러나 철부지처럼 물정도 모르고 저지르는 실수도 식견이 있어 아는 사람에게는 꼴불견이 아닐 수 없으며 가소롭지 않을 수 없는 노릇인 것이다.

대학을 나왔다는 며느리가 새로 시집 어른을 모시는 자리에서 "아버님 목 마려우시지요, 시원한 것 좀 드세요."라고 말했다면 얼핏 보기에 정성스럽고 상냥하고 예의바른 며느리가 들어왔다고 칭찬할 만한 모습이라고 여겨질지 모르지만 오줌 마렵다는 말에나 써야 할 '마렵다'라는 말을 가뜩이나 조심스럽게 모셔야 할 시댁 어른께 목이 마르다는 뜻으로 잘못 쓴 것은 엉뚱한 착각이 빚은 어이없는 실수가 아닐 수 없는 것이다. 한자문화권에 사는 이웃나라에서는 초등학교 1학년 정도면 사람인 '人'자는 한 사람이 서 있는 모양을 그린 상형문자라는 것을 다 아는 사실을 우리나라에서는 중학교나 고등학교 교장선생의 애국조회 훈화에서 사람인자는 사람이 혼자 살 수 없는 사회적 동물임을 잘 보여주는 이른바 두 사람이 기대고 의지하여 있는 그림을 상형한 문자라고 엉터리 지식을 자랑하는 꼴은 무식의 탄로 그것임을 부인할 길이 없는 것이다.

잡동사니 일본 말투 기라성이 우리말 사전에 버젓이 자리하고 있어서 유식한 인재들이 이를 잘못 알고, 애용하고 있는 꼴도 차마 그대로 볼 수 없는 꼴이요, 사랑스러운 우리 어머니들이 '곤색'을 우리말로 알고 반물이나 쪽물 또는 감색을 전혀 모른 채 왜식 잡동사니 말만 쓰고 있는 모습도 눈 뜨고 그냥 볼 수 없는 꼴의 하나다.

우리 선인들이 즐겨 써오던 연기의 냄새가 냅다는 말을 까마득히 망각의 뒤안길로 놓쳐 버리고 연기냄새를 고추의 맛이 맵다는 말과 구분도 하지 못 한 채 쓰고 있다는 사실도 한심스러운 일이 아닐 수 없다.

샘물과 우물을 같은 말로 알고, 보조개와 볼우물을 같은 말로 알아 복수 표준어로 삼은 언어정책에 임한 국어학자들의 오판도 어떻게 하면 바른 판단으로 다시 회귀시킬 수 있을지 한심하기만 하다.

2. 끊임없이 이어지는 착각의 미로

그동안 교과서에까지 실려 아름다운 애국심에 얽힌 일화로 소개되어 가르쳐져 와서 이제는 우리 국민의 기본상식처럼 잘못 길들여져 버린, 이른바 '행주치마'가 임진왜란 때 행주산성 싸움에서 부녀자의 돌 나르던 치마라는 민간어원 속설은 어떻게 그것이 잘못 전해진 거짓말이라고 온 국민 앞에 바로잡아 이해시켜 줄 수 있을지 심히 근심스러운 일로 남아있는 것이다.

'강강술래'는 억센 오랑캐인 왜적이 달을 따라 또는 물을 건너 쳐들어온다(强羌隨月來, 强羌水越來)고 경계하라는 말에서 유래됐다는 거짓말을 민속학자들이 채록한 대로 교과서에 실어 가르쳐 온 것도 어떻게 바로잡을 수 있을지 큰 걱정거리의 하나다. 풍요다산의 여신인 달님이 새해를 맞아 처음 만월로 돋는 때에 풍년기원제를 드리면서 여인들이 하늘의 둥근 달님의 모습을 지상에서 원형의 군중 윤무로 그리면서 풍년들기를 비는 원시농경사회의 아름다운 유풍이, 한 해 첫 열매를 천신과 조상신께 드리며 풍요다산의 여신인 달님에게 풍년들게 해 주심을 감사하는 풍년감사제를 드리는 일로 이어져서, 풍요다산의 여신인 달님의 모습을 여인들의 몸짓으로 그려서 윤무를 추면서 수레바퀴처럼 감고 또 감으라는 소리를 새기는 말이 '감감수레'로 익어져서 강도를 더해감에 따라 '강강술래'처럼 익어져서 전해내려 오게 된 경위가 어떻게 온 국민에게 바르게 납득될 수 있을지 걱정이다.

단옷날을 수릿날이라고 하는 까닭도 수레바퀴 모양의 떡을 먹는 데서 온 것이라고 민속학자들이 채록한 거짓말도 어떻게 바로 이해되어 불의 근원을 이룬 부시깃의 원료인 술의초(皮衣草)라고 일컬어지던 쑥을 떡으로 빚어서 제사 지내며 하지 무렵 해가 머리 정수리 위에 와서 내리쬐는 절기인 천중절(天中節)을 지켜 농작물의 결실을 기원하면서 명절로 삼아 정수리머리를 창포물에 감고 일꾼들이 농사 일손을 하루 쉬면서 정수리 위에 온 따가운 햇살을 기리던 수릿날이라는 사실을 알게 될 수 있을지 생각할수록 애가 탄다.

열쇠를 채워 놨는데도 대낮에 도둑맞았다는 어불성설도 상용되고 있으니 기가 막힌다.

마감 날이 다 되어 원서 접수하러 수험생이 구름처럼 몰려왔다는 신문이나 방송의 보도에 나오는 망발을 코웃음으로 흘러 보낼 수만은 없는 딱한 착각의 말임을 우리는 언제쯤이나 깨닫게 될 것인가? 접수창구의 직원들이 원서를 받아 접수하지, 수험생은 원서를 내거나 제출할 뿐 결코 받아 접수하는 것은 아니기 때문이다.

Ⅱ. 푸짐한 음식들

〔가〕 상추쌈과 풋고추

1. 식탁의 진미

여름철 식탁에 상추쌈을 빼 놓을 수가 없다. 상추쌈에는 생된장이 따르지 않을 수가 없고, 생된장이 나왔다 하면 풋고추를 찾지 않을 수가 없다.

한편 우리의 입맛을 시원스러이 돋우어 주는 반찬으로는 동치미와 김치를 또한 들지 않을 수 없다. 동치미는 주로 무로 담그지만 김치라 하면 무, 배추 그리고 마늘, 빨간 고추, 풋고추 그 어느 것도 빼 놓을 수가 없다.

우리나라 사람들의 구미에 가장 잘 맞는 음식은 뭐니뭐니해도 김치가 아닐까 생각된다. 봄·여름·가을·겨울 계절의 변화에 구애됨이 없이 단 한 끼라도 밥상에 김치가 떨어지고 나면 우리는 금방 입맛을 잃는다.

더구나 무더운 여름철 우리의 구미를 한결 돋우는 채소류로는 상추쌈과 풋고추를 들지 않을 수 없다. 오늘날 우리나라는 영농의 과학화가 이루어지면서 비닐하우스 재배를 통하여 함박눈이 펑펑 내리고 매서운 동장군의 한파가 세차게 몰아치는 한겨울에도 시골이나 서울을 구분할 것 없이 상추쌈과 풋고추의 싱그러운 맛을 마음대로 즐길 수가 있게 되었다.

요즘은 한걸음 더 발전하여 불고기를 해 먹으면서도 상추쌈을 싸서 먹고 뱀장어구이를 먹으면서도 쑥갓을 곁들여 상추쌈을 싸서 풋고추의 매콤한 맛으로 향기를 돋우면서 즐겨 먹는 데 익숙해지고 있다.

그렇다면 '상추'와 '배추' 그리고 '풋고추'는 어떤 뜻으로 이루어진 말이며 '김치'라는 말은 또 어디에서 온 것일까? 김치를 한편으로는 '지'라고도 하는데 이 말은 또 그 뿌리가 어디에 내려있는 말일까? 김치를 봄, 가을이나 여름, 겨울 구분할 것이 사시사철 항상 즐겨 먹고 있지만 봄이나 여름에 담그는 김치는 김장한다고 하지 않고 그저 김치 담근다고만 하고, 겨울을 준비하는 김치 담그기만은 어찌하여 꼭 '김장'한다고 말하는 것일까?

그리고 '동치미'라는 말은 김치의 일종임에는 틀림없는데 어찌하여 그 이름이 별로 닮은 데가 없는 것일까?

간장과 된장은 또한 그 이름이 어떻게 상관을 맺고 있을까?

장도 담그고 김치도 담근다는 말을 쓰는데 이 '담그다'라는 말은 '담다'라는 말과 '잠그다'라는 말과 그 뜻으로 보나 그 어형으로 보나 결코 무관하지 않을 것으로 보이는데 과연 그렇게 보아 단정할 만한 근거는 있는 것인지도 궁금하다.

그리고 장을 담그는 것도 김치를 담그는 것도 모두 간물에 잠가서 담아둠으로써 산패시켜서 각각 특이한 맛을 내게 한다는 데 그 공통된 뜻이 들어 있는 것이 아닐까?

이러한 몇 가지 의문점을 이제 하나하나 근거를 찾아 시원스럽게 해명해 나가보기로 한다.

2. 상추

옛날 고구려 때에 우리나라에서 상추를 먹는 습속이 있는 것을 보고 중국에서 이를 수입하여 먹게 되었다는 기록이 나온다. 그리고 수나라 사람들은 우리나라 사람들이 사신으로 가면 우리나라에서 재배돼 있는 상추의 종자를 비싸게 사들여 갔다고 해서 '千金菜', 즉 천금을 들여서 산 나물이라고 했던 기록도 있는데 오늘날도 이 상추를 한자로 말할 때에는 '千金菜'라고 하는 경우가 종종 있다. 이처럼 상추는 예로부터 우리나라 사람을 비롯해서 많은 사람들에게 사랑을 받았는데, 그중에서도 특히 우리나라에서 잘 자라는 채소였던 것으로 보인다. 또 원나라에도 고려 사람들의 상추 먹는 풍속을 배워가서 널리 퍼졌다는 기록도 보인다. 그리하여 고구려 때부터 고려에 이르는 동안 우리나라 사람들이 상추를 계속 먹어왔던 사실을 중국의 기록에서 찾아 볼 수 있다.

상추는 확실히 우리나라 사람들이 예로부터 한결같이 즐겨 먹는 채소임에 틀림없다. 지금은 시골에서도 여름날까지 쌀밥을 먹는 시대가 되었지만 얼마 전까지만 해도 보릿고개라 해서 보리가 채 익기도 전에 이미 쌀이 다 떨어져 버려서 여름철에는 쌀밥 먹기가 힘들었고 따라서 여름의 주식은 쌀밥이 아닌 보리밥이었다. 상추쌈은 쌀밥에도 좋지만 보리밥에는 더욱 좋다.

여름날 불볕 같은 뙤약볕 아래서 땀을 뻘뻘 흘리며 일하고 나서 잔뜩 시장할 때에 풋풋한 풋 냄새가 싱싱하게 나는 상추쌈에 보리밥 한 술 듬뿍 떠 놓고 노란 생된장을 척 발라 한 입 가득 두 손으로 몰아넣고 난 다음 생마늘 하나 질근 깨무는 그 싱그럽고 향기로운 맛은 옛날 산야에서 풀을 뜯어먹고 생식을 하며 살던 시대부터 길들여 온 우리 겨레의 전통적인 '土俗味' 바로 그것이 아닐까 생각된다. 그러면 이 '상추'라는 말은 그 어원을 어디에서 찾아 볼 수 있을까? 우리는 이 말을 우리가 일상에서 써 버릇한 언어감각으로 볼 때에 순 우리말 같은 친근감을 느끼고 있어서 이 말이 한자어에서 온 것이라는 사실을 까마득히 잊고 있는 것이 예사다. 그러나 이 말은 분명히 생생한 나물이라는 뜻으로 '生菜'라고 썼던 한자말에서 온 것이다. 이것이 '생치'로 쓰이다가 '배추'의 어형을 닮아가서 '상추'로 바뀐 것이다.

'상추쌈'이라고 할 때 '쌈'은 또 무엇을 뜻하는 말일까? 그것은 우리의 전통적인 가정의 음식문화에서는 식탁에서 식사를 하는 관습에서 쉽사리 그 뿌리가 되는 말뜻을 찾아 읽어낼 수가 있다.

정월 초하룻날을 비롯하여 큰 명절이 닥치면 갖추어진 상을 차려 조상신께 차례를 지내는 뜻은 집안의 평안과 건강 그리고 일년 농사가 풍년들기를 빌고 또 감사하는 예를 올린다는 정성이라 하겠다. 조상의 제삿날에도 갖춘 상을 차린다. 집안에 귀한 손님이 올 때에도 갖춘 상을 차린다. 이 갖춘 밥상 위에는 반드시 '김'이 구워져 올라있다. 김은 해초를 엷게 떠서 말린 것이다. 이 김을 기름소금 발라서 구워가지고 조그맣게 잘라 밥상에 올려놓으면 이 김 조각 한 입을 가지고 한 숟가락의 밥을 싸서 먹으면 입맛도 좋으려니와 영양가를 갖추어 먹을 수가 있어 좋다. 이처럼 김으로 밥을 한 숟가락씩 싸서 먹는 것을 일컬어 쌈을 싸서 먹는다고 한다. 그러니까 '쌈'이라는 말은 '싸다'(包)다는 동사의 명사형에서 온 것이 분명하다.

따라서 '상추쌈'이라는 말도 밥을 한 숟가락 떠서 왼손에 든 상추 잎으로 감아 싸서 생된장 찍어 넣고 상추로 뚜루루 말아서 오른손으로 입에 밀어 넣어 먹는 우리의 식사하는 관습에서 비롯된 말임에 틀림없다. '상추로 밥을 쌈'이라는 말이 줄어서 '상추쌈'이 된 것이다.

'생치'가 '상추'로 바뀐 과정은 '배추'나 '김치'라는 말의 변화과정과 관련시켜 설명하는 편이 훨씬 이해하기가 쉬울 것으로 생각된다.

3. 배추

상추와 함께 우리나라 사람이 즐겨 먹는 또 하나의 채소로 배추를 들지 않을 수 없다. 그런데 배추는 우리나라 고유의 것인지, 그렇지 않은 것인지 확실하지가 않다. 상추는 우리의 고유한 채소여서 멀리 고구려 때 이미 중국 사람들이 이것을 비싼 값으로 사다가 먹었다는 기록이 있고 또 그 이름을 '千金菜'라고 일컫게 된 원인도 천금이나 주고 사 먹는 귀한 채소라는 뜻으로 중국 사람들이 붙인 이름이라는 것을 앞에서 살펴보았거니와 배추는 그것이 확실치 않다.

그러나 이 배추도 상당히 오랜 옛날부터 우리 겨레가 즐겨 먹었던 채소임에는 틀림없는 것으로 보인다.

그런데 정약용의 『雅言覺非』에 보면 이 배추를 '拜草'라 적고 있다. 그리고 오늘날까지 중국이나 일본 등 한자문화권에 속해 있는 여러 나라에서 이 배추를 모두 한자로 '白菜'라고 쓰고 있다. 그것을 중국어 발음으로는 '바이차이'라 하고 일본어 발음으로는 '하꾸사이'라 하여 그 나라 말투의 발음의 차이가 있을 뿐이다.

우리말에서 '배추'라고 하는 말이 생긴 것은 '白菜'의 중국어 발음 '바이차이'의 유사한 발음에서 바뀐 것으로 보인다.

우리말 한자 발음으로는 '백채'가 되기 때문에 그것이 '배추'로 바뀌는 음운변화 과정을 설명하는 규칙을 만들어 보려는 것은 다소 무리가 따른다.

중국어 '바이차이'의 발음이 우리말에서는 줄어들어 옛말에서 '배칙'로 표기되었던 것으로 보는 데는 아무 무리가 없는 자연스러운 발음현상의 바른 기록이라고 풀이되며, 이것에서 다시 끝의 'ㅣ'발음이 떨어져 나가면서 '배츠'로 쓰이던 흔적을 오늘날 방언에서 쉽사리 찾아 볼 수 있다.

이 '배츠'가 이음절에서 'ㆍ>ㅗ'로 바뀌는 음운변화 경향을 따라『雅言覺非』에서 그 음가가 '拜草'로 기록된 것처럼 '배초'로 바뀌었다가, 이것이 다시 모음조화의 규칙이 흐트러지면서 양성모음의 음성모음화의 경향을 따라 '배추'로 쓰이어져 오늘에 이른 것으로 볼 수 있다.

이 '배추'의 '추'음을 닮아서 '상치'도 '상추'로 발음되는 경향을 강하게 보게 될 것이다.

이렇게 볼 때 '상추'에서는 '추'(茶)의 발음이

    치>칙>치>추

로 바뀌었음을 볼 수 있고, '배추'에서는 그것이

    치>츠>초>추

로 바뀌었음을 확인할 수 있다. 그런데 이 '상치'의 '치'가 다시 '배추'의 '추'로 닮아가는 경향을 보여 '상추'로 바뀌게 되는 양상을 보이는 것은 매우 재미있을 음운전이 현상의 하나라고 생각된다.

4. 김치

우리 고유의 식품으로 세계 시장에서 최근 크게 각광을 받고 있는 것이 바로 김치 통조림이라고 보도를 통해 알려졌다. 김치가 통조림으로 나와서 외국으로 활발히 팔려 나간다니 매우 반가운 일이다. 그런데 약삭빠른 일본 사람이 우리나라보다 앞질러 김치공장을 세우고 '기무찌'라는 이름으로 세계 시장에 내다 팔고 있다하니 일본 사람이 담근 김치의 맛이 과연 토박이 김치 맛을 당할까? 그리고 우리가 매일 끼니때마다 먹는 김치가 쇠붙이로 만든 통조림 깡통 속에 들어 있을 모습을 생각해보면 그것이 김치 맛을 제대로 낼 것인지 그리고 그것도 김치라고 할 수 있을 것인지 도무지 감이 잡히지 않는다.

왜냐하면 김치는 싱싱한 채소에 빨간 고추 양념을 듬뿍 집어넣고 살림꾼 주부의 손으로 솜씨 좋게 버무리고 주물러서, 찰흙으로 구어서 만든 뚝배기 항아리에 담가 두었다가 반드시 꺼내다 먹을 때도 작은 뚝배기그릇이나 사기그릇에다가 담아서 먹는 그 한식식탁의 운치어린 구미를 양철깡통이 재현시킬 수가 있을 것인지부터가 도무지 감이 잡히지 않기 때문이다.

김치는 첫눈이 내리고 나서 채소가 나지 않는 겨울에 대비하면서 다량으로 담가두는 김장김치가 갖은 양념을 다하고 구색을 맞춰 맛맛으로 가지가지 담그기 때문에 김치로서는 가장 맛이 있고 또 운치도 있게 마련이다. 그러면 '김장'이니 '김치'니 하는 말은 과연 어떤 뜻으로 어디에서 어떻게 만들어진 말일까 하는 점이 우리를 매우 궁금하게 한다.

한국요리에 관한 책을 보면 가정학에서는 지금도 옛날 기록을 그대로 이어받아서 김치 종류를 일괄해서 말할 때는 통칭 '沈菜類'라 하고 있다. 여기에서 우리는 '김치'라는 말이 바로 이 '沈菜'라는 한자말에서 귀화된 것임을 직감할 수가 있다. 김치가 순 우리말이라는 우리의 일상적인 언어감각 때문에 처음에는 쉽사리 납득이 가지 않을 뿐만 아니라 오히려 순 우리말이었던 김치의 옛말 '팀치'를 인위적으로 한자표기하기 위하여 '沈菜'라는 새 조어를 이두식으로 조작해 낸 것이 아닐까 하는 역방향의 가정을 해보기까지 하는 일도 종종 있을 수 있는 일이다.

그런데 중국의 제갈공명(諸葛武候)으로부터 이 김치 담그는 풍습이 시작된 것이라는 민속학 책의 기록도 보인다. 그러나 오늘날 중국의 요리에 무, 배추, 마늘, 고추, 소금으로 담근 푸짐하고도 소박한 짠맛의 김치가 전혀 보이지 않는 것으로 보아 이 김장김치의 전통은 한국 고유의 음식문화에서 자라 온 것으로 보인다.

그런데 우리말에서 김치를 담근다는 말로 나타내는 것은 마치 장을 담그는 것처럼 채소를 간 쳐서 간물에 잠가 담아둠으로써 산패시켜서 그 발효된 과정을 거치면서 나는 특이한 맛을 우리는 즐겼던 것으로 미루어 볼 때, '담그다'라는 말이 '잠그다'와 '담다'의 뜻이 함께 들어 있고 또 어형으로 보아도 '담다'와 '잠그다'의 혼합형으로 볼 수 있다.

이것으로 미루어 보아 '김장'이라는 말도 김치 담그는 과정을 잘 설명하는 말이라고 보여 지며 이때 '김치'와 '김장'에 공통으로 나타나는 '김'이 바로 한자의 '잠길 침(沈)'자에서 바뀐 것이 틀림없다는 판단을 할 수 있다. 다만 그것이 음운의 어떠한 변화규칙으로 설명할 수 있겠느냐 하는 문제만 다음에 이야기할 재료로 남을 뿐이다.

그렇다면 '김치'의 원말을 한자로 된 '沈菜'로 본다면 이것이 오늘날 '김치'로 바뀌는 과정을 어떻게 설명할 수 있을까? 이것은 옛 문헌의 기록을 모아 놓고 정리하는 것이 이해하기에 편리하리다 생각된다.

    팀치(葅) 〈倭上 47〉 〈小언一 7〉
    딤치(葅) 〈訓蒙中 22〉
    짐치(葅) 〈痘經 13〉
    짐츼 〈靑 p. 40〉

이 기록을 모아 놓고 정리해 볼 때에 우리말 '김치'는 '沈菜'라는 한자말을 '팀치'라고 쓰다가 그 발음이 약화되면서 발음하기 쉬운 '딤치'가 되고, 이것이 다시 구개음화를 일으켜서 '짐치'로 되었다가 치음 아래서 'ㅣ'발음의 'ㅓ'로 바뀌는 경향을 따라서 '치'발음이 '츼'로 바뀜에 따라 '짐츼'로 되고, 여기

에서 다시 역구개음화 현상이 일어나면서 오늘날 우리가 쓰고 있는 '김치'라
는 말로 나타나 굳어지게 된 것으로 설명할 수가 있다.

이것을 알아보기 쉽게 연결하여 정리하면 다음과 같이 된다.

沈菜→팀치＞딤치＞짐치＞짐칙＞짐치＞김치

김치도 이제 세계적인 식품으로 번져가고 있다. 그러나 우리의 김치는 일
정한 제작방법이 있는 것이 아니라, 지방에 따라 가정에 따라 다르기 때문
에 그 명칭도 다양하다. 이제 다양한 이 김치의 명칭을 살펴보기로 하자.

통김치: 배추를 통째로 절여 줄거리의 격지마다 양념한 소를 넣어 저장한
김치.

보쌈김치: 무와 배추에 갖은 양념을 하여 배춧잎으로 싸서 만든 개성의
김치.

섞박김치(섞박지): 무와 배추를 넓적넓적하게 썰어서 양념과 함께 버무려
담근 김치.

깍두기: 무를 밤알만큼 모나게 깍둑깍둑 썰어서 양념에 버무려 담근 것.

나박김치: 무를 얇고 네모지게 썰어 고추, 파, 마늘, 생강 등의 양념을 넣
고 국물을 부어 익힌 물김치.

동치미: 무를 통째로 소금에 절여 소금물을 식혀 부어 담근 맑은 물김치.

비늘김치: 통무를 비늘같이 저며서 그 틈에 김치소를 넣고, 통배추와 함께
담근 김치.

검들김치: 무잎이 달린 것을 자르지 않고 그대로 담근 김치

무청깍두기: 총각무로 만든 깍두기, 무청을 자르지 않고 만든다. 총각김치,
또는 쥐무김치라고도 함.

늙은 호박김치: 배추와 늙은 호박을 양념으로 버무려 익힌 다음, 끓여서
먹는 김치.

오이김치: 오이로 담근 김치.

오이소박지: 오이에 칼집을 내어 소를 박아 담근 김치.

박김치: 박을 납작납작하게 썰어 담근 김치로, 주로 추석에 먹는다.

두릅김치: 두릅으로 담근 김치.

풋배추김치: 싱싱한 어린 배추로 담근 김치. 얼갈이김치, 풋김치라고도 함.

오이깍두기: 오이를 작고 모나게 깍둑깍둑 썰어서 갖가지 양념을 버무려 담근 김치.

가지김치: 가지로 담근 김치.

풋마늘김치: 풋마늘을 통째로 담근 김치.

열무김치: 열무로 담근 김치.

갓김치: 갓의 잎과 줄기로 담근 김치.

장김치: 무, 배추, 오이 등을 간장에 절여 미나리, 갓, 고명 등을 섞고 간장을 탄 물에 꿀을 쳐서 담근 김치.

돌나물김치: 돌나물로 담근 물김치.

파김치: 파로 담근 김치.

시금치김치: 시금치로 담근 김치.

미나리김치: 미나리로 담근 김치.

고춧잎김치: 고춧잎으로 담근 김치.

부추젓김치: 달인 멸치젓국을 식혀 양념을 부추에 버무려 담근 김치

고들빼기김치: 고들빼기를 약 20일간 물에 담가서 쓴 맛을 우려내고 무말랭이와 함께 갖은 양념에 버무린 김치.

백김치: 고춧가루를 직접 쓰지 않고 배를 깎아서 만든 배즙과 소금물로 김칫국을 만들고 배춧잎 사이에 통배추 김치 담그듯 갖은 양념으로 소를 박아 심심하게 담근 김치.

쌈김치: 길고 좋은 배추를 소금에 절인 다음 낙지, 편육과 함께 양념을 싸서 만든 김치.

동아섞박지: 동과(冬瓜)를 납작납작 썰어서 양념에 버무려 담근 김치.

해물김치: 강원도 지방의 별미김치. 생태나 도루묵의 비늘과 내장 아가미를

떼어내고 무는 나박김치보다 좀 도톰하게 썰어 양념과 생멸치 젓국과 소금으로 간을 맞추어 버무린 김치.

이러한 여러 가지 김치 이름 가운데 '동치미'는 '김치'나 '지'라는 말이 붙지 않았는데, 이 이름은 과연 무엇을 뜻하는 말로 이루어졌을까?

5. 동치미

우리가 먹는 김치 가운데에도 특히 눈보라 치고 얼음이 꽁꽁 얼어붙는 한겨울 철에 시원함을 만끽할 수 있는 동치미를 빼 놓을 수가 없다. 시원함을 즐기는 것은 대체로 여름이지만 겨울철에도 우리의 전통적인 한식의 식탁인 밥상 위에 오르는 시원한 맛을 내는 음식 가운데에는 따끈한 시래깃국이나 북엇국이 있고, 김치 종류 가운데 맑은 국물을 마시며 즐길 수 있는 동치미가 있다.

요즘은 식사가 끝난 다음이나 땀 흘려 일하고 난 다음 목이 타는 것을 시원하게 하는 음료로는 과일 향과 단맛을 화학처리 하여 병이나 통조림으로 공장에서 다량으로 생산해 낸 청량음료가 개발되어 사이다·콜라·맥콜·보리텐·써니텐·환타·주스 등을 사시사철 즐기고 있거니와 우리의 전통적인 가정의 음식문화에서는 아침저녁 밥상 위에 오르는 동치미가 일품이고 좀 갖춰진 상에는 식혜나 수정과 등이 올라서 천연의 맛을 시원스럽게 즐겨왔던 것이다.

이 가운데 동치미는 김치의 일종으로서 겨울철을 대비하여 김장을 할 때에 부지런한 주부의 솜씨로 넉넉히 담가 두었다가 함박눈이 펑펑 쏟아지고 싸락눈이 하얗게 뜰 위에 내릴 때에 따뜻한 온돌방의 아랫목에서 할아버지, 할머니로부터 손자, 손녀에 이르기까지 온 식구가 오순도순 한데 모여앉아 즐기는 겨울식탁에 김치와 함께 빠짐없이 차려 내놓게 마련이다. 이 동치미는 추위 속에서도 특이하게 개운한 맛으로 시원함을 맛보게 하면서 우리의 입맛을 한결 새롭게 돋우어 주어서 좋다. 대체로 공장에서 다량으로 생산되어 나오는 인공 청량조미료는 혀끝의 감각을 자극하는 맛은 있지만 뒷맛이 개운치 않아 대체로 입맛을 잃게 하는 것이 예사이지만 동치미는 이와는 대조적으로 마실 때에도 혀뿐만 아니라 위장과 간장 그리고 온 전신이 짜릿짜릿하게 시원스럽도록 해줄 뿐만 아니라 밥맛을 한결 돋우어 준다는 점에서 반찬으로서의 구실도 충분히 한다고 보지 않을 수 없다.

그러면 이 '동치미'라는 이름은 어떤 뜻을 담아 어떻게 이루어진 말일까? 이 점에 대해서 우리는 별로 아는 바가 없이 지나쳐 버리는 것이 예사다. 이따금씩 그것이 궁금할 때도 있지만 그것을 해명해 볼 만한 근거가 없어서 아쉬워하다가 말 뿐이다.

'동치미'라는 이름은 한마디로 말하여 겨울김치라는 뜻을 담고 있으며 그 어형은 '冬沈菜'라는 한자말에서 온 것이다. '김치'라는 이름이 '沈菜'라는 한자말에서 귀화된 우리말이라는 것을 기억해 볼 때 '冬沈菜' 바로 겨울김치 그것이 아니고 무엇이랴! 이 한자말에서 끝 자인 '菜'가 줄어 없어지면서 '冬沈'으로 통용되기에 이른 것이다. 여기에 다시 주격조사 '이'가 붙어 '冬沈이'라고 연결해 쓰게 되면서 이것이 하나의 명사로 굳어져서 소리 나는 대로 '동치미'라 일컬어 오게 된 것이 분명하다. 이것은 마치 '낚(釣)＋이'가 결합하여 '낚시'라는 하나의 명사로 굳어진 예와 흡사하다. 따라서 '동치미'라는 말을 분석해 보면 '冬沈菜'의 줄어든 어형에 주격조사가 명사형 접미사로 화하여 붙어 하나로 굳어진 '冬沈＋이＞동치미'의 어형발달 과정을 읽어낼 수가 있다.

'동치미'는 무김치의 한 가지다. 통무를 소금에 절여, 끊인 소금물을 식혀 두었다가 여기에 부어서 잠기게 하여 담아둘 때에 댓잎이나 갈대잎을 소금물 위에 덮어 놓으면 사이다 맛과는 견줄 수 없는 특이하고 새콤하고도 시원한 맛이 난다. 그리하여 밥을 먹으면서 반찬으로 곁들여 떠먹으면 입맛을 한결 돋우어 준다. 이것을 즐겨 먹는 사람들은 종종 막국수를 이 동치미 국물에 말아먹기도 한다.

요즘은 상추쌈을 여름뿐만 아니라 겨울까지도 즐겨 먹을 수 있게 되었는데 이처럼 동치미도 겨울뿐만 아니라 한여름이 되어도 즐길 수 있게 되었지만 그러나 뭐니뭐니해도 동치미의 참맛은 겨울에야 제대로 맛볼 수 있고 그것도 추운 지방에 갈수록 더욱 그 극진한 본연의 제 맛을 제대로 맛볼 수가 있는 것이다. 그것은 아마도 동치미라는 이름 속에 '冬'자를 놓치지 않고 항상 안고 다니기 때문이 아닐까?

그리고 '김치'의 '김'이 원래 한자 '沈'에서 온 것임을 '동치미'라는 말에 담겨 있는 '치미'가 곧 '沈'이었던 것으로 미루어 잘 알 수 있도록 그 어원적인 어형을 명시적으로 반영해 주고 있다는 사실도 여기에서 기억해 둘 만한 점이다.

6. 김장과 지

'김치'가 '沈菜'라는 한자말에서 왔다면 그것은 채소를 간 쳐서 간물에 잠가 담아둠으로써 산패시켜서 발효된 맛을 즐기는 풍습에서 생긴 말이라 하겠는데, 그러한 안목으로 볼 때에 '김장'이라는 말도 '沈醬'이라는 한자어에서 온 것이 아닐까 하는 가정을 우선 해볼 만하다.

그러나 이 가정은 너무나 성급한 추론에서 빚어지는 착각이라고 생각된다. '沈醬'이라는 말은 글자 그대로 장 담그는 일을 한자어로 말하는 것으로 이해할 수는 있다. 우리나라 사람이 간장이나 된장을 즐겨 먹어왔던 풍습은 역시 산패시켜서 발효된 음식을 즐겨 먹던 습관과 맥을 같이하는 것으로 풀이할 수 있기 때문이다. '된장'이라는 말도 '沈醬' 과정에서 콩으로 메주를 쑤어 간물에 잠가서, 찰흙으로 구어 만든 항아리에 담아 두어 발효시켜 그 특이한 맛을 내게 하는데 그 우러난 말국은 짠맛을 내는 데 간으로 쓰는 '醬'이라 하여 '간醬'이라 이름하고, 말국을 걸러내고 난 다음의 메주콩 찌꺼기는 마치 찰흙이나 찰떡처럼 되직한 '醬'이라 하여 '된醬'이라 이름한 것이다. 장아찌도 장으로 담근 김치라는 뜻 '醬잇菹'에서 왔다.

그렇다면 '김장'이라는 말은 과연 어디에서 온 것일까?

'김장'에 관한 노래가 있다.

十月은 孟冬이다 立冬 小雪 절기로다
나뭇잎 떨어지고 고니소리 높이난다
듣거라 아이들아 農功을 畢하여도
남은 일 생각하여 집안 일 마저하세

이렇게 시작하는 농가월령가 시월령에 보면 낙엽이 지는 초겨울로 접어드는 이 계절이 되면 김장도 하고 바람벽도 막고 창호지로 문도 바르고 방고래도 다시 손질하여 온돌도 따뜻하게 하고 겨울옷과 겨울 먹을 것을 마련하면서 추운 겨울을 안전하게 나기 위한 월동준비에 바빠지는 손길을 노래하고 있다. 그 가운데 김장이 으뜸이라고 노래하고 있음을 본다.

무 배추 캐어들여 김장을 하오리다
앞 냇물에 정히 씻어 鹽淡을 맞게 하소
고추 마늘 生薑 파에 젓국지 장아찌라
독 곁에 중두리요 바탕이 항아리라
陽地에 假家짓고 짚에 싸 깊이 묻고
바기무 알암말도 얼잖게 간수하소

'김장'이라는 말은 김장을 하는 목적이 어디에 있는가 하는 안목으로 그 어원적인 의미를 추적하는 것이 매우 적중한 답을 찾는 길이라고 생각된다. 김장을 하는 것은 그냥 끼니때마다 먹기 위하여 절이김치로 버무려 먹거나 간단하게 한두 포기의 배추와 무를 간에 절여 버무려서 담갔다가 먹는 일상 김치 담그기와는 좀더 그 규모가 크고 그 들어가는 양념이나 젓갈류도 다양하고 담아둘 항아리 준비도 많이 해둬야 한다는 관점에서 사용되는 말이다. 그렇게 하는 것은 한 해의 겨울을 대비하는 저장의 목적이 있기 때문이다. 채소가 자라지 않는 겨울을 대비해서 늦가을에 다량의 채소를 김치로 담가서 겨울 갈무리를 하는 뜻으로 김장을 하는 것이므로 김장은 '김치의 저장'이라는 뜻으로 풀이되는 한자말 '沈藏'에서 온 말이라고 생각된다. '沈'이 '김장'의 '김'으로 바뀔 수 있음은 '김치'가 '沈菜'에서 바뀐 과정 그대로다. 그러니까 '김장'이라는 말은 '김치저장' 곧 '沈菜貯藏'의 준말이라고 생각하면 간단하다. 따라서 봄이나 여름에는 아무리 김치를 자주 담가 먹어도 김장한다고 하지 않는다는 것을 유의할 필요가 있다.

여기에서 한 가지 기억해 둘 말이 있다. 그것은 우리말에서 김치를 다른 말로 '지'라고도 하는데 이 말은 과연 어디서 온 것이냐 하는 점이다. 얼핏 생각하면 이 말도 토박한 순 우리말처럼 쓰이고 있어서 그것이 한자어에서 왔으리라고는 좀처럼 생각되지 않는 말이다. 그럼에도 불구하고 이 말도 김치나 김장이라는 말처럼 한자에서 귀화되어 굳어진 말의 하나다. 그렇다면 그것이 무슨 한자에서 온 것일까?

앞에서 '김치'의 옛말을 찾아보았는데 그때에 '딤치(葅)'라고 쓰여 있는 것을 찾아 확인할 수가 있다. 여기에 나오는 '葅'라는 한자는 '김치 저'자이다. 이 '葅'자를 중국어 발음으로는 '쥐'라고 한다. 이 '쥐'음이 발음하기 쉽게 우리말에서 '지'라고 변음되어 귀화한 것이다.

어떤 사람은 이 '지'가 한자에서 온 말임에 틀림없는데 그 한자는 '漬'에서 온 것이라고 단정하고 있다. 이 글자는 '거품 지, 물들일 지, 짐승죽일 지, 담글 지 등으로 훈독한다. 이 가운데 '담글 지(浸潤)'가 그렇게 단정할 만한 부분이기는 하다. 중국음에서는 '즈'에 가깝게 난다.

그러나 그 뜻으로 보아 물 속에 거품이 나도록 담가서 물들이거나 짐승을 죽인다는 뜻이 앞서 있어서 채소에 간 쳐서 김치를 담근다는 뜻과는 다소 거리가 있다고 생각된다.

옛 문헌에서 김치는 '漬'로 쓰인 일이 없고, 모두 '葅'로 쓰이고 있다는 데서도 우리말에서 김치를 '지'라고 하는 것은 '葅'의 중국음 '쥐'에서 변음되어 귀화한 것이라고 보는 것이 더 타당하다고 생각된다.

소금물에 채소를 담가 절여서 옹기에 담아 가지고 겨울을 날 수 있게 저

장한다는 뜻의 말이 팀쟝(沈藏)이다. 이것이

　　팀쟝 > 딤장 > 짐장 > 김장

으로 바뀌어 오늘에 이른 것이다.

7. 풋고추

　고추는 원래 가지과에 속하는 1년생 풀로서 우리의 식탁에서는 맛을 내는 조미료로 이용되고 있는데, 이 고추라는 말의 어원은 어디에서 왔을까 생각해 보면, 그 어감상 순 우리말처럼 얼핏 느껴져 그 어원을 찾는 데 약간은 어색한 감이 없지 않다.

　그런데 이 고추라는 말은 한자어와 관련이 있다. 이 고추가 처음 들어 온 경위를 살펴보면 쉽게 이해를 할 수가 있다. '苦椒'라고 표기되는 이 고추의 수입 경위를 살펴보면, 이것은 중미(中美)가 원산지이고, 콜럼버스(Columbus)가 미대륙을 발견한 이후 해외로 보급되기 시작한 것으로 1559년 포르투갈 상선이 일본에 도착하면서 우리나라에도 건너 온 것으로 보인다. 이수광(李睟光)의 『芝峰類說』에 보면 고추를 '倭介草'라고 하였는데, 이것으로 미루어 보아 고추가 일본을 통해서 우리나라에 들어왔음을 짐작할 수 있다.

　이 고추가 수입된 이래 우리나라에서는 겨울철에 추위를 막기 위해 버선 틈에 넣었다고 하고, 전쟁에서는 고추를 태운 연기로 싸움을 하기도 했다는 얘기가 전해지고 있다. 또 우리나라에서 유명한 순창 고추장은 19세기부터 시작된 것으로 보이고 있다. 그런데 박지원의 『열하일기』(1972)를 보면 우리나라의 고추가 중국으로 건너갔다는 것을 볼 수 있다. 그래서 이 고추는 중미에서 일본으로, 일본에서 우리나라로, 그리고 우리나라에서 중국으로 건너갔지만 그 말은 치음에 한자말로서 그 이름이 지어졌던 것이라 할 수 있다.

　이 고추가 아직 덜 익어서 붉지 않은 고추를 우리는 '풋고추'라 한다. 풋고

추는 상추쌈과 더불어 된장을 찍어서 보리밥과 함께 즐겨 먹는 여름식탁의
청량제라 아니할 수 없다. 우리 전통 고유 음식상에서 빼 놓을 수 없는 것이
김치와 된장찌개인데 여기에도 항상 그 어느 것에도 약방에 감초처럼 고추가
끼어든다. 양념이라 하면 고추와 마늘을 빼 놓을 수가 없는 것은 말할 것도
없다. 고추는 붉은 고추가 김장할 때나 고추장을 담글 때에 제 구실을 하는
것이지만 약이 살짝 올라 매콤하게 톡 쏘는 맛이 돋는 풋고추는 싱싱한 그대
로 날것으로 먹었을 때 그 향취가 제대로 살아있어 좋다. 뿐만 아니라 풋고추
는 된장찌개나 된장국에 풋호박과 함께 들어가 익혀졌을 때도 또 다른 특이
한 맛과 향기를 내어 좋다.

그러면 '풋고추'라는 말에서 '풋'은 무엇에서 바뀐 것일까? 풋사과, 풋감 등 모
든 덜 익은 과채류를 '풋'이라는 접두사를 붙여 나타내고 있거니와 이것이 발전
하여 추상개념을 나타내는 말에도 붙어서 '풋사랑'과 같은 말을 낳기도 하였다.

'풋고추'의 '풋'은 이처럼 풋사과, 풋감, 풋사랑 등에서 쓰이고 있는 것으로
알 수 있듯이 그것이 덜 익어 있음을 뜻하는 접두사다. 모든 과채류를 덜 익었
을 때 푸른 풀빛을 지니는 것이 예사다. '풋'은 곧 '풀ㅅ'의 줄어든 어형이다.
따라서 '풋고추'는 아직 덜 익어서 붉지 않고 풀빛이 나는 고추라는 뜻으로 이
루어진 말이다. 풋사과나 풋감도 아직 덜 익어서 붉은 빛이 나지 않고 푸른 풀
빛이 나는 사과나 감을 뜻하는 말로 쓰인 어형이다. 이것을 알아보기 쉽게 정
리하면 다음과 같다.

풀(빛)ㅅ(의) 고추←풋고추
풀(빛)ㅅ(의) 사과→풋사과
풀(빛)ㅅ(의) 감→풋감

8. 마무리

우리의 입맛을 돋우는 채소류 반찬에 대한 몇 가지 어원을 풀어가면서 그 근원

적인 뜻과 어형의 변화과정을 살펴보았는데 이것을 정리하면 대체로 다음과 같다.

　가. **상추**: 이 말은 순 우리말인 것으로 의심치 않는 것이 상식으로 되어 있지만 사실은 한자말에서 유래되었다. 상추 자체는 고구려 때 이미 우리나라에서 널리 재배되었고 중국에서 비싼 값으로 사 들여감에 따라 ‘千金菜’라 이름했던 것이나 우리말에서의 발달은 다음과 같다.

　　生菜＞싱치＞생칙＞상칙＞상치＞상추

　나. **배추**: 이 말도 역시 순 우리말처럼 익어져 쓰이고 있으나 원말은 한자어 ‘白菜’에서 왔고 발음은 중국음 ‘바이차이’에서 바뀐 것이다. 그 변화과정은 다음과 같다.

　　白菜＞바이차이(중국음)＞배치＞배츠＞배초＞배추

　다. **김치**: 이 말도 순 우리말처럼 알고 있으나 한자말에서 귀화된 것이다. 그 변화과정은 다음과 같다.

　　沈菜＞팀치＞딤치＞짐치＞짐칙＞짐치＞김치

　라. **동치미**: 이 말 역시 순 우리말 같지만 한자말에서 귀화한 것이다. 그 변화과정은 좀 유다른 데가 있다.

　　冬沈菜＞冬沈＋이＞동치미

　마. **지**: 순 우리말이라고 굳게 믿고 있는 이 말까지도 한자에서 귀화한 것이다. 이설이 있기는 하지만 그 변화과정은 다음과 같다고 추론된다.

　　菹＞쥐(중국음)＞딯이＞지

漬>지(이설)

바. 장아찌: 이 말조차도 순수한 우리 고유어가 아니고 한자어에서 귀화
된 말과 혼합되어 굳어진 것이다.

醬이ㅅ菹>장잇딯이>장잇지>장아찌

사. 간장과 된장: 이 말은 우리말과 한자말의 혼합형으로 이루어진 말이다.
'간장'이 메주에서 간물을 우려낸 짠맛이 나는 장이라는 뜻으로 이뤄진 '간醬'
이라면, 된장은 메주를 간물에 담가두어 산패시켰다가 말간 간장을 우려내고
난 메주 찌꺼기로서 되직한 장이라는 뜻으로 이룩된 '된醬'이라는 어형으로 굳
어진 말이다.

간물 醬>간장
되직한 메주찌꺼기 醬>된장

아. 김장: 이 말도 우리말이 아닌 한자말에서 귀화된 것으로서 김치를 담
가 저장한다는 뜻으로 이룩된 한자어에서 왔다. 그 변화과정은 다음과 같다.

沈菜貯藏>沈藏>팀쟝>딤장>짐장>김장

자. 담그다: 담다＋잠그다>담그다

차. 풋고추: 이 말의 앞부분은 순 우리말에서 싹트고 뒷부분은 한자말에
서 귀화된 것이다. 그 변화과정은 다음과 같으며, 뜻은 붉게 익지 않고 아직
푸른 풀빛을 지닌 덜 익은 고추라는 것이다.

풀(草)ㅅ苦椒>풋고초>풋고추

〔나〕 등심과 안심

1. 연하고 순한 등심

아마도 우리나라 사람처럼 쇠고기의 불고기를 맛깔스럽게 즐겨 먹는 사람들도 그리 흔치 않을 것이다. 물론 다른 나라에서도 육식은 오히려 우리나라 사람들보다 훨씬 더 자주 즐겨 먹는 데가 많이 있겠지만 고기의 맛을 즐기는 수준으로 보아서 우리나라 사람처럼 쇠고기를 그 부위에 따라 다양하게 요리하여 맛맛으로 구분해 가면서 즐기는 예를 다른 나라에서는 쉽사리 찾아보기 힘들 것이다.

우리나라에서는 쇠고기를 그 여러 부위에 따라 하나하나 별도의 이름으로 따로 구분하고 있고 그 굽고 요리하는 방식에 따라서 또 다른 이름들이 다양하게 붙는 것으로 볼 때에 우리나라 사람은 확실히 맛과 멋에 대하여 남다른 관심과 지혜를 가졌을 뿐만 아니라 유별나게 빼어난 요리솜씨와 유난히도 예민하면서도 풍부한 입맛을 가지고 운치 있는 식도락을 가꾸어 온 민족이라 아니할 수 없다.

쇠고기 불고기를 즐길 때에 우리는 갈비나 등심 부위의 고기를 특히 선호하는 경향이 있다. 등심은 기름기가 많으면서도 비지살 기름기와는 달리 연하면서도 그 맛이 순하고 특이하게 맛이 좋기 때문에 쇠고기 중에서도 등심 살코기를 상품으로 치는 것이리라.

등심과 대를 이루는 말로 안심이 있다. 등심이 불고기 중에서도 구이볶음, 전골에 적격으로 쓰이고 있고 안심도 구이볶음에 많이 쓰이고 있되 그 맛의 특이한 차이 때문에 그 부위 고기가 가진 고유한 맛을 더욱 맛깔스럽게 드높이고 있는 것이라고 생각된다.

그런데 등심이라는 말은 무슨 뜻으로 이루어진 말이며 안심이라는 말은 또한 무슨 뜻으로 이룩된 말일까? 특히 우리를 궁금하게 하는 것은 '등심'과 '안심'에 꼭 같이 붙어 쓰이고 있는 '심'은 무엇을 뜻하는 것일까 하는 것이다.

묘하게도 국어사전을 찾아보면 등심은 '등心'이라 다시 적혀 있고, 안심은 '안心'이라고 바꾸어 적어 놓고 있는데 이것은 아무래도 이상하다. 등심이나 안심이나 모두 쇠고기의 살코기임에 틀림없는데 어찌하여 '마음심(心)'자를 쓸 수 있다는 말인가? 더구나 등이나 안이 순 우리말인데 여기에 의미가 동떨어진 한자를 붙여 말을 만들어 쓸 리는 만무하기 때문이다.

이제 이 수수께끼 같은 의문점을 어원학적인 관심을 가지고 분석적으로 추정하여 그 근원적인 의미가 무엇인지 해명해 보기로 하자.

2. 쇠고기의 여러 부위와 맛

가) 사냥과 목축으로 길들인 고기 맛

오늘날 우리가 식탁에서 즐기는 고기 맛은 대부분 가축을 길러서 얻고 있지만 고기 맛을 제대로 맛보려면 야생하는 짐승을 사냥하여 잡아 올 수 있어야 함은 두말할 나위도 없다. 돌이켜 보면 원시수렵생활 시대에 우리 조상들이 하늘에서 무한량으로 부여받은 멧짐승들을 사로잡아 날고기로 식성 좋게 먹어 치우던 관습이 오늘의 회(膾)로 남아 있고, 사로잡은 멧짐승을 통째로 구워서 입맛 좋게 익혀 먹던 관습이 오늘날 불고기로 남아 있을 뿐만 아니라, 여러 가지 맛깔스러운 익힌 음식으로서의 요리법으로 개발된 것이 아니랴! 이처럼 오늘날 우리가 즐기는 식도락은 원시시대의 자연식품 채취시대에서 비롯된 것이요, 그 가운데에서 육류의 고기 맛을 즐기게 된 근원은 사냥을 통해서 얻은 멧짐승을 날것으로나 구워서 먹는 데서 비롯된 것이다. 특히 우리 겨레의 옛 선조들이 사냥을 하는 데서 기른 활솜씨가 뛰어 났다는 사실은 일찍부터 중국에까지 널리 퍼져 알려진 사실이었다는 기록을 옛 문헌을 통하여 알 수 있다. 우리나라의 상고시대에 대하여 중국의 문헌 『삼국지』에서는 위지(魏

志)의 '東夷傳'이라는 항목에 담고 있다. 그들은 우리나라를 '東夷'라 일컬었던 것이다. 이를 흔히 동쪽 오랑캐라 하여 중국인이 우리 겨레를 멸시한 호칭이라고 풀이하는 경향을 보여 왔으나 이는 잘못된 풀이라 아니할 수가 없다. '夷'를 '夿'로도 쓰는데 이를 해자하여 놓고 보면, '大弓'이 결합된 것으로서 활솜씨가 뛰어남을 뜻하는 글자다. 따라서 '東夷'는 중국인들이 동쪽에 사는 활 잘 쏘는 겨레라는 뜻으로 일컫던 말임에 틀림없다.

고구려의 시조 동명왕의 이름이 주몽이었던 것도 활 잘 쏘는 사람이란 뜻으로 붙은 이름이었다고 『삼국유사』에서 밝히고 있다.

高句麗 卽 卒本扶餘. 始祖東明聖王
姓高氏 謂朱蒙……國裕謂善射朱蒙(三國遺事 卷一)

이렇게 볼 때 고대 신화로 거슬러 올라가 보면 우리나라는 한반도에 국한되지 않고 만주벌판을 포함하여 멀리 북경 가까이까지 넓은 중원대륙을 국토로 하여 뛰어난 활솜씨와 웅혼한 기상을 가지고 아시아 대륙에서 막강한 국세를 떨친 민족이었음을 알 수 있다. 이러한 국세는 우리의 선인들이 사냥에서 가꾼 뛰어난 활솜씨에서 비롯된 것이었으리라. 그리하여 사냥으로 사로잡은 옛 짐승들을 굽거나 익혀서 먹는 입맛도 남달리 다양하게 가꿔올 수 있게 되었으리라 생각된다. 인지가 계발되고 인구가 늘어감에 따라 자연에서 얻는 야생수렵 그대로만 가지고는 늘어가는 수요를 충당할 수 없게 되자 차츰 목축업을 개발하여 이제는 집에서 기르는 가축에서 마음대로 필요한 육류의 고기 맛을 즐길 수 있게 된 것이다.

구석기시대에 이미 동굴에서 불을 이용한 흔적이 보이고, 과일이나 나무뿌리를 채취하고 사냥하여 온 고기를 요리해 먹던 타제(打製)석기가 발견되고 있다.

신석기시대에 오면 마제(磨製)석기와 토기를 사용하여 물고기를 잡아와 사냥을 위주로 하는 식생활의 시대를 이루는 흔적이 어로(漁撈)문화의 기념비라

할 조개무덤이나, 수렵문화의 무기라 할 돌창과 돌화살촉에서 발견된다. 이때에 이미 멧돼지, 곰, 꿩, 사슴, 소, 말, 노루, 토끼, 늑대 등을 잡아 육류의 맛을 가꾸고, 가죽이나 털옷을 입었던 것으로 추측된다. 이어 원시농경문화가 차츰 시작된 것도 패총에서 발견된 벼껍질에서 확인된다.

여기에서 우리는 우리의 선인들이 쇠고기를 구워서 입맛을 가꾸기 위한 것이 신석기시대에 이미 이루어졌다는 흥미 있는 사실을 알게 된다.

나) 쇠고기의 여러 부위

쇠고기는 머리에서 꼬리까지 심지어 내장이나 뼈 그리고 발과 가죽까지 버리는 것이 거의 없이 맛맛으로 요리해 먹는 방식이 다양하게 개발되어 있어 우리나라 사람들의 빼어난 쇠고기 식도락을 잘 말해 주고 있다.

쇠고기의 여러 부위는 그 맛의 차이를 살리기 위하여 용도에 따라 다각적으로 세분해 왔기 때문에 우리가 일상생활에서 상식으로 알고 있는 말 이외에도 아주 특이한 이름들이 많이 있어서 편의상 몇 가지 큰 부류로 나누어 구분하면서 정리하는 것이 좋겠다. 먼저 상육(上肉), 중육(中肉), 하육(下肉)으로 살코기를 나눈다.

상육(上肉)에는 이 글의 주제로 삼고 있는 소의 가장 값진 살코기 등심과 안심이 있다.

중육(中肉)에는 갈비, 쐬악지, 우둔, 양지, 업진, 대접살, 채끝살 등이 들어간다.

하육(下肉)으로는 사태, 홍두깨살, 도가니, 꼬리, 족(足). 중치살 등을 들 수 있다.

그 다음은 내장이 또한 여러 가지 별미를 만들어내는 데 쓰이고 있음을 우리가 놓쳐서는 안 된다. 염통을 비롯하여 간, 처녑, 양(胖), 콩팥, 허파, 곱창, 딸창, 곤자소니(腹間膜), 지라(脾臟) 등이 구미를 각각 특이하게 돋우는 요리로 만들어져서 우리 식탁에 오른다.

이 밖에 선지(牛血), 쇠머리, 혀(牛舌), 골, 등골, 주라통, 우랑(牛囊), 우신(牛腎), 우담(牛膽) 등이 있어 아주 귀한 맛을 내는 별미 요리로 쓰이고 있어서 이것을 편의상 기타의 부위라 일컫는다.

이상의 분류에는 들어가 있지 않지만 여자의 산후 몸조리에 그리고 병약자나 노약자의 원기회복을 위하여 보약 이상으로 아주 유용하게 쓰이는 것으로서 소뼈가 또한 빠질 수 없다. 소뼈를 푹 고아서 먹는 것은 우리 가정의 전래 습관에서 보신을 위한 질 높은 영양식으로 높이 평가되어 왔던 것이다. 소뼈라 하면 앞무릎뼈 못지않게 뒷다리뼈나 엉치뼈도 정육점에서 비싼 값으로 날개 돋치듯 팔려나간다는 사실이 이를 방증해 주는 것이라 하겠다. 이렇게 값진 또 하나의 부위 소뼈를 아마도 기타의 부위에 넣어 분류하는 것이 좋겠다는 생각이 든다. 그렇지 않으면 처음부터 쇠고기를 '牛皮', '牛骨', '牛肉'으로 나눈 다음에 '牛肉'만을 따로 살코기, 내장, 기타로 세분하는 것이 더 타당할 것이라고 판단된다.

소의 가죽은 우리의 전통적인 타악기의 하나인 북이나 소고, 장구를 만드는 데 쓰일 뿐만 아니라 오늘날 신사 숙녀의 필수품인 구두와 가방 및 겨울옷을 만드는 데 긴요한 원자재로 제공되려니와, 우리가 먹는 음식으로서도 전약(煎藥)으로 요리되어 동짓날 먹는 유서 깊은 전통 음식으로 식탁 위에 차려져 나온다. 이는 쇠가죽을 진하게 곤 다음 꿀과 관계(官桂)를 넣고 마른 새앙과 정향(丁香)에 후추까지 향신료(香辛料)로 넣어 끓인 뒤 식혀서 굳힌 것을 썰어 놓은 편의 일종으로 향기와 맛이 독특하게 좋은 훌륭한 요리다.

다) 맛깔스러운 다양한 요리

쇠고기의 가장 알진 맛은 아마도 구이일 것이다. 그것도 숯불구이여야 제 맛이 나고 숯불도 참나무 숯이어야 제격이라는 것은 우리가 다 아는 사실이다.

우리가 이 글에서 주된 관심사로 삼고 있는 등심과 안심도 역시 구이의 요리방식에서 그 진미를 가장 잘 맛볼 수 있음은 두말할 나위도 없다. 구이라 하면 숯불 갈비구이가 또한 이름이 나 있다. 이 밖에 쇠고기를 얄팍얄팍하고도 넓적넓적하게 저미서 갖은 양념을 하여 구운 너비아니구이를 비롯하여, 뜨겁게 달군 석쇠에 구운 콩팥구이나 염통구이, 그리고 소의 위장인 양을 소금에 비벼 행군 다음 구운 양구이도 쇠고기구이의 별미들로 꼽힌다. 구이로 요리를 하면 우선 그 푸짐한 냄새로 주변에 있는 사람들의 코를 통해 입맛을 다시며 군침을 삼키게 하여 구미를 돋우는 구실을 한다.

이러한 구이 이외에도 쇠고기의 요리방식은 산적을 만들어 다시 굽는 여러 부위별 산적구이라든지, 밀가루나 달걀을 고기에 덮어 씌워 기름에 지져서 전을 누릇누릇하게 부치는 방식이라든지, 물을 부어 끓이면서 양념을 더하는 여러 부위의 찜이라든지, 토막을 내어 젓가락으로 집어먹기 좋게 만든 여러 가지 편육이나 족편 등을 하나하나 헤아려나가다 보면 우리나라 사람들의 다양한 고기 맛을 즐기는 그 멋의 풍류 앞에 다시 한 번 감탄하지 않을 수 없다. 더구나 술안주로 드는 횟감과 약포류를 부위별로 낱낱이 손꼽아 나가다 보면 실로 그 맛맛으로 가꾸어 온 우리 선인들의 요리솜씨에 감탄하지 않을 수가 없다.

그 밖에도 즙이나 백숙 그리고 탕이나, 볶음으로 만들어 먹는 특별요리에 이르면 쇠고기에 관한 우리의 피상적 상식으로는 상상해 볼 수도 없는 한국 특유 식도락의 풍류에 있어 별세계가 있음을 보여준다.

산적구이만 가지고 보아도 쇠고기에다가 표고버섯이나 송이버섯 그리고 채소를 볶아 꿰어 꼬치를 만든 화양적을 비롯하여 고기에 흰떡을 섞어 꿰어 구운 떡산적구이, 그리고 겨울의 움파나 가을의 쪽파와 함께 적으로 구운 파산적 구이, 초봄의 두릅산적구이, 간으로 만든 간산적구이 등은 듣기만 하여도 우리로 하여금 군침이 돌게 한다.

기름 철판에 지짐지짐 지져서 노릇노릇 누룽지처럼 전(煎)으로 부치는 전류로서는 달걀과 밀가루 반죽을 씌워 부친 너비아니전을 비롯하여 다진 고기에 두부를 간해 둥글납작한 모양으로 전을 부친 왕자전이며, 살코기가 아닌 것으로 만든 간전(肝煎), 처녑전, 두골전, 등골전에 이르면 우리가 한 평생 살다가 어느 겨를에 저 다양한 종류의 맛을 낱낱이 입맛으로 확인해 볼 수 있을 것인가 하는 생각이 앞서게 마련이다. 쇠고기의 요리방식에 따른 부위별 맛을 다르게 맛볼 수 있는 다양한 요리는 이제 그 출발이 되는 몇 가지 예를 든 데 불과하기 때문이다. 갈비찜, 우둔찜, 사태육찜과 우설찜과 같은 찜류 또한 그 감칠맛을 무엇과 바꿀 수 있으랴!

양지머리편육, 사태육편육, 우설편육 등의 편육(片肉)도 또한 쇠머리족편, 용봉족편, 족장과(足掌菓) 등의 족편(足片) 등과 함께 술안주로서 젓가락으로 초장에 한 점씩 찍어 먹기에 안성맞춤이라 하겠다.

술안주라 하면 육회를 비롯한 간회, 처녑회 등의 회(膾)를 빼 놓을 수가 없다.

마른 반찬으로서 살코기를 얇게 저미어 간장, 참기름, 설탕, 후추 등의 조미료를 하여 바싹 말린 약포(藥脯)를 비롯하여 염포, 대추포, 편포, 약포쌈, 포조림, 장산적, 똑똑이자반 등은, 맛의 멋을 아는 풍류와 전통의 예와 멋을 잘 계승한 이른바 양반 종갓집의 갖은 상차림에서나 구경할 수 있는 별미요리가 아닐까?

양을 소금에 비벼 끓는 물에 살짝 넣어 건져 검은 쪽을 벗기고 다져서 볶은 것을 다시 물 붓고 끓여 국물을 짜가지고 소금, 후추로 간해 마시는 양즙은 물론, 소의 골을 그대로 삶은 두골백숙이나, 간을 볶아 만든 요리 등은 입맛으로 갖춰 먹는 요리라기보다는 귀한 보약으로서 노약자나 귀한 분에게 바치는 극진한 정성의 정수, 바로 그것이 아니었을까 한다.

3. '등심'의 근원적인 뜻

가) 사전의 그릇된 기록

쇠고기 불고기를 즐길 때에 우리는 특히 등심과 안심을 가장 값진 상품의 고기로 치고 또 갈비도 숯불갈비라 하여 그 감칠맛 넘치는 특이한 맛을 매우 선호하는 경향이 있다. 등심이라 하면 소의 등골뼈에 붙어 있는 기름기가 많으면서도 연한 고기를 말하는데, 특히 이 부위의 고기는 비지의 기름과는 다르게 순하여 그 특이한 맛이 한번 먹어 본 사람이면 다시 찾게 되어 쇠고기의 상육 중에서도 첫째로 꼽는 일품이다.

그런데 국어사전에 찾아보면 이 등심을 '등心'이라고 한글과 한자를 섞어 결합된 말처럼 나란히 묶어 적어 놓고 있는데 우리말 조어방식 가운데 매우 어색해 보이는 그런 보기여서 얼른 납득이 잘 안 간다는 느낌을 받게 마련이다. 왜냐하면 '心'은 마음이든지 심장이든지 혹은 중심이라는 뜻으로 쓰일 수 있는 것이므로 쇠고기 등 쪽에 있는 살코기를 일컫는 말과는 상관을 짓기가 어렵기 때문이다. 소의 등에 심장이 있을 수도 없고, 더구나 마음과 관련을 지을 근거가 없음은 물론 중심이라는 뜻을 연결 지어 볼 수 있는 가능성도 도무지 보이지 않는다. 한편 등심살이라는 말로 쓰이는 것이 예사인데 이때 '등心살'처럼 되는 말이 있다고 긍정적인 판단을 내리기란 우리의 언어감각으로서도 좀처럼 용납이 잘 안되는 것은 무엇 때문일까? 그것은 분명히 사전의 기록이 잘못된 것이기 때문에 우리는 안심하고 이 말은 모두 순 우리말로서만 조어구조를 이룬 '등심살'이라고 확실한 자부심을 가지고 자신 있게 말해도 좋다는 것을 여기서 해명하고자 하는 바이다. 여기에서 쓰인 '心'자는 결단코 한자로 쓸 수 없는 것을 잘못 판단하여 기록한 오기(誤記)임에 틀림없으며 그것은 순수한 우리말이기에 한글로만 써야한다는 확실한 확증이 있기 때문이다.

그렇다면 과연 '등心(살)'이라는 사전의 기록에 나타난 '心'은 원래 무엇을 잘못 표기한 오기일까? 그리고 그 '심'은 한글로 써야만 할 순 우리말이라고 한다면 그것은 과연 무엇을 의미하고 있으며 그 원형은 원래 어떤 어형으로 쓰이던 말이었을까?

이제 문제를 명확하게 밝혀 보기로 하자.

나) 힘이 솟아나오는 힘살

우리는 아이들의 말다툼하는 볼멘소리에서 "심만 시면 지일이냐?"라는 말투를 이따금씩 듣는다. 이것은 "힘만 세면 제일이냐?"라는 말을 격한 심정으로 사투리 말투를 섞어서 항의하는 말의 어조다.

우리말 사투리에서 '힘'을 '심'이라고 말하는 것은 거의 전국에 가까우리만큼 여러 지역에서 두루 쓰이고 있다. 이 '심'은 '등심'이라는 표준어 속에서도 버젓이 자리를 하고 있음을 본다. 그러니까 등심은 '등心'이 아니라 '등힘'의 변형인 것이다·

우리는 '힘'이라 하면 '에너지'(energy)나 '스태미나'(stamina)라는 외래어로도 써 버릇해 오고 있거니와 그것이 추상관념이라는 생각에 사로잡혀 그것을 눈으로 볼 수 없는 것이라고 단정해 버리기 일쑤다. 그러나 사실은 그렇지만은 않다는 데 이 말의 의미를 캐는 재미가 있다.

우리가 한자 '力'을 '힘 력'이라 읽는다는 데만 관심의 한계를 가두어 둘 것이 아니라, '筋'을 '힘 근'이라고 읽는다는 데까지 관심의 폭을 넓혀 돌아본다면 '힘'은 추상관념으로 풀이되는 말일 뿐만 아니라 구체물을 지칭하는 개념으로 통용되는 말이라는 사실을 확인할 수 있다.

『훈민정음』 해례본 원문에 보면,

힘爲筋(解例本 用字例)

이라 하였고, 또 『원각경언해』에 보면,

갗과 고기와 힘과 뼈와 논:
皮肉筋骨(圓上一之二: 137)

이라고 기록되어 있다. 이 두 가지 문헌의 인용 예문에서 '힘'은 곧 근육을 뜻하는 한자 '筋'으로 기록되어 있다는 사실을 확인할 수 있다. 여기에서 우리는 힘의 구체물로서의 모습은 '筋肉'이고 그 추상개념으로서의 모습은 이 근육에서 솟아나오는 에너지 또는 스태미나로서의 힘(力)이라는 것을 명확히 분별해 보면서, '힘'이라는 우리말의 양면성을 통합해 보는 통찰력을 가질 필요성이 있다는 것을 새삼 깨닫게 된다.

이러한 통찰력이 있는 안목으로 살펴볼 때 이 글에서 논의하고자 하는 주된 대상의 말 '등심'이라는 말은 곧 소의 등 쪽 등골뼈(脊髓)에 붙어 있는 근육이라는 뜻으로 이룩된 순 우리말이라는 것을 확실히 알 수가 있다. 다시 말하면 '등심'은 곧 '등의 힘살'의 줄어든 말인 것이다.

4. '안심'의 근원적인 뜻

가) '안심' 부위의 위치

우리가 쇠고기를 즐겨 먹으면서도 '안심'이 어느 부위에 있는 살코기냐고 물어보면 그 위치를 잘 알고 있는 사람이 흔하지 않다. 요즘 불고기집에 가 보면 제비초리니 아롱사태니 하는 고기를 특별히 주문하는 사람이 많다. 그러나 그 부위의 고기가 소의 어디쯤 붙어 있는 고기이냐고 물으면 주문하는 손님도 잘 아는 사람이 없고 주문을 받는 주인조차도 "글쎄요……."라고 얼버무리면서 잘 모른다는 대답을 하는 것이 예사다. 이제 이 이름이 붙어 있는 살코기의 위치를 역순으로 하나씩 확인하여 보기로 하자.

'아롱사태'라는 고기는 쇠고기 가운데서도 연하다 하여 자주 찾는 부위의 고기인데, '사태'라 하면 두 다리 사이를 뜻하는 '샅다리'의 변형 '사타리'라는 말에서 다시 바뀐 어형으로서 보통 앞다리의 윗부분 살코기를 일컫거니와 '아롱사태'라 하면 이때의 '아롱'은 아롱아롱한 무늬가 있다는 뜻으로 붙었다고 보겠는데 이러한 샅다리의 살은 소의 뒷다리 윗마디 부분의 부드러운 살코기를 일컫는다. '샅다리'의 '샅'은 원래 사이(間)를 뜻하는 '숫'에서 바뀐 것으로 두 다리가 갈라지는 사이를 뜻하는 말로서 '샅'이 정착된 것이다. 이것은 사람에게서는 씨름할 때 샅다리에 걸어 매는 밧줄이라는 뜻으로 이룩된 '샅바'라는 말에 남아 있다. 짐승에게서 암컷의 국부 부위를 일컫는 말로 쓰인다. 따라서 '아롱사태'는 암소의 부드러운 국부 부위의 샅다리 살인 뭉치사태의 한가운데 부위를 일컫는 이름임에 틀림없다.

'제비초리'라는 말은 사람의 두상에서 뒤통수 목 부위나 앞이마에 뾰족이 내밀어 나 있는 머리털을 일컫는 것으로서 그것이 제비꼬리처럼 생겼다는 뜻으로 붙은 이름이리라 생각된다. 이것이 쇠고기에 대해서 쓰일 때에도 이 뜻에서 전용된 것으로서 동심에서 목덜미 부위의 부드럽고 연한 최상급의 살을 일컫게 된 것이라는 생각이 든다.

'등심'에 대응되는 이름으로서 붙은 말임에 틀림없는 '안심'은 그 위치가 어디쯤일까? 소를 세워 놓고 그 위치를 찾아본다면 위아래로 치면 등도 아니고 그렇다고 배도 아닌 가운데 부분이요, 앞뒤로 치면 갈비보다는 뒤요, 엉덩이의 우둔보다는 앞인 한가운데에 위치한 부위의 살코기다. 흔히 고기의 '가운데 토막'이다 하면 생선에서 가장 살이 많아 값지고 먹음직스러운 곳이라는 통념으로 익어져 왔거니와 '안심'이야말로 쇠고기 중에서 '가운데 토막'의 살코기 바로 그것이라 하겠다.

그렇다고 보면 '안심'을 사전에서 '안心'이라 적고 있는 것이 안쪽 중심에 있는 살이라는 뜻으로 쓰였으리라는 가정을 해봄 직도 하다. 그러나 그것은 앞에서 '등심'을 놓고 해명한 바와 그 맥을 같이 하는 말이라는 안목에서 볼 때 그러한 가정은 어디까지나 착각에 불과한 것이라는 판단을 할 수밖에 없다. 왜냐하면 '등심'이 '등 힘살'의 줄어든 어형이듯이 '안심'의 '심'도 '힘'의 변형으로 보아야 하겠기 때문이다.

그렇다면 '안심'은 곧 '안 힘살'의 줄어든 어형으로 풀이될 성질의 말이라 하겠는데, '안'은 '밖'과 상대되는 말일 법하거니와 무엇의 안쪽을 뜻한다고 보아야 밖과 대를 이루는 짝이 될 것인가? 우선 등심과 안심이 소의 전체 부위 중에서 어느 위치에 놓여 있는지부터 그림으로 확인해 놓고 보면 지금까지 언급해 온 이야기의 맥락에 연결지어 앞으로 말하고자 하는 바를 쉽게 밝혀갈 수 있으리라.

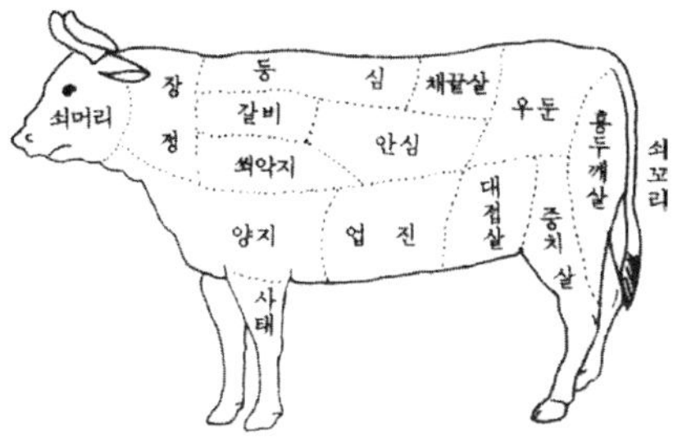

< 소의 부위와 등심 · 안심의 위치 >

나) 갈비 밑 안쪽 힘살

등심과 안심의 대응관계는 밖과 안의 내외관계로 풀이된다. 등심은 등뼈에 붙어 있는 바깥쪽의 힘살이라 한다면 안심은 갈비뼈 밑에 붙어있는 안쪽 힘살이라 풀이되는 말이다. 바깥쪽은 소의 등 밖을 말하고 안쪽은 소의 가슴 안쪽을 말한다. 소를 세워 두고 안심이 붙어있는 위치로 본다면 상하 전후관계에 있어 가장 중심부에 있는 한가운데이기도하다. 따라서 안심이 안쪽에 붙은 힘살이라 함은 가장자리 바깥쪽이 아니라 중앙 한복판의 안쪽이라는 뜻으로도 풀이됨 직하다. 그러니까 '안심'의 '안'은 <中·內>의 뜻으로 쓰이는 순 우리말이라 하겠다. 그렇다면 '심'은 무엇인가? 이것은 앞에서 등심을 설명했던 자리에서 해명한 바와 같이 힘이 솟아나오는 근육을 가리키는 순 우리말인 것이다.

'힘이 세다'는 말을 '심이 세다'고 말하는 지역어의 표현이 많고, 힘줄을 '심줄'이라고 말하는 방언도 적지 않다. 이러한 안목으로 볼 때 안심의 '심'은 곧 '힘'의 변형이요, 그것을 '힘살'이라고 말하면 더욱 그 뜻이 분명해진다. 따라서 '안심'은 소의 갈비뼈 밑의 안쪽 중앙 부위에 붙어 있는 부드럽고 연한 힘살이라는 말의 응축형이라고 풀이될 수 있겠다. 등심이나 안심은 구이나 볶음으로 많이 요리되지만 구이는 숯불구이나 로스구이로 해서 많이 즐기게 된다. '로스구이'라 함은 쇠고기 힘살을 동그스름한 꼴로 얇직하게 썰어서 냉동시켜 두었다가 기름에 달군 로스구이 철판에 지짐지짐 익혀 구워서 풋고추, 마늘, 생된장을 곁들여 상추쌈이나 깻잎쌈으로 싸서 먹는 그 맛은 그야말로 둘이 먹다 하나 죽어도 모른다는 속담이 나올 만하다.

이때 쓰고 있는 외래어와의 잡종어라 할 '로스구이'란 무엇을 뜻하는 말일까? 그것은 영어의 'roast broil'의 응축형이라 할 수 있는 표현의 외래어에 우리말 '굽다'의 명사 파생어 '구이'가 결합된 말이다. 영어의 뜻으로 보아 고기를 뜨거운 화덕이나 철판 또는 불에 볶거나 굽는다는 뜻인데 여기에 우리말 구이라는 말이 한 번 더 붙은 어형으로 굳어진 것이다.

불에 구워먹는 쇠고기 맛으로는 안심과 가장 가까이에 있는 갈비뼈와 거기에 붙어 있는 살코기를 참나무 숯불에 구워 먹는 숯불갈비가 일품이다. 이것은 갈비뼈 하나씩을 들고 그 살코기를 이빨로 뜯어먹는 재미인데 숯불에 살짝살짝 타면서 연기와 함께 내쏘는 고소한 향기를 후각으로 만끽하면서 연기 때문에 이 사이로 되씹어 깨물어 뜯는 고기 맛은 그야말로 미각, 후각, 촉각이 혼효된 감칠맛 넘치는 맛의 일품이 아닐 수 없다.

그래서인지 이것을 우리말로 '불갈비'라 하는 새말로 통용하고 있으며, 불고기와 곁들여 함께 먹는 밥을 불고기백반이라 일컫는 하나의 식단 명칭이 되고, 이것을 바쁘게 자주 쓸 때는 '불백'이라는 말을 새로 만들어 쓰는 것이 이제는 음식점에서 거의 일상용어처럼 통용되는 지경에까지 이르렀다.

갈비는 불고기로 구이를 해서 먹는 것 못지않게 국물이 있게 끓여서 탕으로 만든 갈비탕이 또한 이름이 나 있다. 탕이라 하면 오래오래 고아서 뼈까지 다 잘근잘근 깨물어 그 관절은 바숴서 칼슘으로 섭취하고 통뼈는 그 속의 피와 골을 빨아 먹을 수 있을 만큼 푹 익힌 국물을 탕으로 해서 내장까지 곁들인 곰탕을 빼 놓을 수 없다.

탕이 어찌 갈비탕 곰탕에 그칠까 보냐? 쇠고기 요릿집 가운데에는 다른 부의는 전혀 손대지 아니하고 오직 소의 발만 가지고 탕을 만들어 파는 음식점도 전문적으로 개발되어 성공하고 있는 예가 적지 않다. 그것은 다름 아닌 우족탕이다. 소의 발을 끓인 것이라는 뜻의 '牛足湯'이리라. 거기에다가 탕 가운데는 소의 꼬리를 고아서 만든 꼬리곰탕 또한 빼 놓을 수 없는 요리다.

안심을 소의 중앙 부의의 일품 살코기라 하여 <上肉>이라 치고 있는 것이 사실이지만 소의 주변부의라 할 수 있는 발과 소의 뼈까지도 멋들어진 요리로 조리하여 즐기고 있는 한편, 소의 머리도 또한 어떤 다른 고기와도 바꿀 수 없는 별미로 만들어 즐기고 있는 것이다.

쇠고기는 삶아 익혀서 그 골은 두골백숙으로, 쇠머리 고기는 그대로 소금 찍어 먹는 그 맛은 밖에 내다 팔 겨를도 없이 소를 잡는 사람의 가족끼리 맛보는 것이 예사여서 노약자나 산모 그리고 할아버지 할머니께 조용히 제공되는 알진 진미요, 영양식이라 하겠다.

5. 마무리

등심과 안심

우리 겨레는 일찍 상고시대의 신석기시대부터 이미 사냥·어로·목축을 통하여 새로 발견한 불에 고기를, 특히 쇠고기를 구워 익혀 먹는 입맛을 훌륭히 가꾸어 왔다. 이 입맛은 오늘날 다양한 식도락의 풍류를 즐길 수 있는 드높은 차원으로 높여 우리의 식생활을 맛과 멋의 문화로 계발하는 계기를 이루었으며, 이는 우리 선인들의 빼어난 지혜가 밥상차림을 위한 요리솜씨를 예술의 경지로까지 드높이는 원동력으로 아로새겨져 나타나 있음을 여러 전통예식의 상차림의 법도와 짜임새를 통하여 우리로 하여금 깨닫게 한다.

쇠고기는 머리에서 비롯하여 꼬리에 이르기까지 살코기는 물론 발, 내장, 우설, 우신, 우랑, 그리고 뼈나 선지피를 포함하여 그 어느 것 하나 버릴 것이 없이 각각 부위마다 유별나게 맛이 있는 진미의 영양가 높은 요리로 만드는 솜씨가 개발되어 있다.

술을 즐기는 사람이 아니라 하더라도 객창에서의 지친 나그네의 여독(旅毒)을 아침 해장국으로 푸는 것은 으레 있는 일처럼 되어 있거니와 이때의 해장국은 소의 핏덩어리를 익혀 시래기와 함께 국을 끓인 선짓국이라야 제격이다. 파를 뚝뚝 썰어 넣고 고춧가루, 후춧가루를 설설 치고 소금은 살짝 뿌려 저어서 김이 무럭무럭 나는 선짓국을 후후 불며 떠먹거나 뚝배기째 입에 대고 훌훌 마시는 그 후련하고 시원한 맛은 이마의 구슬땀을 닦으며 등짝과 손바닥, 발바닥까지 꼼꼼이 땀에 젖는 훈김을 느끼며 온몸으로 맛보는 국물 맛이다.

우리는 불고기집에 가서 등심이니 안심이니 하는 말을 자주 듣고 써오지만 그 말의 참뜻을 타진해 해명해 본 적이 별로 없었다. 그래서 국어사전에서조차도 <등心>, <안心> 등의 어이없는 그릇된 표기로 다시 써 놓기까지 한 것이다.

등심과 안심은 쇠고기 중에서 상품의 살코기라 하여 <上肉>으로 친다.

그 밖에 <中肉>, <下肉>에 걸쳐 20여 가지의 부위별 살코기 이름이 따로 붙어 있을 정도로 쇠고기로 가꾼 우리의 입맛은 다양하게 발달되었다.

콩팥구이를 먹어본 적이 그대는 있는가? 갈비찜을 웬만하면 먹어보았겠지만 우설찜을 맛본 적이 있는가? 처녑전이나 두골전 그리고 두골백숙을 구경이라도 한 적이 있는가? 왕자전이니 족장과니 용봉족편이니 약포쌈, 편포쌈 그리고 똑똑이자반과 같은 이름을 들어 본 적이라도 있는지 그대의 기억을 더듬어 보라.

우리는 라면 등 인스턴트 식품시대에 맹목적으로 휘말려 선인들의 지혜가 웅숭깊게 아로새겨져 아름답고 화려하게 가꿔져 있는 전통 요리문화의 값진 항목들을 우리의 무관심과 망각의 뒤안길로 하나하나 모르는 사이에 잊어가고 있는 것이 아닌가 하는 아쉬움이 우리의 마음을 안타깝게 한다.

<등심>은 등골뼈에 붙어있는 기름기 많고 연한 힘살(脊髓筋)이라는 뜻의 말 '등힘살'의 변형이요, <안심>은 갈비뼈 및 안쪽의 연한 힘살(肋骨內筋)이라는 뜻의 말 '안힘살'의 변형임을 알고 보면, 힘은 곧 에너지로서의 추상개념 '力'을 뜻하면서 아울러 에너지원이 되고 있는 구체물로서의 힘살인 '筋'을 뜻하는 말이기도 하다는 사실을 알 수 있다. 다시 말하면, <등심>,<안심>의 '심'의 원형인 '힘'은 힘살을 뜻하지만 옛말에서는 힘(力)과 힘살(筋肉)이 분화되기 이전의 포괄적인 뜻의 말로 쓰였음을 알 수 있다. 그러니까 <등심>은 소의 등 쪽 힘이 솟아나오는 살이요, <안심>은 소의 안쪽 중앙 부위에서 힘이 솟아나오는 살이라는 뜻으로 풀이될 수 있는 말이라 하겠다. 특히 등심 가운데에 소 목덜미 부분의 제비초리는 소 한 마리의 살코기에서 큰 소라야 한 근 반 정도를 얻을 수 있고, 중간 크기의 소라면 보통 한 근을 얻는 것이 고작이며, 작은 소는 겨우 반 근을 얻을둥 말둥하다는 것이다. 그래서 쇠고기 불고기집에 들면 서로 다투어 제비초리를 내오라고 손님들이 성화지만 정말 귀한 손님에게나 아껴 두었다가 간신히 조금 내놓을 수 있을 만큼 귀한 부위라는 것이다. 아무튼 등심이 쇠고기 중에서 상품육이라 하거니와 그 등심 가운데에서도 목덜미 쪽에서 가장 연한 살로

조금밖에 얻어낼 수 없는 제비초리는 최상품으로 꼽히고 있다는 것만은 틀림없는 사실로 판단된다. 그 이름인 즉 제비꼬리를 닮았다는 뜻으로 사람의 뒷꼭지에 이따금씩 볼 수 있는 뾰족이 내민 머리털을 일컫는 이름인데 그것이 소의 등심 목덜미 쪽을 가리키는 말로 그 쓰임새가 확대 전이된 아주 재미있는 쇠고기 부위 이름으로 정착된 것임을 확인할 수 있다.

이래서 등심을 쇠고기 중에서 가장 값진 상품살코기로 치나 보다.

〔다〕 빈대떡과 약밥

1. 계절식 이야기

우리는 예로부터 여러 명절과 계절에 따라 다양한 맛의 문화를 가꾸어 왔다. 이 맛의 문화는 우리 겨레가 값지게 가꾸어 온 멋의 문화의 원동력이 되었고 우리 고유문화의 아름다움을 꽃피웠다.

우리는 예로부터 원시농경문화의 유풍을 이어받아 철을 따라 다달이 여러 명일을 맞으면서 그 계절에 특유한 음식을 만들어 천신과 조상신께 한 해의 풍년들기를 기원하는 제사를 지내고 가족과 이웃이 함께 이 계절식에 독특한 의미를 부여하며 맛있게 나누어 먹으면서 새로운 삶의 정을 나누어 왔다. 정초에 조상신께 차례를 지내고 난 다음 세배(歲拜)하러 온 손님에게 내놓는 세찬상(歲饌床)에 오르는 음식을 보면 설 명절의 절식(節食)인 떡국을 비롯하여 이 계절의 시식(時食)이 다양하다. 만두·인절미·빈대떡·단자·다식·저냐·편육·식혜·수정과 등이 그것이다.

떡국은 멥쌀가루만으로 떡을 쪄서 떡메로 치고 정결한 흰떡을 가래로 뽑아 갈쭉갈쭉 썰어서 순수한 장국에 끓여 설날 절식(節食)으로 삼는데 이 풍습은 천지만물의 신생·부활을 기리는 설날에 매사를 조심하는 마음으로 삼가며 지낸다는 뜻의 달도일(怛忉初日)로 삼아 제전(祭典)의 정결하고 순수함의 뜻을 이 떡국에 담았던 유풍으로 보인다.

보름에 먹는 계절식도 약밥을 비롯하여 오곡밥·부럼·귀밝이술·묵은 나물·복쌈 등 다양하다.

단옷날의 수리치떡, 복더위의 보신탕·삼계탕, 한가위의 송편, 동지의 팥죽 등 모두가 철 따라 먹는 우리 고유의 값진 계절식으로 꼽는 맛과 멋의

문화유산이다.

이제 연초의 계절식에 대하여 그 몇 가지 이름의 뜻을 살펴보기로 하자.

2. 연초의 계절식

그러면 먼저 정초의 계절식에 관한 이름부터 몇 가지 살펴보고 나서 보름의 계절식 이야기를 전개해 나가 보기로 하자.

가) 만두와 인절미

만두란 과연 어떤 뜻으로 이루어진 이름일까? 만두는 '밀것 만(鰻)', '머리 두(頭)'의 두 한자로 그 이름을 이루고 있다. 이 '鰻頭'라는 이름을 가진 것은 중국에서는 '만터우'라 하여 '어린 아이 머리만큼 크게 밀가루 반죽을 둥글게 뭉쳐서 구운 떡'으로서, 넓은 대륙이나 산야에서 일하는 사람이나 행군하는 군인들이 이것 한 개를 맨입으로 베어 먹고 물마시면 한 끼 끼니를 때워 시장기를 면하는 요기(療飢)를 할 수 있게 만든 것이었다. 우리가 먹는 만두는 이와는 아주 다르다. 밀가루나 메밀가루를 반죽하여 당면, 쇠고기, 야채 등의 소를 넣고 둥글게 싸 가지고 빚어서 뜨거운 물에 삶거나 찌거나, 기름에 띄워 지져서 만든 것으로 만둣국으로 만들어 먹기도 하고 떡국에 넣어 먹기도 하는 것을 우리는 만두라 하는데, 중국말로는 이것을 만두라 하지 않고 '밀가루 반죽에 소를 넣고 싸서 만들었다'는 뜻을 살려 '包子(빠오즈)'라 한다. 중국집 간판에 '天津包子'라고 쓴 것을 본 기억이 날 것이다. 이것을 중국 떡이라는 개념으로 쓰면서 아마도 중국의 대표적인 떡 이름 饅頭와 혼동해서 잘못 받아들여 쓴 것이라 생각된다.

우리가 일상 먹는 만두 요리로서 편수, 떡만두, 어피만두, 어만두 지진만두 등의 조리법에 대해 알아보면 다음과 같다.

(1) 편수

◇재　　　　　료

만두피	밀가루 ···	11/2
	소금 ···	작은 술 1×2
만두소	호박 ···	1개
	쇠고기 ···	200g
	표고버섯 ···	5개
	잣 ···	큰 술 1
고 명	달걀 ···	1개
	표고버섯 ···	1개
	쇠고기 ···	약간

파·마늘 ··· 1/2뿌리·2쪽
간장·후춧가루 ··· 약간씩
깨소금·참기름 ··· 약간씩
소금·샐러드유 ··· 약간씩
육수(혹은 멸치 국물) ··· 4캅

※ 편수는 채소로 만두소를 넣은 여름에 먹는 만두, 요즈음은 소를 고기로 만들기도 함

◇ 片水만들기

※ 1캅═240cc═큰 술 16
큰 술 1═작은 술 3임

① 밀가루와 소금을 섞어 채에 친 후 물을 넣고 반죽한 다음 밀대로 얇게 밀어 8cm×8cm 크기로 썬다

② 호박은 가늘게 채 썰어 소금에 절였다가 꼭 짠 후 프라이팬에 기름을 두르며 볶고, 표고를 줄기를 뗀 후 가늘게 채 썰어 소금을 약간 넣어 볶는다

③ 파·마늘은 곱게 다져 간장·후춧가루·깨소금·참기름을 섞어 양념장을 만든다.

④ 쇠고기는 가늘게 채 썰어 양념장을 약간 넣고 양념한 후 프라이팬에 기름을 두르

고 볶은 다음 호박·표고와 함께 섞고 나머지 양념장으로 버무려 만두소를 만든다.

⑤ 만두피에 ④의 소를 넣고 잣을 3~5개씩 넣은 후 네 모서리가 맞닿도록 가장자리를 마주 붙여 네모지게 빚는다.

⑥ 달걀은 깨뜨려 황·백 지단을 부친 후 작게 마름모꼴로 썰고 표고는 손질하여 같은 크기로 썬 후 프라이팬에 볶는다. 쇠고기는 곱게 다져서 갖은 양념 한 후 프라이팬에 볶는다.

⑦ 냄비에 육수를 붓고 끓인 후 ⑤를 넣고 한소끔 끓으면 그릇에 담은 다음 ⑥의 고명을 얹는다.

조리집필: 이　효　지

(2) 떡만두

◇재료

만두피	밀가루	11/2컵
	소금	작은 술 1/2
만두소	쇠고기	100g
	배추김치	
	숙주	150g
	두부	2/3모
	달걀	1개
	잣	큰 술 1개
	파·마늘(다진 것)	약간씩
	깨소금	약간씩
	소금·후춧가루	약간씩
떡 국	가래떡(굵은 것)	3가래
	쇠고기	100g
	물	4컵
고 명	쇠고기	4컵
	김	1장
	달걀	1개

◇ 떡만두 만들기

1 밀가루에 소금을 넣고 물을 부어 반죽한 후 밀대로 얇게 밀어 지름이 8㎝ 정도 되는 둥근 커터로 찍어 낸다.
2 쇠고기는 곱게 갈고 배추김치는 곱게 다진다(다진 분량 1/2). 숙주는 끓는 물에 살짝 데쳐 낸 후 곱게 다지고 두부는 무거운 것이나 돌로 눌러 놓아 꼭 짠 다음 곱게 으깬다.
3 2의 재료들과 파·마늘 다진 것·깨소금·참기름·소금·후춧가루를 고루 섞어 양념한 후 달걀을 깨뜨려 넣고 반죽한다.
4 1의 만두피 1장에 3을 큰 술 1씩 얹고 잣을 3~5개씩 넣은 후 반으로 접어서 양 끝을 조금씩 남기고 가운데만 주름을 잡아 해삼 모양이 되도록 빚은 다음 끓는 물에 삶아낸다.
5 쇠고기는 잘게 썰어 냄비에 볶다가 물을 붓고 끓인 다음 가래떡을 얇게 어슷썰기 하여 넣고 한소끔 끓인다.
6 고명으로는 쇠고기를 곱게 다져 갖은 양념한 후 달걀은 깨뜨려 황·백 지단을 부친 후 작게 마름모꼴로 썬다. 김은 구워서 곱게 부순다.
7 떡국을 그릇에 담고 삶은 만두를 얹은 후 고명을 얹는다.

조리집필: 이효지

(3) 어피만두

◇재　　　　　료

만두 피	생선살(흰살생선)	100g
	소금	약간
	녹말가루	큰 술 4
만두 소	돼지고기	100g
	소금	작은 술 1/2
	물	큰 술 1
	생강	1쪽
	참기름	작은 술 1
	청주	큰 술 1

시금치 ·· /1간
파 ·· 1/2뿌리
붉은 고추 ·· 1개
육수 ·· 4컵
소금 · 후춧가루 ·· 약간씩

◇어피만두 만들기

1 생선살은 광어나 명태 등 흰살생선으로 준비하여 얇게 저민 후 도마 위에 놓고
녹말가루를 뿌려가면서 칼등으로 자근자근 두드려 편 다음 소금을 약간 뿌린다.

2 1 위에 녹말가루를 뿌린 후 8㎝×10㎝ 크기로 썰어 놓는다.

3 돼지고기는 살코기로 준비하여 부드럽게 다지고 생강은 즙을 넣고 놓는다.

4 그릇에 돼지고기와 술 · 소금 · 생강즙을 넣고 잘 섞은 후 참기름과 물을 넣고
끈기가 날 때까지 주물러 소를 만든다.

5 1의 생선살 위에 4의 소를 조금씩 떼어 넣고 반으로 접어 만두 모양을 만든
후 겉에 녹말가루를 묻혀서 끓는 물에 삶아 건진다.

6 시금치는 깨끗이 다듬어 끓는 물에 살짝 데치고 파 · 붉은 고추는 송송 썰어 놓는다.

7 냄비에 육수를 붓고 소금 · 후춧가루로 간을 한 후 끓으면 6의 만두와 시금치
를 넣고 한소끔 더 끓인 다음 그릇에 담고 파 · 붉은 고추를 얹는다.

조리집필 : 이영순

(4) 어만두

◇재　　　　　　　　료

만두
피
- 동태 ·· 1마리
- 소금 · 식초 ·· 약간씩

만
두
- 쇠고기 · 숙주 ·· 100g씩
- 표고버섯 · 목이버섯 ·· 5개씩
- 오이 ·· 2개

곁들이 야채	붉은고추 · 표고버섯	1개씩
	석이버섯	2개
	오이 · 당근	약간씩
	달걀	1개

녹말가루	큰 술 1
샐러드유 · 소금	약간씩
파 · 마늘(다진 것)	약간씩
그 외 간장 · 깨소금 · 후춧가루 · 참기름	약간씩
상추잎	4잎

◇ 어만두 만들기

1 동태는 넓적하고 얇게 포를 떠서 소금 · 식초를 뿌려 둔다.

2 쇠고기는 가늘게 채 썰고 숙주는 머리와 뿌리를 떼고 소금물에 데쳐낸다. 오이는 껍질을 벗긴 후 가늘게 채 썰어 소금에 절였다가 프라이팬에 기름을 두르고 볶아 낸다.

3 표고 · 목이는 물에 불려 깨끗이 손질한 후 곱게 채 썰어 프라이팬에 기름을 두르고 볶아 낸다.

4 파 · 마늘 다진 것과 간장 · 깨소금 · 후춧가루 · 참기름을 섞어 양념장을 만든 후 2의 쇠고기에 약간 넣고 양념하여 프라이팬에 기름을 두르고 볶아 낸다.

5 쇠고기 볶은 것에 숙주 · 오이 · 표고 · 목이를 섞은 후 양념장을 넣고 잘 버무린다.

6 1의 생선살에 녹말가루를 훌훌 뿌리고 5를 적당히 얹어 돌돌 만 다음 녹말가루를 겉에 골고루 묻혀 찜통에 찐다.

7 붉은 고추 · 표고 · 석이 · 오이 · 당근은 각각 손질한 후 1.5㎝×4㎝ 크기로 썰어 녹말가루를 묻히고 끓는 물에 데쳐 낸다. 달걀은 깨뜨려 황 · 백 지단을 부친 후 같은 크기로 썬다.

8 그릇에 상추잎을 깔고 어만두를 얹은 후 야채들을 곁들인다.

(5) 지진만두

◇재   료

	밀가루	……	2컵
만두피	소금	……	작은 술 1/2
	물	……	3/4컵
	녹말가루	……	약간
	돼지고기	……	300g
	새우살	……	100g
	양파	……	1/2개
	녹말가루	……	큰 술 2
만두소	생강	……	1쪽
	설탕	……	작은 술 2
	소금·참기름	……	작은 술 1씩
	청주	……	큰 술 1
	후춧가루	……	약간
샐러드유		……	약간
오이·체리		……	약간씩

◇지진만두 만들기

① 밀가루와 소금을 섞어 체에 친 다음 미지근하게 데운 물을 넣고 잘 치대어 반죽
한 후 지름의 3㎝ 정도 되는 원통 모양으로 만들어 2㎝ 두께로 썬다.

② ①에 녹말가루를 뿌린 후 밀대로 0.1㎝ 두께가 되도록 민다.

③ 돼지고기·새우살·양파는 부드럽게 다지고 생강은 다져서 즙을 낸다.

④ 다져 놓은 재료들과 생강즙·설탕·소금·술·후춧가루를 섞어 양념한 후 참기름
을 넣고 다시 섞어 만두소를 만든다.

⑤ ②의 만두피에 ④를 한 큰 술 정도 떼어 둥글게 뭉쳐서 얹고 오므린 후 칼로
위를 편편하게 눌러 놓는다.

⑥ 김이 오르는 찜통에 ⑤를 10분 정도 쪄낸 후 프라이팬에 기름을 두르고 편편하게

누른 고기 있는 쪽을 팬 바닥에 놓고 먹음직스럽게 지져낸다.

⑦ ⑥을 뜨거울 때 그릇에 담고 오이와 체리로 모양내어 장식한 후 상에 낸다.

  * 지진만두는 만두피가 얇을수록 모양이 예쁘게 된다.

조리집필 : 이영순

  한편 인절미라 하면 그 이름만 들어도 군침이 돌고 입맛이 다셔지는데 그러면 과연 인절미란 무슨 뜻으로 이루어진 이름일까? 인절미는 찹쌀이나 찹쌀가루를 시루에 쪄내어서 떡메로 친 다음 '잡아당겨 늘어뜨려 조그맣게 잘라 콩고물에 묻힌 떡'이라 하여 '引絶䊉'이라고도 하는데 따뜻하고 말랑말랑할 때 입으로 늘여 잘라 떼어먹는 것도 좋지만 오래 두어 식어서 굳어진 것은 까뭇까뭇 겉 부분이 타게 구어가지고 속이 노글노글 녹게 해서 이것을 늘여 조청이나 꿀을 찍어 입으로 떼어먹는 맛 또한 기가 막히다. 아마 이 맛 때문에 '가루떡'이라는 뜻의 '粉餐'나, '잡아당겨 떼어먹는 떡'이라는 뜻의 '引絶餠'이라는 이름 대신 '잡아당겨 떼어먹는 맛'이라는 뜻을 강조한 '引絶味'라는 이름이 보편화된 것이 아닐까 한다. 이 인절미와 비슷한 것으로 쑥떡이라는 계절식을 만들어 먹기도 한다.

  남부 지역에서는 음력 2월 초하루인 영등날이 되면 찹쌀가루보다 쑥을 더 많이 넣어서 인절미처럼 만들어 연등제를 지내고 이웃과 나누어 먹는 습관이 있는데 이것을 쑥인절미 또는 쑥떡이라 한다. 그러니까 인절미는 찹쌀과 콩고물로 만든 겉이 노랗고 속이 하얀 떡이라 한다면, 쑥떡은 쑥을 많이 넣은 인절미로서 겉이 노랗고 속이 검푸른 떡이라 할 수 있다.

  인절미를 만드는 법은 다음과 같다

인절미

◇재   료

찹쌀 ··· 10컵
소금 ··· 큰 술 2
　　　┌ 거피팥 ··· 2컵
고　물 │ 노란 콩가루 ·· 1컵
　　　└ 파란 콩가루 ·· 1컵
물 ··· 적당량

인절미 만들기

1. 찹쌀은 깨끗이 씻어 5시간 이상 물에 불린 다음 건진다.
2. 찜통에 베 보자기를 깔고 물기가 빠진 찹쌀을 쏟아 가운데다 조금 비도록 안친 후 푹 쪄낸다. 도중에 소금물을 심심하게 타서 홀홀 뿌리고 주걱으로 저어 골고루 뜸이 들도록 한다.
3. 뜨거울 때 절구에 쏟아 통 밥알이 안 남고 고루 잘 퍼질 때까지 절구공이로 친다.
4. 거피팥은 불려서 껍질을 말끔히 벗긴 후 찜통에 쪄서 뜨거울 때 으깨어 굵은 체에 내려 팥고물을 만들고, 콩가루는 콩을 얼른 씻어 건져 볶아서 곱게 빻아 만든다.
5. 매끈하게 처진 떡은 두 손에 물을 묻힌 후 떼어 안반에 판판하게 놓고 가늘고 납작하게 만든 후 4㎝ 정도의 길이로 썰어 미리 각각의 쟁반에 펴 놓은 고물에 각각 굴린다.

    * 쑥 인절미를 만들 때는 떡을 칠 때 다진 쑥을 넣어가며 친다.
    * 겨울철에 구워먹는 인절미는 고물을 묻히지 않고 썰어 굳혀 두었다가 불에 구워 꿀을 발라 먹는다.

나) 빈대떡과 저냐

빈대떡과 저냐는 우리말처럼 쓰인다. 그러나 이것은 순 우리말에서 온 것이 아니다. 빈대떡이라는 이름을 놓고 볼 때 우리는 누구나 왜 하필 빈대떡일까? 떡 이름 치고는 매우 격이 떨어지는 괴이한 이름을 가졌구나 하는 생각을 해 봤을 것이다. 우리의 흘러간 노래에 '빈대떡 신사'라는 것이 있다. 거기에서 "돈 없으면 집에 가서 빈대떡이나 부쳐 먹지."라는 구절이 나오는 것으로 보면 떡은 쪄서 만들지 부쳐서 만드는 것이 아니기 때문에 빈대떡은 그 이름처럼 보통 떡과 같은 것이라고는 생각할 수가 없는 것이라는 것을 직감적으로 알 수 있다. 그러면 어찌하여 빈대떡이라는 이름이 이루어졌는지 그것부터 먼저 살펴보기로 하자. 빈대떡이라 하면 흔히 빈대와 무슨 관련이 있을 것이라는 암시를 받기 일쑤다. 그래서 그 이름이 격이 좀 떨어진다는 느낌을 받게 마련이다. 빈대라 하면 작은 것은 눈에 잘 띄지도 않고 큰 것이라 해도 5㎜도 안 되는 작은 해충이다. 악취를 풍기면서 밤에 활동하여 사람의 피를 빨아먹는 집안에 몹쓸 해충이므로 한자로는 냄새나는 이(虱)와 같은 해로운 벌레라는 뜻으로 취슬(臭虱) 또는 취충(臭蟲)이라고 한다. 그런데 반드시 기억해 두어야 할 것은 이 빈대와 빈대떡과는 근원적으로는 아무런 상관이 없다는 사실이다. 우선 빈대떡은 크기부터가 냄비뚜껑이나 솥뚜껑 크기만큼이나 크고 그것을 기름에 부쳐 지짐질하는 냄새가 매우 향기롭고 고소하기 때문에 그 냄새만 맡아도 그냥 지나칠 수 없을 만큼 우리의 구미를 돋우는 매우 맛있는 계절 음식이다.

빈대떡은 한자어로 '綠豆煎餅'이라고도 한다. 그 이름이 말해주듯이 '녹두를 자료로 하여 뜨겁게 불로 달군 번철(燔鐵)에 기름을 바르고 지짐질을 하여 익힌 부침개로서의 떡'이라 풀이되는 이름이다. 녹두를 물에 불러서 껍질을 벗긴 다음 맷돌에 갈아 이것을 번철에 지짐질로 부쳐서 익힌 전병(煎餅)이다. 그냥 먹어도 유난히 맛이 있는 별미(別味)이거니와 술안주로서도 일품이다. 그리하여 원래는 정초의 계절식이었으나 요즘은 사시사철 도시의 골목이나 거리에서 간판을 달고 또는 포장마차에서 어디에서나 잘 팔리고 있는 술안주나 별미로 즐기는 별식(別食)이 되었다. 이러한 맛있는 음식에 흉한 악취가 나는 해충 빈대가 연상되는 '빈대떡'이라는 이름이 거역스러워서인지, 아니면 원래 근원적인 근거가 따로 있어서인지 '빈자떡' 또는 '빙자떡'이라는 별명으로 가끔 불리기도 한다.

　방종현 씨의 '빙자떡'이라는 글에 보면 해방 후에 유난히 거리로 간판까지 달고 쏟아져 나온 많은 빈대떡집을 볼 수 있는데 그 간판에 '貧者떡'이라고 생각하여 이렇게 쓰기가 싫었음인지 '富者떡'이라고 쓰인 예가 종종 있다고 하였다. 이 글에서는 '貧者떡'이라고 쓰기 싫어서 바꾸어 쓰고자 한 심리가 '빈대떡'이라는 이름을 낳게 하였다고 보았다. 그런데 이 '빈대떡'도 빈대라는 해충이 연상됨을 싫어해서 '貧待떡'이라는 새 한자 이름을 만들어 간판에 적은 것조차 나타난 일이 있다 하였다. 이런 이름보다는 차라리 전병(煎餅)을 통칭하는 우리말 '부치개'나 '부침개' 또는 '지짐'이나 '지지미'가 어색하지 않고 친숙한 이름이 아닐까 한다. '녹두떡'도 무난한 이름으로 통용되고 있다. 고려 때부터 중국어 교과서로 쓰였던 『박통사(朴通事)』를 조선조 때 최세진이 언해한 『박통사언해』 하권에 보면 '빈대떡'의 원래이름은 중국어 '餅𥺌'에서 온 것이라 하였다. 이것이 서명응(徐命膺)의 『방언집석(方言輯釋)』에서 중국말로 '빙(餅) 져(𥺌)'라 쓰이는 발음을 보이고 『역어유해(譯語類解)』에서는 '餅𥺌빙쟈'로 바뀌어 나타냈으며, 지석영(池錫永)의 『자전석요(字典釋要)』에서 '以菉豆粉 煎成餅賭'가 빈자떡이라 하여 녹두를 지져서 만든 것이 '餅𥺌'인데 우리말로 귀화된 이름은 '빈자떡'이라 한다고 밝혀 놓았다. 그런데 이는 드라비다어의 'pinti, pindi(가루)' 몽고어의 'bindü(동그라미)와 대응·비교될 수 있는 이름이다. 이 이름이 요즘 빈대떡이라는 이름으로 다시 바뀐 것이다.

　'저냐'라는 아름다운 계절식 이름은 한자어에서 귀화한 것이다. 저냐라 하면 파나 물고기(魚類)나 고기붙이(肉類)를 얇게 저미거나 다져서 얄팍하고 둥글넓적하게 만든 조각이 되게 반대기를 지어 밀가루를 바르고 달걀을 씌운 다음 불을 때어 뜨겁게 달군 번철에 지진 것으로서 지지미나 부침개라고도 불릴 수 있는 음식이다. 부치는 재료에 따라 쇠고기저냐, 파저냐, 간저냐 등 여러 가지로 만들어 먹을 수가 있다. 파저냐는 '파煎'이라고도 통칭되고 있다. 이렇게 보면 '저냐'는 곧 '煎'이라는 한자음과 상관이 있으리라는 암시를 쉽게 받을 수 있다. 실제로 '저냐'는 '煎油魚'라는 한자말이 줄어서 우리말로 귀화된 이름이다. '저냐'란 그러니까 원래 '생선을 기름에 지짐질로 부친 부침개'란 뜻으로 풀이되는 이름이다. 이것이 자료에 따라 예쁘고 향기로운 꽃잎을 넣기도 하여 여러 가지 꽃모양으로 다양하게 모양을 갖추어 기름에 부쳐 지질 수 있기 때문에 한자어로는 '煎油花'라고도 쓰이고 있다.

다) 단자와 다식

우리나라 전래의 떡 종류 가운데 정초의 세찬상에 오르는 또 한 가지 떡이라면 단자(團養)를 들지 않을 수 없다. '둥글 단(團), 인절미 자(養)'라는 두 한자어로 이루어진 단어는 그 이름이 보여주듯이 둥근 모양의 떡을 잡아 늘여 떼어 먹으며 맛을 즐기는 인절미라는 뜻으로 풀이되는 이름이다. 이것은 찹쌀가루를 반죽하여 끓는 물에 삶아낸 것을 잘 으깨어 꿀에 섞어 팥이나 깨, 또는 밤이나 은행, 그리고 대추나 석이버섯 등으로 소를 넣고 둥글게 빚어서 꿀을 다시 바르고 거기에 팥고물이나 잣가루 또는 깨를 묻힌 떡으로서, 떡 치고는 꽤나 고급스럽고 호사스러운 자료를 많이 가미한 향기롭고도 고소하고 또 달기까지 한 맛깔스러운 떡이다. 그 떡 속에 넣는 소의 자료에 따라 밤단자, 석이버섯단자, 대추단자, 은행단자 등의 다양한 여러 갈래의 단자 이름이 나뉘게 된다. 석이(石栮)란 글자 그대로 돌버섯이란 뜻의 이름이다. 깊은 산중의 바위 위에 평평한 원반 모양으로 돋아 자란 버섯이다. 겉쪽은 번들번들하고 잿빛이며 안쪽은 검고 거칠거칠하게 생긴 버섯인데 향기와 풍미가 뛰어나 식용으로 쓰인다. 이것은 떡 속에 소를 박는 것이 아니고 이 석이버섯을 가루로 하여 꿀로 겉에 묻혀서 향긋한 석이단자(石栮團養)의 맛을 낸다. 그 만드는 과정을 보면 찹쌀가루를 반죽하여 손바닥 같이 둥글납작하게 만든 다음에 끓는 물에 삶아내어 방망이로 몹시 저어 으깨어, 되고 차진 풀과 같이 만들 때에 달게 가미한 다음 다시 꿀에 담갔다 건져서 석이가루를 고물처럼 겉에 묻혀 만들어 석이버섯의 독특한 향기와 풍미와 꿀의 단맛으로 단자의 맛을 한결 드높인다.

한편 석이버섯은 단자 이외에도 그 향기와 풍미를 살려서 떡·나물·쌀·저냐 등 여러 가지 맛깔스런 요리를 만들어 먹기도 한다. 단자가 아닌 석이떡이란 또 어떻게 만든 것일까? 이것은 찹쌀이 아니고 귀리를 곱게 빻아서 처음부터 꿀물에 반죽하여 단맛을 낼 때에 석이를 섞어 넣어서 놋시루에 찐 떡이다. 석이나물은 석이버섯을 반찬으로 만든 돌버섯나물이다. 그리하여 그 뜻을 살려 석이채(石栮菜 또는 石茸菜)라고도 한다. 그 만드는 과정을 보면 석이버섯을 끓는 물에 넣었다가 오래 비벼서 단단한 것들을 빼내고 부드럽게 하여 소금과 기름에 볶아낸 다음에 잣가루를 뿌려서 만든 아주 맛깔스럽고 향긋한 나물반찬의 한 가지다. 석이쌈은 상추처럼 석이로 밥을 싸서 먹는 것을 말한다. 석이의 넓은 것을 골라서 삶은 다음에 비벼서 곱고 부드럽게 한 다음에 고기, 장, 그리고 파를 섞고 기름과 깨소금을 쳐서 주무른 뒤에 끓여서 밥숟가락 위에 얹어서 밥을 둘러싼 모양으로 해서 먹는 쌈 치고는 꽤 손이 많이 가는 특이한 음식이다. 그 이름은 돌버섯쌈이란 뜻의 말로 풀이된다.

또한 석이는 저냐로도 만들어 먹는다. 석이저냐는 석이의 넓은 것을 골라서 밀가루를 묻히고 달걀을 씌워서 불에 달군 번철에 기름을 발라 지진 저냐다. 그 이름은 석이전유화(石茸煎油花)의 준말로 돌버섯을 꽃모양으로 만들어 기름에 누릇누릇하게 지짐지짐 지진 부침개라는 뜻으로 풀이된다. 단자와 이름은 비슷하지만 전혀 종류가 다른 음식으로 다식이라는 것이 있어 여기에서 그 구별을 분명히 해둘 필요가 있다고 생각한다. 단자는 떡의 일종이므로 단자병(團餈餅)이라는 다른 이름으로도 불리고 있지만, 다식이란 떡과 과자의 중간형쯤 될 것이다. 다식(茶食)이라는 한자이름이 보여주듯 차를 마시면서 먹는 음식으로 만든 것이라는 뜻을 알 수 있다. 다식은 녹말, 콩, 송화, 승검초, 황밤, 검은깨 등의 가루를 꿀이나 조청 등에 반죽하여, 마치 굵은 도장을 새기듯 나무판에 꽃의 무늬나 부귀수복(富貴壽福) 등의 소망스러운 글자의 무늬를 새겨 구멍을 파 놓은 다식판에 박아낸 음식이다. 빛깔도 모양을 갖추기 위하여 노란 것, 흰 것, 검은 것, 갈색 돋는 것, 붉은 것 등 구색(具色)을 맞추어 만들어 낼 뿐만 아니라 모양도 원형(圓形), 사각(四角), 육각(六角) 등으로 만들어 그야말로 형형색색(形形色色)의 시각적 운치를 그 맛깔스러운 미각(味覺)과 향기로운 후각에 더해준다.

우리가 일상생활 가운데 종종 똑같은 모양이 거듭 나올 때 ‘판에 박아 내듯이’라는 속담을 끌어다 쓰거니와 이 속담의 근원이 바로 다식판에 다식을 박아내듯이 틀에 박힌 듯이 똑같은 모양이 거듭 생겨난다는 말에 비유하여 쓰는 말로 익어진 것이다. 이 다식을 좀더 고소한 맛이 나도록 만들기 위해 기름에 지져 완전한 과자류로 만든 것이 다식과(茶食菓)라 하겠다. 밀가루를 기름과 꿀, 그리고 새앙즙과 소주 등에 함께 반죽하여 좀 큰 다식판에 박아내어 다시 기름에 지짐질하여 구운 것으로 과자처럼 만든 음식이다. 이것이야말로 차와 함께 먹는 과자라는 뜻의 말로 풀이되는 이름임을 분명히 알 수 있다.

우리의 전통적 가정의 어머니들이 누구나 잘도 만들어내던 이 아름다운 음식솜씨가 이제 점점 잊혀져가고 있는 것이 실로 아쉽고 안타깝기 그지없다.

각색 단자를 만드는 일반적인 방법은 다음과 같다.

단자

◇재   료

찹쌀	5컵
소금	큰 술 1

석 이 단 자	석지버섯	4~5장
	설탕	큰 술 3
	꿀·물	큰 술 2씩
	잣가루	1컵

대 추 단 자	대추	1컵
	설탕	큰 술 3
	꿀·물	큰 술 2씩
	밤	5개

쑥	···	20g
계피가루	·····································	작은 술 1
쑥굴리단자 설탕	···	큰 술 3
꿀 · 물	······································	큰 술 2씩
거피팥	·····································	1컵

◇ 단자 만들기

1 찹쌀은 불려서 소금을 넣고 빻아 체에 곱게 쳐서 3등분한다.

2 석이단자: 먼저 석이를 다져서 찹쌀가루 1/3에 넣고 물 · 설탕과 함께 버무린 다음 찜통에 젖은 보자기를 깔고 찐다. 이것을 절구에 넣고 절구공이로 친 후 떡판에 1㎝ 두께로 펴고 2㎝×3㎝ 크기로 잘라 꿀에 담갔다가 잣가루를 묻힌다.

3 대추단자: 1 대추 1/2컵은 곱게 다지고, 밤은 속껍질까지 벗겨 남은 대추 1/2컵과 함께 곱게 채 썰어 떡고물을 만든다. 다진 대추 · 찹쌀가루 1/3 · 물 · 설탕을 버무려 찜통에 쪄서 석이단자와 같은 방법으로 만들되 잣가루 대신 앞의 고물을 묻힌다.

4 쑥굴리단자: 쑥은 소금물에 데쳐 곱게 다지고, 거피팥은 물에 불려 껍질을 벗기고 찜통에 무르도록 쪄 뜨거울 때 으깨어 굵은 체에 내려 팥고물을 만든다. 찹쌀가루 1/3 · 물 · 설탕을 버무려 설탕에 찐 다음 절구에 다진 쑥과 함께 넣어 절구공이로 진다. 쑥을 넣고 찐 떡을 1㎝ 두께로 떡판에 펴 놓고, 위에 거피팥 고물(분량의 2/3)에 꿀 · 계피가루를 넣어 반죽한 것을 놓고 김밥 말듯이 말아 늘인 후 새알 크기로 떼어 나머지 팥고물에 굴린다.

라) 식혜와 수정과

우리나라의 전통적인 명절날에 먹는 계절식 가운데 음료수처럼 목을 시원하게 식혀주는 것으로서는 식혜와 수정과를 들 수 있다. 이것은 주로 식후에 후식으로 들기도 하고 떡이나 과자 또는 엿과 같은 것을 먹고 나서 시원스럽게 마실 수 있는 전통적인 청량음료라 할 수 있다. 그런데 식혜는 그것이 과연 무슨 뜻의 말로 된 이름이며, 수정과는 또한 무슨 의미를 담은 이름일까?

이 점이 우리를 매우 궁금하게 한다.

식혜는 꼬들꼬들 되직하게 익힌 흰밥에, 겉보리의 움을 돋게 하여 말린 엿기름을 빻아 그 가루를 우린 물을 부어서 새앙과 붉은 고추를 통으로 넣어 가미하여, 따뜻한 데 묻어두어 가지고 식은 뒤에 솥에 넣어 달여서 만든 음식으로서 이것을 차게 식혀두었다가 식은 밥알을 숟가락으로 건져먹으면서 그 국물을 마시면 그지없이 시원할 뿐만 아니라 그 맛이 달고 향긋하여 식후의 입가심으로 썩 좋은 음료가 된다. 그 감칠맛 넘치는 맛 때문에 온 가족이 다 나눠먹기도 전에 몰래 조금씩 맛보다가 그만 바닥이 날 수도 있다. 그래서 남몰래 저지른 잘못이 탄로날까봐 근심이 가득 찬 마음을 일러서 '식혜 먹은 고양이 속'이라는 속담으로 빗대어 말하는 말이 익어져 있기도 하다. 이 식혜를 순 우리말로는 그 맛이 달콤한 술 같은 음료라는 뜻으로 '단술'이라 일컫고 이것을 한자말로 옮겨서 '감주(甘酒)' 또는 '예주(醴酒)'라 일컫기도 한다. 한편 이것을 술이라고 보기보다는 달콤한 차로 볼 수 있다는 뜻을 살리고자 함인지 '감차(甘茶)'라고도 한다. 술은 취하는 맛으로 먹는 음료이지만 이 단술은 아무리 먹어도 취하질 않기 때문에 '단술 먹은 여드레 만에 취한다'는 늘어진 속담까지 생겨나게 되었다. 이 식혜는 명절날 먹는 계절음식으로는 물론 환갑잔치 등 잔칫상에 후식으로 빠지지 않고 나오는 전통적으로 유서 깊은 우리의 맛깔스런 음료의 한 가지다. 이 식혜를 솥에서 계속 다려서 되직하게 고아서 식히면 그것이 바로 엿이 되는 것이다. 그냥 식히면 검붉은 빛이 되어 검은 엿이라고도 하는 강엿이 되고, 그것을 마치 자장면 집에서 밀가루 반죽 늘이듯이 잡아 늘여 뽑아서 다시 겹치고 또 다시 잡아 늘여 뽑아서 겹치고 하는 일을 여러 번 반복하여 빛깔이 하얗게 만들면 흰엿이 된다. 이 엿은 밥을 찌는 재료에 따라서 찹쌀엿, 좁쌀엿, 수수엿, 옥수수엿, 호박엿 등이 있고 굳힐 때에 넣는 재료에 따라서 깨엿, 콩엿, 호콩엿, 호두엿, 잣엿 등으로 구분된다.

겉보리싹 낸 것을 엿기름이라 하는 것은 엿을 만들기 위한 재료로 겉보리 움을 돋도록 싹을 길렀다는 뜻의 이름이다. 그러고 보면 식혜는 과자와 같은 단단한 엿을 만드는 과정의 초반에서 개발해 낸 맛깔스런 음료인데, 이것을 식혜라 이름하는 까닭은 어디에 있을까? 식혜는 한자 '밥 식(食)'자와 '단것 혜(醯)'자로 그 이름을 이루고 있다는 데 착안하고 보면 밥을 엿기름에 단맛이 들게 삭힌 것이라는 뜻이 잘 살아있는 명칭임을 알 수 있다.

그러면 수정과라는 이름은 무슨 뜻으로 어떻게 이루어진 이름일까? 수정과는 새앙을 물에 넣고 끓인 다음 흑설탕이나 꿀을 타서 식혀 곶감을 담가 불리고 거기에 잣을 띄우고 계피가루를 넣어서 만든 음식으로서 차게 해서 마시면 그 맛이 달고도 매우 개운하게 시원하며 숟가락으로 무른 곶감을 건져먹는 맛 또한 식후의 우리의 입맛을 가다듬는 입가심으로 훌륭하다. 이 수정과는 어감부터가 매우 귀족스러운 느낌을 주는 운치 있는 이름이라 하겠는데 어찌하여 음료이름에 과일 이름 같은 이런 명칭이 붙게 된 것일까? 이것은 아마도 물처럼 마시면서 과일인 곶감의 바른 맛을 맛볼 수 있게 만든 음료라는 뜻의 이름이 아닐까 한다. 더 줄여서 알기 쉽게 말하면 물로 바른 맛을 낸 과일 음료라는 뜻의 이름 물정과 곧 수정과(水正果)라고 설명할 수 있을 법하다.

안동 식혜

◇재　　　　　료

엿기름가루	250g
찹쌀	2컵
무	1/2개
당근	1/3개
생강	1쪽
설탕	1/3컵
고춧가루	약간
배	1개
잣	큰 술 2

◇ 식혜 만들기

1 큰 그릇에 엿기름가루를 넣고 물을 10컵 정도 부은 다음 3~4시간 동안 담가 두었다가 손으로 주무른 후 체에 걸러 찌꺼기는 버리고 엿기름물은 반나절 정도 가라앉혀서 앙금은 버리고 웃물만 따라 쓴다.

2 찹쌀은 깨끗이 씻어 불에 1시간 정도 담가 불렸다가 찜통이나 시루에 넣고 푹 무르게 찌거나 고슬고슬하게 된밥을 짓는다.

3 무·당근은 1㎝×1㎝ 크기로 납작하게 썰고 생강은 강판에 갈아 즙을 낸다.

4 2의 쪄낸 뜨거운 밥에 1의 엿기름물을 붓고 무·당근 썬 것과 설탕을 넣은 다음 고춧가루를 망사에 싸서 엿기름 물에 넣고 흔들어 붉은 물이 들도록 한다.

5 4를 오지나 유리그릇에 담아 뚜껑을 덮지 말고 서늘한 곳에 2~3일 정도 두어서 밥알이 뜨고 약간 새큼하게 될 때까지 삭힌다.

6 화채 그릇에 5를 나누어 담고, 배의 껍질을 벗긴 후 1㎝×1㎝ 크기로 납작하게 썰어 잣과 함께 약간씩 띄워 낸다.

 * 기호에 따라 설탕을 더 넣어 먹기도 한다.

마) 세주(歲酒)와 이굳히엿

음료로 말한다면 무슨 음료 무슨 음료 해도 반주로 드는 술을 빼 놓을 수가 없다. 신에게 드리는 어떠한 제사상이나 손님을 대접하는 음식상에도 술이 반드시 올라간다. 새해 첫날인 설날 장만한 음식과 함께 술을 빚어 조상신께 문안드리고 복을 빌며 제사 지내는 깨끗한 차례를 올린다. 이 술을 세주(歲酒)라 한다. 그 근원을 살펴보면 옛날 중국에서는 설날 차례상에 초백주(崔寔의 月令) 또는 도소주(종름의 荊楚歲時記)와 교아성(膠牙餳)을 올렸다 한다. 초백주는 중국 후한 때 최식이 지은 사농공상(士農工商)의 사민(四民)의 연중행사를 적은 『사민월령(四民月令)』에 처음 나오는 술이름이다. 한자로는 '椒栢酒'라 쓴다. 이런 이름이 붙게 된 것은 제석(除夕)날 후추(胡椒) 일곱 개와 측백(側栢)의 동향(東向)한 잎 일곱 개를 한 병 술에 담가서 우린 술로 정초(正初)에 마시면 괴질이 없어진다는 약술이므로 그 들어가는 재료이름을 줄여서 붙인 이름으로 풀이된다. 한편 양나라 사람 종름(宗懍)의 『荊楚記』를 수(隨)나라 두공첨(杜公贍)이 증보한 『형초세시기(荊歲楚時記)』는 중국 양자강 유역의 연중행사기인데 여기에 연초에 마시는 술을 屠蘇酒라 했다. 산초, 방풍, 백출, 밀감피, 육계피 등의 한약재를 섞어 만든 술로서 이것을 마시면 연간사기(邪氣)를 쫓고 건강하다고 믿었다.

우리나라에서는 일반적으로 이 세주도 농주(農酒)로 한다. 농민들이 농사지은 쌀과 밀기울로 만든 누룩으로 손수 빚어서 농민이 땀 흘려 들일을 할 때 힘을 솟구치게 하는 술을 흔히 농주(農酒)라고 한다. 이 술을 거를 때 물을 붓지 않고 담가 놓은 술 그대로 '오롯이 걸러 바친 진한 술'을 전주(全酒)라 한다. 삭은 밥풀이 그대로 동동 뜨는 빛이 노오란 전주(全酒)라 하여 흔히 '동동주'라고도 하는데 차례상에는 이것이 오른다. 술을 거를 때 물을 부어서 순하게 먹도록 '마구 거른 흰 빛깔의 술'을 막걸리라 하는데 진하지 않고 '순하게 흐려진 술'이라는 뜻으로 탁주(濁酒)라고도 한다.

'膠牙餳'은 엿으로서 이것을 설날 깨물면 어금니가 단단해진다고 해서 먹었으므로 이를 '이굳히엿'이라고 했다. 그 한자이름이 '굳을 교(膠), 어금니 아(牙), 엿 성(餳)'으로 되어있어 그 뜻을 투명하게 나타내 주고 있다.

이밖에 입춘(立春)이 되어 눈이 녹고, 봄기운이 움돋을 무렵이면 산속에서 자라는 개자(芥子)를 캐어 더운 물에 데쳐서 초장에 찍어 먹으면 육식(肉食) 후의 후식으로 뒷맛이 썩 개운해서 좋고, 은비녀같이 깨끗하게 자란 당귀(當歸)의 움을 승검초(辛甘草)라 하는데 이를 꿀에 찍어 먹으면 입맛을 돋우는 계절식이 된다.

이때 승검초는 신감초(辛甘草)의 변음으로서 이 이름도 그 한자가 보여주듯이 쓰고 달콤한 맛을 내는 풀이라는 뜻으로 이루어진 이름임을 쉽게 풀이해 낼 수 있다.

3. 대보름의 계절식

한 해 열두 달 내내 보름달이 뜨는 보름날이 있지만 한 해의 처음 맞이하는 정월대보름날은 상원(上元)이라 하여 예로부터 달맞이와 함께 여러 가지 음식을 장만하여 천신과 조상신께 한 해 농사가 잘 되어 풍년이 들기를 빌면서 풍년기원제를 드리는 풍습이 전해내려 오고 있다.

이 대보름에 먹는 계절식으로 꼽을 수 있는 것은 약밥, 오곡밥, 부럼, 귀밝이술, 묵은 나물, 복쌈, 팥죽 등을 들 수 있다.

가) 약밥과 오곡밥

우리나라에서 정월대보름날 약밥을 지어먹는 습속은 의미심장하고 매우 유서 깊은 전래풍속에서 기인한다. 그러면 상원(上元) 약밥은 어떻게 만들며 그 뿌리 깊은 뜻은 과연 무엇일까? 그 만드는 과정을 보면 찹쌀로 밥을 지을 때에 붉은 울콩(강남콩)과 붉은 팥 그리고 대추, 밤, 기름, 꿀, 간장 등을 함께 넣어 쪄서 익힌 후 잣을 박은 밥을 약밥이라 하고 한자말로 약식(藥食) 또는 약반(藥飯)이라 한다. 꿀을 약이라고도 하기 때문에 약밥이라고도 하고 꿀밥이라고도 한다. 이것으로 보름날 제사를 지내는 뜻은 신라 때부터 시작된 풍속이라 전해진다. 『동경잡기(東京雜記)』라 하면 예로부터 전해오던 『동경지(東京誌)』를 고려 때부터 민주면(閔周冕)이 증수 간행한 책으로서, 경주에 관한 역사, 문물제도, 풍속, 산천, 고전에 관한 신라의 기록을 담고 있는 책인데 여기에 약밥의 유래가 다음과 같이 전한다.

신라 소지왕(炤知王) 10년 1월 15일에 왕이 천천정(天泉亭)에 행차했을 때 까마귀가 날아와 왕에게 죽음의 재앙을 면할 길을 알려 주었으므로 이날부터 찰밥으로 약밥을 지어 까마귀에게 제사하여 그 은혜를 보답하였는데 이 약밥이 대보름날의 시절음식으로 삼는 풍속이 생겼다고 한다.

이 이야기는 『삼국유사』 1권 사금갑(射琴匣)조에 자세히 전한다. 신라 21대 비처왕(毗處王 일명 炤知王)이 즉위 10년 되는 해(488)에 천천정(天泉亭)에 거동하였을 적에 까마귀와 쥐가 와서 울더니 쥐가 사람의 말을 하여 까마귀 가는 곳을 찾아가보라 했다. 왕은 기사(騎士)를 보내어 까마귀를 따르게 했다. 남쪽의 피촌(避村)마을에 이르러 까마귀가 사라지고 대신 연못 속에서 한 노인이 나타나 글을 올렸다. 이 글을 가지고 기사가 돌아와 왕에게 바쳤다. 왕이 보니 겉봉에 쓰였으되 이 봉투를 떼어보면 두 사람이 죽고 안 떼어 보면 한 사람이 죽는다고 하였다. 그래서 왕이 안 뜯어 보려할 때 일관(日官)이 간청하여 뜯어 보았다. 글 내용은 '金匣을 쏘아라'라고 되어 있었다. 그래서 활을 당겨 내전에 있는 금으로 만든 궤를 쏘게 했더니 내전에 드나드는 중이 궁주(宮主)와 간통을 하고 있음이 발견되었다. 마침내 두 사람은 죽음을 당했다. 그래서 왕이 목숨을 건졌다.

까마귀의 안내로 왕비의 비행을 끊게 했으므로 까마귀에게 찰밥을 지어 보답하는 제사를 지내게 된 것이 오늘날 약밥의 근원이라 한다. 약밥의 붉은 콩, 붉은 팥은 재앙의 귀신을 쫓는 의미가 있다. 그러므로 약밥은 꿀밥인데 무서운 재앙을 미리 막는다는 의미가 서려 있음을 기억할 필요가 있다.

농가에서는 보름 전날 가지를 많이 친 나무를 깃대모양으로 외양간 뒤에 세워 놓고 그 안에 벼, 기장, 피, 조, 팥 등의 곡식이삭을 집어넣고 짚으로 묶어 싸서 목화를 그 위에 달아 장대 위에 매달고 새끼를 늘어뜨려 고정시켜 놓는데, 이것을 벼와 곡식을 이토록 높이 쌓는다는 뜻으로 '禾積'이라 한다. 한 해의 풍년을 기원하는 뜻으로 아이들이 새벽에 일어나 이 장대를 싸고돌면서 노래 부르며 풍년을 빈다.

오곡밥은 곧 오곡이 모두 풍년들기를 비는 뜻을 담고 있는 것으로서 이 대보름날에 조상신께 드리는 풍년기원제의 한 유풍으로 보인다. 오곡밥은 곧 잡곡밥으로서 찹쌀, 옥수수, 붉은 팥을 각각 두 되씩에, 좋은 검은 분콩 닷 홉에, 다른 곡식 한 가지를 더 넣어 왼대추 한 되를 섞어 밥을 지어 먹는다. 그래서 오곡잡식(五穀雜食)이라고도 한다.

약식

◇재　　　　　　　료

찹쌀	5컵
간장	큰 술 2
참기름	큰 술 3
설탕	2컵
샐러드유	큰 술 3
약식 설탕	2컵
원료	물3/1컵
밤·대추	20개씩
잣	큰 술 3
계피가루	큰 술 1/2

◇ 약식 만드는 법

1 찹쌀은 깨끗이 씻어 5시간 이상 물에 불려 놓는다.

2 냄비에 설탕 1컵과 물 1/3컵을 붓고 설탕물이 갈색이 될 때까지 끓인 후 나머지 물 1/3컵을 타서 굳지 않게 하여 약식원료를 만든다. 시판되는 약식원료를 사서 쓰면 편리하다.

3 밤은 껍질을 벗겨 반으로 자르고 대추는 씨를 뺀 후 반으로 잘라 놓는다.

4 1의 찹쌀을 시루나 찜통에 넣고 꼬들꼬들하게 찌되 고두밥을 주걱으로 한두 차례 저으며 흩뿌려 고루 잘 쪄지게 한다.

5 뜨거운 고두밥에 간장·참기름·샐러드유·설탕(꿀)·약식원료·계피가루를 넣고 나무주걱으로 고루 저으면서 버무린다.

6 3의 밤·대추를 5의 고두밥과 섞은 후 밥알에 수분이 스며들도록 3시간 정도 둔다.

7 찜통이나 시루에 물에 적신 보자기를 깔고 6을 안쳐서 김이 잘 오르도록 찐다. 찌는 도중에 뒤적여 색이 고루 돌도록 한다.

⑧ 다 쪄졌으면 뜨거울 때 함에 담거나 조그만 컵에 담아 케이크 모양으로 만들어 내
면 모양도 예쁘고 먹기에도 편하다. 잣은 위에 얹는다.

나) 부럼과 귀밝이술

정월대보름날 이른 새벽에 날밤, 호두, 은행, 잣, 땅콩을 까서 먹으면서 "일년 열두 달 동안 무사태평하고 부스럼이 나지 않게 해주십시오." 하고 축수하고, 그 껍질을 버리면 한 해 동안 부스럼이 생기지 않는다고 하는 풍습이 전해지고 있다. 이것은 단단한 껍질을 깨어 그 속에 감추어져 있는 둥근 알맹이를 밖으로 꺼내어 노출시킨다는 사실을, 차가움과 어둠을 깨고 동산에 불끈 돌아오는 상원(上元)의 쟁반 같은 둥근달의 밝음을 맞이한다는 달맞이의 뜻과 결부시킨 민속으로서 그 이름이 달밝음을 바라보는 '보름'과 굳은 열매를 뜻하는 '부럼'과 몸에 종기가 나는 것을 뜻하는 부스럼의 옛말 '부럼'이 서로 비슷한 발음을 가졌다는 데 연관지은 민속으로 설명할 수 있겠다. 껍질을 버리는 것이 곧 부스럼을 예방하는 것이라는 것도, 원래는 종기의 부럼과 굳은 열매의 부럼이 같은 데서 온 것이거니와 부스럼의 딱지를 미리 버려서 예방하는 뜻으로 옮겨서 건강과 관련지어 풀이한 것으로 보인다. 이것을 부스럼을 깨물어 없앤다는 뜻으로 '씹을 작(嚼), 부스럼 절(癤)' 자를 써서 한자말로 작절(嚼癤)이라 이름하게 된 것이다. 건강에 관련을 짓다가 보니까 더욱 구체적으로 단단한 것을 깨무는 이의 건강과 관련지어 치의학적(齒醫學的) 안목에서 이를 단단하게 하는 방법(固齒之方)이라는 설명을 덧붙이기도 하며, 부럼을 깨무는 소리에 잡귀가 다 달아나 태평한 한 해 세월을 살아갈 수 있다는 생각으로 굳어져 오늘날까지 전해 내려오고 있다.

대보름날의 계절식으로 귀밝이술을 꼽지 않을 수 없다. 귀밝이술은 대보름날 차례를 지내고 나서 웃어른이 온 가족에게 데우지 않은 청주(淸酒)를 귀밝이술이라 하여 한 잔씩을 하나하나 권하며 이것을 마시면 귀가 밝아진다고 마시게 한다. 한자말로는 귀먹은 자에 창문을 내주는 술이라는 뜻으로 '창 유(牖), 귀먹을 롱(聾), 술 주(酒)' 자를 써서 유롱주(牖聾酒)라 한다.

이 귀밝이술도 대보름 달밝음에 귀밝음을 관련지어 밝음을 회원(希願)하는 습속으로 익어져 전해내려 온 것으로 볼 수 있다.

다) 묵은 나물과 복쌈

대보름날 계절식으로 반드시 상에 오르는 묵은 나물이 있다. 이것은 대보름인 상원(上元)날 먹는 나물이라 하여 '上元菜'라고도 한다. 박나물, 버섯, 고사리 등을 말린 것과 무순, 무, 대두황권(大豆黃卷) 등을 묵혀 두었다가 이 나물들은 이날 물에 불러 볶거나 무쳐 나물무침을 만들어 먹는다. 애호박을 얇게 썰거나 길게 오려 말린 호박고지, 그리고 외고지, 가지고지, 시래기 등도 모두 말려 두었다가 삶아서 이날 먹으면 더위를 먹지 않는다고 한다. 지난해 찌는 듯 더운 여름날 더위를 먹어가며 애써 가꾼 묵은 나물들을 이날 먹으면 다가올 여름에 더위를 극복할 수 있는 체력을 가꾸는 영양이 된다는 농민의 소박한 소망이 이 '上元菜'의 보름 계절식에 담겨 있는 뜻이다. 이날 "내 더위 사가라."고 더위를 파는 풍습도 여기에서 파생된 풍습으로 보인다.

대보름날에 나물로 만들어 먹는 계절식에는 복쌈이라는 것이 또 있다. 참취나물, 배춧잎, 김으로 밥을 싸서 먹으면 그 해 풍년이 들고 또 한 해의 복을 한 몸에 받아 지니게 된다고 즐겨먹는 음식이다. 이것은 밥을 쌈 속에 싸는 것을 복을 싸서 몸속에 넣는다는 뜻으로 그 이름을 복쌈이라 한 것이다. 한자로 '복 복(福), 속 리(裏)'자를 써 복쌈을 복리(福裏)라 이름한 것으로 보면 그러한 의미가 더욱 분명히 드러난다.

이밖에 마치 동짓날처럼 붉은 팥으로 팥죽을 쑤어 숟가락으로 문에 뿌리며 제사 지내고 이것을 나누어 먹는 풍습도 있다. 이것은 붉은 빛깔이 악귀를 쫓는다고 믿었기 때문에 이루어진 풍속으로서 약밥에 붉은 울콩이나 붉은 팥을 놓는 것과 이치를 같이 한다.

4. 마무리

정초에 우리는 경건한 마음으로 그 해의 안녕과 풍요를 기원하고 친지를 뵙고 세배를 한다. 그때 으레 정갈스런 차례상과 세찬상(歲饌床)이 차려진다. 그 위에 놓인 맛깔스런 음식들엔 우리 겨레가 애써 가꾸어 온 맛의 문화가 깃들어 있다.

음력 정월에는 설과 대보름이 큰 명절이다. 먼저 설 명절의 계절식을 보자. 한 해를 시작하는 이 날엔 재전(祭典)의 정결하고 순수함을 뜻하는 흰떡을 넣은 떡국을 먹는다.

여기에 만두를 넣어 먹기도 하는데 이 만두는 중국의 포자(包子)와 비슷하다. 그러나 중국에서는 대표적인 떡이름이 만두(饅頭)인 까닭에 그와 혼돈해서 잘못 받아들여 쓰게 된 것으로 생각된다.

잡아당겨 떼어먹는 맛을 의미하는 '引絶味'는 '引紹餅'에서 떡의 이름보다는 맛을 강조함으로써 생긴 이름이다.

어감 때문에 벌레인 빈대를 생각하기 쉬운 빈대떡은 실제로는 빈대와는 전혀 무관하다. 이는 중국어 빙져(餅䬟)에서 왔다고 『박통사언해』에서 말하고 있다.

빙져 > 빙쟈 > 빈자떡 > 빈대떡

그런데 이것은 드라비다어의 pinti, pindi(가루)나 몽고어의 bindü(둥글다)가 영향을 준 것으로 보인다. '지지미'나 '부침개'라고도 불리는 져냐는 전유어(煎油漁)라는 한자말이 줄어서 귀화된 이름이다. 단자(團餐)는 둥근 모양의 떡을 잡아 늘어뜨려 떼어먹으며 맛을 즐기는 인절미란 뜻이다. 이와 어감이 비슷한 다식도 그 한자 다식(茶食)의 의미에서 알 수 있듯이 차와 함께 먹는 음식으로 만든 것임을 뜻한다.

정성이 깃든 이즈음의 음식을 먹은 다음 그 뒷맛을 더욱 맛깔스럽고 개운하게 해주는 것은 역시 식혜와 수정과가 제격이다. 식혜는 단술, 감주(甘酒), 감차(甘茶) 등으로 불리기도 하는데 그 뜻은 밥에 엿기름의 단맛을 들게 삭힌 것임을 한자어 식혜(食醯)에서 알 수 있다. 또한 어감이 귀족스러운 수정과는 물론 바른 맛을 낸 과일음료임이 역시 물정과라고 풀이되는 그 한자어 '水正果'로부터 그 의미를 파악할 수 있다.

또 하나의 음료는 세주(歲酒)다. 새해의 차례상(床)에 올리는 데 더없이 정성스럽고 깨끗한 술이 바로 세주다. 그 근원은 중국의 초백주(椒柏酒)와 도소주(屠蘇酒)에서 찾을 수 있는데 이를 한약재와 섞어 마시면 한 해의 사기(邪氣)를 쫓는다고 한다. 우리나라에서는 오롯이 걸러 바친 진한 술 전주(全酒)를 세주(歲酒)로 쓰곤 하는데 동동주라고도 한다.

정초의 설렘이 사그라지면서 맞게 되는 정월대보름은 달맞이와 함께 풍년 기원제를 드리는 날이다. 그래서인지 정월보름의 음식에 유서 깊은 의미가 담겨 있다. 약밥이 그 대표적인 예이다.

『동경잡기(東京雜記)』와 『삼국유사(三國遺事)』의 기록에 의하면 각각 임금의 생명을 구해준 데 대한 보은으로 까마귀에게 약밥을 주었다. 이처럼 약밥에는 무서운 재앙을 막는다는 의미가 서려있다. 꿀은 약이라고도 하지만 꿀이 들어간 밥이라는 뜻으로 꿀밥이라고도 하고 한자말로는 약반, 약식이라고도 하던 것을 뒤섞어 약밥이라 일컫게 된 것이다.

대보름날 새벽의 부럼 깨물기는 부스럼을 막아 주리라는 믿음으로 행해지는 습속이거니와 이는 굳은 껍질을 가진 열매 부럼과 부스럼의 옛날 부럼과 정월대보름이라는 보름과 그 발음이 같거나 비슷한 데서 연유한 것이다. 여기서의 부럼의 의미는 부스럼을 깨물어 없앤다는 뜻의 작절(嚼癤)에서 확인된다.

귀밝이술은 대보름날 제사를 지낸 후에 온 가족이 먹는 청주(淸酒)이다. 그 명칭만으로도 쉽게 알겠듯이 이를 마시면 귀가 밝아진다는 의미가 있다. 정월대보름의 달밝음을 귀밝음에 기대는 뜻이 담긴 민속의 하나다. 이를 유롱주(牖聾酒)라고도 하는데 그 뜻은 '귀먹은 자에 창문을 내주는 술'이다.

상원(上元)날 즉 대보름날 먹는 나물이라고 해서 상원채(上元菜)라고 하는 나물에는 더위를 먹지 않게 한다는 의미가 담겨 있다. 복쌈은 복(福)을 쌈에 싸먹는다는 넉넉한 뜻을 담고 있다.

유구한 농경문화의 전통 속에 깃든 조상의 체취를 지금까지의 고찰을 통해 확인해 볼 수 있었다. 밀려드는 햄버거문화에 자칫 우리의 맛과 정겨움을 한꺼번에 잃지나 않을까 염려된다.

〔라〕 한참과 새참

1. 농촌의 맛깔스러운 새참과 밤참

우리는 이따금 열차를 타고 아름다운 산천을 누비며 여행을 할 때에 한없는 즐거움을 맛본다. 이때에 한 역에서 기차를 타고 달리기 시작하여 다시 다른 역에서 내려 목적지를 찾는 동안 수없이 많은 중간 역을 만나서 기차가 쉬어가는 일에 큰 관심을 가지지 아니하고 지나치는 까닭은 무엇일까? 아마도 여행의 흥에 취해서가 아닐까?

일을 한참 하다가 새참이나 밤참을 들면서 잠시 일손을 멈추고 이야기꽃을 피우는 정겨운 풍속도를 우리는 옛 농경문화 사회에서 가꿔왔거니와 아직도 여러 생업의 일터에서 우리는 이 아름다운 삶의 생생한 모습을 자주 본다.

그런데 '한참'은 지루하고 초조하게 기다려진다는 어감을 가지게 하고, '새참'이나 '밤참'은 우리를 긴장에서 잠시 풀려나와 새로운 활력소를 공급받으면서 정을 서로 주고받으며 나눌 수 있다는 반가움과 즐거움의 느낌을 갖게 한다. 이때 쓰이는 '한참'은 말할 것도 없고 '새참'이나 '밤참'이라는 말이 모두 순 우리말이라고 믿어 의심치 않는 것이 우리의 일상적인 언어감각이다. 그러나 이 말은 한자어에서 귀화되어 자란 말들이라는 데 우리는 유의할 필요가 있다. 물론 '한참'의 '한'이나 '새참'의 '새'나 '밤참'의 '밤'은 순 우리말임에 틀림없다. 그러나 이 말들에 붙는 '참'은 결코 순수 고유어가 아니라는 점이 분명하다. 그리고 그것이 기차의 '역'과도 상관이 있다. 그렇다면 이때의 '참'은 과연 어떤 뜻을 가졌으며 도대체 무슨 한자로 쓸 수 있다는 말인가? 이 점이 우리를 매우 궁금하게 한다. 이제 이러한 궁금증을 하나하나 풀어나가 보기로 하자. 그리하여 이 '참'이 '한참, 새참, 밤참…'처럼 다른 말에 붙어서 그 말의 일부가 되어 쓰일 때의 의미와 '일할 참, 바쁜 참'에서처럼 독립된 명사로 쓰일 때의 의미에 얼마만큼의 차이가 있는지에 대해서도 관심을 기울여 보기로 하자.

2. '한참' 이야기

가) 철마(鐵馬)와 역참(驛站)

요즘은 기찻길 여행도 더욱 고속화되어, 바퀴가 지면 위의 철로에 거의 닿지도 않고 날아가듯 달려 버리는 초특급열차가 개발되고 있고, 버스길 여행도 고속도로가 뚫려 전국이 일일생활권으로 바뀌게 되었다. 그러나 옛날에는 한양 천리 길을 마냥 걸어서 가거나 말을 타고 다녔다. 그리하여 장거리 여행일 때는 도중의 일정한 곳에서 말을 새 말로 바꾸어 갈아타야만 했고 날이 저물면 주막에서 짐을 풀고 하룻밤 쉬어 가야만 했다. 이렇게 먼 길을 공무로 나섰을 때 도중에 마련된 역로(驛路)의 쉬는 곳에서 말을 갈아타는 데를 '驛站'이라 했다. 그리고 그 갈아탄 말을 역말이라 했다. 이 역말이 수레를 끌면 그것이 다름 아닌 역마차가 아니던가? 오늘날 열차가 쉬어 가는 곳을 가리키는 '역(驛)'이라는 말이 바로 여기에서 온 것이다. 그러니까 기차를 '鐵馬'라고 비유하는 까닭도 이렇게 보면 스스로 환히 밝아진다.

옛날에는 여자가 시집을 갈 때 가마를 타고 갔지만 남자는 장가를 갈 때에 말을 타고 갔다. 근래에 이르러서도 우리의 민요시인 김소월이 열다섯 살 때 말을 타고 장가를 갔다는 얘기는 아직도 우리의 기억에 생생하다. 아직 자동차나 기차가 개발되지 못한 때는 물론, 그것이 개발되었다 하더라도 아직 일반화되지 못한 시절에는 말을 타고 여행을 하는 것이 예사였던 것이다. 특히 공무를 집행하는 관리가 장거리 여행을 할 때는 일정한 곳에서 말을 갈아타야 했던 것이다. 이렇게 말을 갈아타는 곳이 다름 아닌 '驛站'이었다. 이때 말을 타고 가는 사람은 관리이니까 양반으로서 의관을 정제하고 가지만 말을 몰고 가는 사람은 말먹이꾼인 하인으로서 두건을 질끈 두르거나 패랭이(平涼笠)를 쓴 채 손에는 채찍을 들고 뚜벅뚜벅 걸어서 따라가는 것이었다.

나) 말먹이꾼의 일화

연암 박지원의 『열하일기』에 보면 옛날 중국에 사신으로 연경을 다녀오는 사람들을 수행했던 말먹이꾼들이 배워 온 엉터리 중국말 가운데 '뚱이'와 '꼴리'가 있다고 했다. 이것은 악성 민간어원설인 것이다. '뚱이'는 곧 '東夷'로서 조선 사람이라는 뜻이다. 그런데 말먹이꾼들은 물건을 훔쳐간 도둑놈이란 뜻의 말로 이 말을 잘못 배워 온 것이다. 다음의 '꼴리'는 '高麗'로서 한국을 말하고 '니'는 냄새의 옛말 표기이다. 따라서 '꼴리니'는 곧 '高麗臭'로서 조선 사람은 목욕을 하지 않아서 발에서 고약한 냄새가 난다는 꼬랑내의 원말일 것이라고 배워 온 것이다. 이것은 중국 사람이 옛날 한국 사람을 무시한 말투로 함부로 지껄이는 욕과 같은 소리인데 이것을 잘못 알고 그저 중국말이겠거니 하고 익혀왔다는 것이다.

그러니 알고 보면 '東夷'는 결코 도둑의 뜻이 아니라는 것은 두말할 나위도 없다. 더구나 최근 동양역사를 얘기하는 사람들이 흔히 '東夷'를 '동쪽 오랑캐'라고 번역하는 것도 그 근원적인 뜻과는 아주 거리가 멀다. '東夷'의 '東'은 해가 돋는 쪽을 가리키는 말이다. 순 우리말로서는 '새'이다. '날이 새다'의 '새'나, '새벽'의 '새'가 그것이다. 새벽은 곧 '식(東) 붉(明)'에서 바뀐 말이기 때문이다. '夷'는 '大弓'으로 활을 잘 쏘는 무력이 강한 민족이라고 풀이된다. 따라서 東夷는 해 돋는 쪽의 활 잘 쏘는 민족이라는 뜻이다. 활은 곧 무력이었다. 옛날 고조선과 고구려가 만주 몽고일대의 넓은 영토를 가지고 있었을 때 중국인들에게 그 무력의 위용은 대단했던 것으로 추측된다. 고구려의 시조 동명성제가 '주몽'이라는 이름을 가진 것도 활 잘 쏘는 사람이라는 뜻이라 했다. 이성계가 날아가는 화살에 화살을 쏘아 꽂았다는 얘기나, 황산에서 일본장수 아지발도의 목구멍에 화살을 적중시켰다는 얘기는 오늘날 한국 아가씨들이 양궁으로 올림픽에서 세계 정상을 자랑하고 있는 것과 결코 무관하지 않으리라 생각된다.

한편 '꼬랑내'는 결코 고려 사람의 몸 냄새라는 악성 민간어원설인 '高麗臭說'과는 아무런 상관이 없다. '高麗'는 오늘날 국제적인 한국의 나라이름 'KOREA'로 전승되어 왔거니와 근원적으로는 '고구려'의 준말에서 왔다. 처음 국제적 한국명칭은 오늘날 불어에서 'COREE'로 쓰고 있는 것과 같이 'COREA'였다. 이것을 일본이 저들의 'JAPAN'이라는 국제명칭보다 알파벳 순으로 뒤에 오도록 하기 위해 억지로 조작하여 바꿔 놓은 것이 그만 오늘날 'KOREA'로 되었던 것이다. 알고 보면 매우 아쉬운 일이다. '꼬랑내'는 '곯은님'라는 옛말에서 왔다. 곯은 냄새라는 뜻이다. 다시 말하면 부패하여 썩은 냄새라는 뜻이다.

'高麗'는 글자 그 자체로 높고 아름답다는 뜻을 지녔다. 어찌 썩었다는 말과 상관이 있겠는가? 해 돋는 쪽의 활 잘 쏘는 민족이라는 자랑스러운 말 '東夷'가 어찌 도둑놈이라는 엉터리 말먹이꾼들의 중국어 풀이로 용납될 수 있으랴! '고구려'에서 비롯된 한민족의 또 다른 당당한 이름 '高麗'가 어찌 부패한 냄새 '꼬랑내'에 소견머리 없는 말먹이꾼의 엉터리 중국어 풀이로 연관짓는 것을 용납할 수 있으랴!

이 말먹이꾼들의 웃지 못할 엉터리 중국어 지식이 남긴 일화가 최근 어떤 유명한 언론인의 달변으로 일간신문과 그의 개인저서에서 마치 그것이 엉터리가 아니고 역사적인 사실인 양 보도한 일이 있어서 그것이 우리 국민의 건전한 의식을 오도할 염려가 있기에 여기에서 다시 한번 분명히 그 경위를 해명해 두는 바이다.(최창렬, 1986, 『우리말 어원연구』 서울: 일지사 참조)

다) '汽車'와 '驛'

오늘날 기차가 서는 곳을 어찌하여 역이라 하는 것일까? 자동차가 서는 곳은 정류장(停留場)이라 하는데 기차가 서는 곳은 반드시 역(驛)이라 하고 있다. 한자로 쓸 때 이 '驛'자가 '馬'자를 변으로 지니고 있다는 사실이 매우 흥미를 끈다. 그것은 기차를 '鐵馬'라 일컫는 이유를 설명하고 있는 듯이 보이기 때문이다. 그리고 기차라 하면 한자로는 '汽車'이니까 증기기관차의 준말이라는 것도 금방 알 수 있다. 그리고 '汽' 자가 '삼'수변 '氵'을 지니고 있어 물과 상관이 있는 것으로 보이게 쓰는 것은 수증기로 수레를 굴러 간다는 뜻일 것이다.

그런데 참으로 재미있는 현상은 한자의 본고장인 중국에서는 '汽車'라 하면 열차가 아닌 자동차를 가리킨다는 사실이다. 자동차도 사실 따지고 보면 기름의 힘에 의해 엔진이 작동하는 동안 끊임없이 물을 부어야 하는 것이기 때문에 물과 상관이 없는 것은 아니다. 그러나 우리의 감각으로는 기차는 끓는 물이 내어뿜는 수증기의 힘으로 수레를 굴리고 자동차는 기름이 타는 힘으로 그 바퀴를 굴린다고 생각되는 것이 일반적인 상식이다. 이렇게 볼 때 또 하나의 강력한 의문이 생긴다. 중국 사람들이 자동차를 '치차(汽車)'라 한다면 정작 수증기를 동력으로 하여 달리는 열차는 과연 무엇이라 부르고 있을까하는 의문이 바로 그것이다. 그런데 더욱 우리를 놀라게 하는 것은 열차를 그들은 '화차(火車)'라 한다는 점이다. 우리 한국 사람들은 열차를 물과 관련을 지어 생각하는 반면 저 중국 사람들은 불과 관련지어 생각한 것이다. 이 한 가지만 놓고 생각해 보면 서로가 상반되는 것이어서 상호 모순되는 것이 아닐까 하고 의아하게 생각할 수도 있지만 사실은 냉정히 관망해 보면 이치가 서로 통한다. 열차가 수증기로 가는 것을 물로 보느냐 불로 보느냐의 차이다. 그런데 수증기는 물과 불을 공유하고 있다 하겠다. 수증기는 단순한 액체가 아니라 액체가 불의 힘에 의해서 기체화한 것이다. 그 원료는 물이지만 불로 가열된 높은 온도가 없어서는 결코 기체로서의 수증기의 동력이 발휘될 수 없다. 따라서 중국 사람들은 열차의 이름을 좀더 근원적으로 생각하여 석탄으로 불을 때어서 가는 차라고 이름을 지은 것이리라. 그런데 우리는 나중에 나타나는 현상에 주안점을 두어서 그 불에 데워진 물이 끓어서 김을 내어 그 김의 내어뿜는 힘으로 가는 차라고 이름을 지은 것이 분명하다. 똑같은 사실을 놓고 저들은 먼저를 생각했고 우리는 나중을 생각한 셈이다.

요즘은 디젤기관차나 전동차가 달리기 때문에 열차가 김을 내어뿜는 요란스러운 '칙칙폭폭' 소리도 이제는 들을 수 없게 되었다. 이 기차를 '鐵馬'라

하는 것은 사람이 먹여 기른 동물로서의 말 대신 쇠로 만든 기계로서의 말이라는 뜻일 게다. 그리하여 아직도 기차가 달리다가 머무르는 곳을 역이라 하여 옛날 말을 타고 가다가 머물러 '말을 갈아타던 驛站'의 준말인 '驛'을 그대로 쓰고 있는 것이 아니랴! '驛站'의 '驛'은 행위이고 '站'은 장소이다. 그러면 '驛'이 지닌 근원적인 뜻은 과연 무엇일까? 이 '驛'자는 '馬'라는 의미부분과 '睪'이라는 소리부분이 합쳐진 모양으로 이루어져 있다. '馬'는 말을 상형한 것이고 '睪'은 한편으로는 '잇닿을 역'(繹)의 음으로서 계속 끊이지 않고 이어간다는 뜻으로도 풀이되고, 다른 한편으로는 '바꿀 역'(易)의 음으로서 이는 곧 바꾼다는 뜻을 지니고 있다. '站'은 그 일을 하는 곳으로서의 관서(官署)이다.

따라서 '驛'은 계속 이어서 달리기 위해 말을 바꾸어 갈아타는 곳이라는 의미를 지닌 말이다. 말은 혼자 타고 가되 열차는 여러 사람이 탄다는 점이 다르기 때문에 오늘날 '驛'의 개념도 달라져서 차를 갈아타는 곳이기도 하지만 사람이 갈아타는 곳이기도 하다.

라) 담배 한참

길을 걷는 길손이 낯선 시골길을 호젓하게 걸어 가다가 도중에서 사람을 보면 그렇게 반가울 수가 없다. 그리하여 간단한 수인사를 나누고 아무 데라는 곳이 얼마나 남았느냐고 물으면 한참 곧바로 가면 된다고 말하는 것이 예사다. 그런데 기가 막힌 것은 그 한참이 십 분도 될 수 있고 한 시간도 될 수 있고 때로는 한 나절도 될 수 있다는 점이다. 더러는 담배 한참이면 넉넉히 닿을 수 있다고도 한다. 담배 한참이라면 담배 한 대 피우는 시간이라는 말이 아닌가! 한 개비의 담배를 피우면 닿을 수 있는 거리라면 아무리 멀어도 2~3분이면 족할 것이 아닌가? 물론 옛날에는 담뱃대로 담배를 피우는 시절이었을 때이므로 한 개비의 담배를 태우는 시간과는 다르지 않겠느냐는 의견도 제기될 법하지만 그러나 담뱃대의 엄지손톱만 한 담배 꼭지에 눌러 담은 담배가 타는 시간이 오래 가면 얼마나 더 오래 가랴! 그 담배 한 대를 담뱃대 없이 피울 수 있게 바꿔 놓은 것이 종이로 말아서 만든 담배 한 개비가 아니던가! 그런데 담배 몇 대를 피우며 걷고 또 걸어도 그 담배 한참이면 넉넉히 닿을 수 있다는 곳이 좀처럼 나타나지 않는 것이 예사다. 우리나라 사람들의 수량 측정 개념이 이처럼 느슨할 수 없다는 생각이 절로 난다. 이래서 주먹구구식 이라는 말도 생긴 것이리라. 그러나 우리의 전통적인 의식 속에는 딱 부러지 지 아니한 그러한 느슨함 가운데 감칠맛 넘치는 멋도 우러나오고 다정다감하 면서도 은근한 정과 참을성과 끈기가 있는 의지력도 움돋아 지녔던 것으로 풀 이된다.

마) 담배 한 대를 왜 '개비'나 '까치'라고 하나?

담배는 포르투갈 말로 '토바코'였다. 일본에서는 '다바꼬'라 한다. 우리나라 에서는 처음에 이 말을 받아들일 때 '담바고'라 했다. 민요조 노래 '담바고 타 령'은 곧 담배 타령이다. 이 '담바고'가 줄어서 '담바'로 되고 이것이 다시 '담 배'가 된 것이다. 담배를 대나무로 만든 담뱃대로 피울 때는 담배 한 대 달라 고 말했다. 담뱃대의 길이로 한때는 그 사람의 지위나 체면을 나타내기도 했 다. 생활이 간편해 짐에 따라 담뱃대의 길이도 점차 짧아져서 곰방대로 바뀌 더니 이제는 권련(卷煙)시대가 되었다. 그리하여 담배를 종이로 길쭉하게 말 아서 권련으로 피우게 됨에 따라 담배 한 개비 달라고 말하기에 이르렀다. '개비'란 '곱(半)'에서 온 것으로 절반 이하 반 조각을 뜻하는 말에서 바뀌어 장작개비나 성냥개비처럼 가느다란 나무의 조각(片)을 일컫게 되었다. 담배를 개비로 헤아리는 것은 그것이 마치 성냥개비처럼 가느다란 나뭇조각 헤아리 듯 한 낱씩 들어 헤아릴 수 있다는 데서 그렇게 말하는 것이리라. 이렇게 보 면 담배는 '대(竹)'문화에서 '개비(片)'문화로 바뀐 셈이다.

이 '개비'가 항간에 쓰이는 말투로는 거세져서 '개피'라는 방언으로 둔갑 을 하고 있다. 담배는 '개비'나 '개피' 이외에 '까치'라는 말로도 자주 그 낱 개를 일컫는다. 이것은 아마도 나뭇가지를 일컫는 '가지'가 '담배가지'로 연 음될 때 된소리가 다시 거세진 발음으로 소리 나면서 또 다른 방언으로 둔

갑을 한 것이 아닐까 한다. 아무튼 담배 한 대가 세월이 지남에 따라 한 개비가 되었다. 이것이 다시 방언으로 둔갑하여 한 개피니, 한 까치니하는 다른 말로 통용되고 있다.

이 담배 한 대 태우는 시간이 다름 아닌 담배 한참이다. 우리의 언어습속에서는 잠시 걸으면 닿을 수 있는 거리라면 300미터니, 500미터니 하는 정확한 수량측정 표현의 말보다는 우리의 익혀진 언어습관에 따라 두리뭉실하게 표현되는 담배 한참만 걸으면 된다는 말이 한결 다정스럽고 쉽게 들리는 것이다.

바) '한참'의 근원적인 뜻

이처럼 '한참'이라는 말은 짧은 시간이라는 뜻의 말로 말하기 쉽지만, 그러나 매우 지루하고 안타깝게 기다려야 하는 시간의 길이라는 느낌을 준다.

그렇다면 과연 이 '한참'의 근원적인 뜻은 무엇일까? 그것은 앞에서 말한 기차역의 원말인 '驛站'과 유관하다. '한참'의 '한'은 '하나'를 뜻하고 '참'은 '驛站'을 뜻한다. 따라서 '한참'이라는 말은 한 역참에서 다음 역참 사이의 거리를 뜻한다. 아울러 그 거리를 가는 동안의 시간을 말하기도 한다. 그러니까 '한참'이라는 말은 역말을 한 번 갈아타기까지 가는 동안의 시간을 뜻하는 말에서 싹텄다. 이 '한참'이 말을 한 번 탄 김에 해낸다는 뜻이 강조되면 '동시'에나 '한꺼번에'라는 뜻과 비슷하게 쓰이기까지 한다. '한참에 다 먹어 치운다.'라는 표현에서 그것을 읽어낼 수가 있다.

이렇게 보면 '한참'의 뜻은 원래 한 '驛站'과 다른 '驛站' 사이의 거리를 나타내는 공간개념이었던 것이 그 거리를 가는 동안의 시간개념을 나타내는 말로 쓰이게 되었다. 이것이 짧게는 '한꺼번에'와 가까운 '同時에'의 뜻으로 쓰인다. 일상적으로 중간 단계로서 담배 한 대 태우는 시간이나 잠깐 동안이라는 뜻으로 쓰이지만, 좀 길게는 꽤 오래 기다리면서 지루함을 느끼는 시간개념으로도 쓰이고 있음을 알 수 있다.

3. '새참' 이야기

가) 품앗이와 새참

여러 사람이 품앗이로 일손을 모아 함께 일하는 시골농가의 들일 풍경은 언제나 정겹고 푸짐하다. 저 집일은 어제하고, 이 집 일은 오늘하고, 그 집일은 내일 하자며 서로 여러 이웃이 한데 힘을 모아 품앗이로 일을 하게 마련이다. 뙤약볕에 논이나 밭을 매는 일이나 모심기며 보리갈이 그리고 추수하는 일 등이 모두 때를 놓칠 수 없이 서둘러야 하는 일이기에 두렛일이나 품앗이로 공동 노작을 하게 마련이다.

온몸에 땀을 흠씬 흘리며 들일을 하다가 가장 기다려지는 것은 새참일 것이다. 한바탕 일을 하는 동안 허기지고 목이 타는 터에 새참 때가되어 멀리 새참 짐을 이고지고 오는 모습을 보면 미리 군침이 돌기 시작한다. 짐을 내려놓고 하지감자를 푹 쪄서 한 함박 가득 담고 막걸리를 물동이로 하나 가득 이고 온 것을 논밭 어귀 풀밭이나 반석 위에 빙 둘러앉아 나눠먹는 맛이야말로 꿀맛 같다 아니할 수 없을 것이다. 일상적으로 우리는 하루 세끼 밥을 먹는다. 그렇지만 들일을 하는 사람들은 적어도 하루 다섯 차례를 먹는 셈이다. 아침 먹고 일을 시작하면 점심되기 전 중간에 오전새참을 한 번 먹어야 하고, 점심을 먹고 나서 다시 일을 계속하면 저녁 먹기까지 그 힘든 일을 마냥 계속할 수만은 없기 때문에 중간에 또 오후새참을 한 번 먹어야 한다. 땀 흘려 힘든 일을 하는 사람들은 우선 밥힘으로 일을 한다. 그리고 정겨운 정담으로 웃음을 나누고 돌림노래 부르기로 흥을 돋우면서 일을 하기 위해서는 뭐니뭐니해도 막걸리의 힘이 그 흥의 원천이 된다. 따라서 새참은 허기와 갈증으로 시드는 노동력에 활기를 불어 넣어주는 에너지 공급원이라 아니할 수 없다.

밤일까지 이어질 때면 밤참까지 나오게 마련이니 한 참이 더 늘어 하루 세끼와 세 새참이 합해져서 여섯 차례를 먹기까지 하는 셈이다.

나) '품팔이'와 '품앗이'

'품팔이'라는 말도 있고, '품앗이'라는 말도 있다. '품앗이'라는 말은 과연 어떤 의미를 가지고 형성된 말일까? '한나절이나 품을 버려 만든 것을 부숴버렸다'느니 '품을 갚는다'느니 하는 표현의 말과는 어떤 상관이 있는 것일까?

우리는 전통적으로 시골 농가에서 일손을 모아 서로 거들어 주면서 힘 드는 일을 척척 해 내는 품앗이 일을 참으로 아름다운 모습으로 이어오고 있다. '품앗이'는 '품을 앗는다'는 말에서 온 것이 분명하다. '품을 앗는다'는 말은 '품을 갚는다'는 말과 대를 이루는 표현의 말이다. '품을 갚는다'는 말의 의미를 분명히 알면 '품앗이'의 뜻이 스스로 밝아지게 마련이다. '품을 갚는다'는 말은 남한테서 제공받는 노동력이나 수고에 대하여 다시 노동력이나 수고로 보답해 주는 것을 말한다. 품을 팔기도 하고 얻기도 하며, 갚기도 하고 버리기도 한다. '품을 파는 것'은 노동력을 제공하고 그 대가로 돈을 받는 것을 말한다. 이 대가를 '품삯'이라 한다. 물건을 팔아 받는 대가를 값이라 하거니와 품을 팔아 받는 대가는 값이라 하지 아니하고 '삯'이라 한다. '삯'은 곧 노동에 대한 임금인 것이다. 따라서 '품팔이'는 품삯을 받고 남의 일을 하여주는 일일노동을 말하며 삯품팔이라고도 한다. 그러나 품앗이는 돈으로 삯을 주어 그 품을 사는 것이 아니라 품을 뀐 것으로 생각하고 그 뀐 남의 품을 나의 품으로 되돌려 갚아준다는 개념으로 풀이되는 말이다. 이렇게 볼 때 품을 사기도 팔기도 하며, 뀌이기도 갚기도 하며, 품을 얻기도 버리기도 할 수 있다는 것으로 말이 사용되고 있는데 이때의 '품'은 무엇이고 '품앗이'라는 말에서 '앗이'는 과연 또 무엇을 의미하는 말일까?

다) '품·품다·품앗이'의 상관

앞에서 우리는 오늘날 우리가 일상적으로 쓰고 있는 언어감각에 비추어서 품을 팔거나 품을 갚는다는 말에서 '품'은 곧 남에게서 제공받는 노동력이나 수고라고 풀이를 해보았다. 그런데 이 '품'은 '어린아이가 엄마 품에 안기어 고이 잠들었다.'고 하는 표현에서의 '품'과는 아무런 상관도 없는 동음이의어일까? 윗도리 옷이 작아서 겨드랑이와 가슴이 죄는 것을 '품이 솔다'는 표현으로 말하는데 이 품이 '품앗이'의 '품'과는 절대 무관한 말일까? 사전에서는 이 말들이 전혀 다른 별개의 단어라고 다루고 있다. 여기에 우리는 심히 궁금한 생각을 가지고 의심을 품지 않을 수 없다. '의심을 품다'라는 표현에서의 '품다'도 암탉이 병아리를 품는다거나 엄마가 아기를 품에 품는다는 말과 절대로 유관하다는 것을 우리는 분명히 알 수 있으므로 이 '품다'에서의 '품'이 '품이 솔다'에서의 '품'과 상관이 있음은 물론 '품앗이'나 '품팔이'의 '품'과도 어떤 관련성이 있지 않을까 하는 강력한 암시를 받게 된다. '엄마가 아기를 품에 품는다'는 말에서 '품'은 '두 팔을 벌려서 안으로 껴안을 수 있는 가슴'을 말한다. '아기를 품에 안다'라는 말도 '아기를 품에 품다'라는 말과 꼭 같은 의미이다. 여기에서 '품다'의 '품'은 '안다'의 '안'과 같은 뜻임을 알 수 있다. 윗도리 옷의 품이 작다거나 품이 솔다는 말도 사람이 두 팔을 벌려서 한 아름 안쪽으로 안을 수 있는 가슴부분의 옷의 크기가 가늘고 작아서 비좁다는 뜻의 말임을 알 수 있다. 여기에서 우리는 농가의 일손이 두 팔을 벌려서 부지런히 움직이는 데서 노동력을 발휘한다는 데 눈길을 돌릴 필요가 있다고 생각한다. '품팔이'는 곧 두 팔을 마음껏 가슴 안쪽으로 내두르며 가슴을 활동시켜 부지런히 일을 하는 노동력을 팔아서 대가로 삯을 받는 것을 말한다고 볼 수 있기 때문에 '품팔이'나 '품앗이'의 '품' 또한 '품에 안기다'의 '품'이나 '품이 솔다'의 '품'과 마찬가지로 '두 팔을 벌린 안쪽 가슴'의 뜻을 그대로 간직한 말이라는 점에 대해서 의심할 여지가 없다고 생각한다. 그렇다면 '품앗이'의 '앗이'는 무엇일까? '앗다'는 탈취를 뜻하는 '빼앗다'의 원말이다. 따라서 품을 앗는다는 것은 남의 노동력을 꾸이거나 빼앗는 것이다. 품을 앗았으면 반드시 품을 되들러 갚아 주어야 한다. 이처럼 품을 갚아 줄 것을 전제로 우선 남의 노동력을 빼앗아서 꾸이는 것을 '품을 앗는다'고 말하고 그것을 앗고 갚고 하는 것을 아울러서 '품앗이'한다고 하는 것이다.

라) '새참'과 '한참'

농가에서는 온 동네가 한 가족 같은 이웃이 된다. 이웃에 힘 드는 일, 어려운 일이 생기면 마치 내 집 일처럼 발 벗고 나서서 서로 도우며 함께 더불어 사는 아름다운 모습을 '품앗이'에서 잘 읽을 수 있다. 이웃사촌 이라는 말도 농가의 품앗이 풍습과 관련이 있는 것이 아닐까 생각된다.

품앗이로 이웃이 서로 도와가며 함께 힘든 일을 땀 흘리며 할 때 무엇보다도 반가운 것은 새참일 것이다. 그런데 '새참'이라는 말은 과연 어디에서 온 어떤 뜻의 말일까? 그리고 이 말은 '밤참'과 어떤 점에서 서로 관련이 있을 법한데 그 점은 무엇일까? 새참은 '끼니 때 외에 끼니와 끼니 사이에 먹는 새참'임에 틀림없고 밤참은 '밤에 먹는 새참'임에 틀림없다. '새참'은 곧 '사이참'일 것이기 때문이다. 이렇게 볼 때 이 말들이 갖는 뜻이 일을 하다가 도중에 먹는 음식이라는 점에서 서로 유관하다. 그 의미상 유관한 점을 '새참'과 '밤참'의 '참'이 형태상으로도 공통점을 가지고 나타나 있다. 이 '참'이 '한참'이라는 말에도 쓰이는 것으로 보면 그것이 순 우리말 같지만 사실은 순 우리말이 아니라 한자말 '驛站'에서 온 것을 우리는 앞에서 살펴본 바 있다. 옛날 공무로 역말을 타고 여행을 하는 사람이 쉬도록 마련되어 있는 곳이 다름 아닌 역참(驛站)이었다. 이 '참'이 우리의 일상언어에 단독으로도 쓰인다. 이때 의미가 확대되어 나타난다. '아침 참'이나 '저녁 참'이라고 말하는 경우가 있는데 이때의 '참'은 일을 시작해서 쉴 때까지의 일정한 동안의 사이라는 시간개념을 나타낸다. '참을 먹는다'든지 '주막에서 참을 댔다'든지 하는 말 표현에서는 길을 가거나 일을 하다가 쉬는 정해진 시간에 먹는 식사를 '참'이라고 하고 있는 것이다. '새참'이나 '밤참'의 '참'도 바로 이런 뜻으로 쓰이고 있는 것이다. 이렇게 보면 '참'의 뜻은 '곳'이라는 공간개념에서 발전하여 '동안'이라는 시간개념이 되고 '쉬다'라는 휴식행위와 '먹다'라는 식사행위에까지 널리 확대되어 쓰이는 셈이다. 한편 이 '참'의 의미가 더욱 확대되어 어떠한 '경우'나 무엇을 할 '예정'이라는 뜻으로 나타나기도 한다. "한참 바쁜 참에 와서 별로 정다운 인사도 변변히 나누지 못했다오."라는 표현에서 '바쁜 참'의 '참'

은 '경우'를 뜻하는 말로 크게 확대되어 쓰이고 있다. "올 가을에는 집장만하여 이사할 참이고 새 봄에는 장가갈 참이요"라는 표현에서는 '참'이 '계획'이나 '예정'을 나타내는 말로 더욱 크게 확대되어 쓰이고 있다는 것을 알 수 있다.

이렇게 볼 때 '참'은 한자말 '驛站'의 '站'에서 귀화된 우리말로서 이제는 한자에 그 근원을 둔다는 개념은 거의 사라지고 고유한 순 우리말처럼 자유롭게 고유어 사이에서 잘 어울려 쓰이고 있어서 아름다운 우리말의 일부가 되어 의미심장한 뜻을 웅숭깊게 잘 나타내고 있다는 것을 알 수 있다.

4. 마무리

'한참'과 '새참'은 근원적으로 '기차역'과 유관한 말이다. 삼천리 방방곡곡을 누비며 힘차게 달리는 열차여행은 우리의 아름다운 산천을 새로운 감흥으로 즐기게 한다. 그리하여 바쁜 생업에 시달린 우리의 마음과 혼을 달래주고 새로운 생기로 일깨워준다.

열차를 달리다 보면 출발역에서 종착역까지 무수한 중간 역을 거쳐 가는 동안 많은 사람이 쏟아져 내려가고 다시 사람이 몰려와 차에 오르곤 한다. 이렇게 보면 역은 열차가 잠시 쉬면서 사람들이 내리기도 하고 새로 오르기도 하여 갈아탐으로써 사람을 순환시켜 주는 곳이라는 것을 알 수 있다. 이 열차를 우리는 '기차(汽車)'라는 말로 익히 써 오고 있다. 중국 사람들은 이것을 기차라 하지 않고 '火車'라 한다. 그렇다면 '기차(汽車)'란 이름은 무슨 뜻을 가진 말이며, '역'이라는 말은 또 어디에서 온 것일까?

지금까지 우리는 이 '역'이 '驛站'이라는 한자어의 준말인데 이것은 옛날 말을 타고 여행하던 풍습에서 이루어진 말임을 추적해 왔다. 이 말은 새로운 의미의 여러 말을 싹트게 한 뿌리가 되었다. '한참'과 '새참'도 그 새로 움돋아 싹튼 말의 예다. 이제 그 하나하나를 요약 정리해 보기로 한다.

가) '驛站'이란 옛날 말을 타고 멀리 다니며 공무를 수행하던 사람이 역로(驛路)의 쉬는 곳에서 말을 갈아타는 데를 말했다. 이제는 말을 타는 대신

기차를 타고가게 된 것이다. 여기서 기차가 쉬어가는 곳을 ‘驛站’의 준말인
‘驛’으로 부르게 된 것이다. 불을 때어 물을 끓임으로써 내어뿜는 김의 힘으
로 달리는 ‘汽車’는 ‘火車’라는 다른 이름을 가짐 직도 하다. 이것이 이제는
말먹이꾼이 몰고 가던 말을 대신하게 되었다. 기차를 ‘鐵馬’라고 부르게 된
까닭도 바로 여기에 있는 것이다.

　이때 ‘驛’은 행위이고 ‘站’은 장소이다. ‘驛’의 어원적 뿌리를 캐보면 ‘馬’
라는 의미 부분과 ‘睪’이라는 소리 부분으로 합쳐진 어형인데 ‘馬’는 ‘말’을
상형한 것이고 ‘睪’은 ‘계속 끊이지 않고 이어진다(繹)’ 또는 ‘바꾼다(易)’의
뜻으로 풀이된다. 오늘날은 그 개념이 많이 달라져서 계속 차들이 달리기
위해서 갈아타는 곳이기도 하지만 사람이 서로 바꾸어 갈아타는 곳이라는
말로 풀이됨 직도 하다.

　나) 길을 걷는 낯선 길손이 어느 곳을 찾아 가려면 얼마나 더 가야 하느
냐고 물으면 담배 한참만 가면 된다고 대답하곤 한다. ‘담배 한참’은 담배
한 대 피우는 시간을 말하는데 우리의 언어습관에 따라 정확한 수량측정의
표현보다 더 정겹고 여유 있게 들린다. 시간의 기준치인 ‘담배 한 대’는 곧
담뱃대로 한 번 피우는 담배를 말한다. 생활습속의 변화로 궐련(卷煙)시대가
되면서 담배 한 대가 한 개비로 변화하게 된다. ‘개비’란 ‘겹(半)’에서 온 것
으로 절반이나 반 조각을 뜻하는 말에서 가느다란 나뭇조각을 일컫게 된 것
으로 결국 담배문화는 ‘대(竹)’문화에서 ‘개비(片)’문화로 변화해 온 것을 알
수 있다.

　여기에 ‘개비’가 거센 말투로 ‘개피’라는 방언으로, 또 나뭇가지를 일컫는
‘가지’가 담뱃가지로 연음되어 거센 발음인 ‘까치’로 굳어 발음이 됨으로써
한 개비니 한 까치니하는 다른 말로 통용되고 있다.

　다) ‘한참’의 ‘참’을 우리는 순 우리말이라고 생각해 왔다. 그러나 그것은
한자말인 ‘驛站’의 준말에서 귀화된 것이 분명하다. ‘한참’은 역참에서 싹트
는 말로서 한 역참에서 다음 역참 사이의 거리를 뜻하는 공간개념이었는데,
이 뜻과 아울러 그 거리를 말을 타고 가는 동안에 걸리는 시간을 뜻하는 시

간개념으로도 쓰이고 있다. 그 시간은 상황에 따라 짧게 느껴지기도 하고 길게 느껴지기도 하는 것이다. 짧게 느껴지는 '한참'은 '잠깐 동안' 또는 '동시에'로 이해되기도 하고, 길게 느껴지면 '꽤 지루하리만큼 오랜 시간'으로 이해되기도 한다.

라) '한참'에 쓰이는 이 '참'은 의미가 더욱 확대되어, '새참'이나 '밤참'을 먹는다든지 '참'을 댄다든지 하는 말로도 쓰일 때는 식사를 뜻하는 말로 통용되고 있음을 보고 새삼 놀라워하지 않을 수 없다.

마) 더 나아가서 '바쁜 참'이라든지 '올해는 꼭 장가갈 참'이라든지 하는 표현에서는 그 의미가 훨씬 더 확대되어 '경우'나 '계획'의 뜻으로까지 쓰이고 있음을 본다.

요컨대 '驛站'은 말을 타고 가다가 도중에 쉬면서 말을 바꾸어 갈아타고 가던 곳이었는데 이것이 오늘날 기차가 머무는 장소인 역의 이름으로 줄어들어 쓰이게 되는 한편 이 '역참'의 '참'이 바로 떨어져 나와 새로운 개념을 담는 말로 활용되기에 이른 것이다. 그것이 '한참'으로 쓰이게 되면 공간개념에서 시간개념으로 바뀌게 되며, 그 시간개념이 더욱 확장되면 '새참', '밤참'과 같은 식사개념으로 바뀌게 되며, '바쁜 참', '할 참'과 같이 훨씬 더 넓은 의미로 확장되어 경우를 나타내는 상황개념이나 계획을 나타내는 의도개념으로까지 바뀌어 쓰고 있다는 사실에서 우리는 말의 폭넓은 의미확장의 양상과 그 무한대한 가능성에 직면하게 되면서 새삼 놀라지 않을 수 없음을 깨닫는다.

Ⅲ. 수를 헤아리는 말의 어원

[가] 하나·둘·셋

1. 헤다

이 글은 우리말 가운데 수 개념을 나타내는 말은 과연 어떻게 이루어졌을까 하는 문제를 풀어 가보는 데 그 목적이 있다.

현대시 가운데 많은 사람들이 즐겨 외고 있는 유명한 윤동주의 시에 「별 헤는 밤」이라는 작품이 있다.

계절이 지나가는 하늘에는
가을로 가득 차 있습니다.

나는 아무 걱정도 없이
가을 속의 별들을 다 헤일 듯합니다.

가슴 속에 하나 둘 새겨지는 별을
이제 다 못 헤는 것은
쉬이 아침이 오는 까닭이요

내일 밤이 남는 까닭이요
아직 나의 청춘이 다하지 않은 까닭입니다.

별 하나의 추억과
별 하나의 사랑과
별 하나의 쓸쓸함과

별 하나의 동경과
별 하나의 시와
……

  여기에 나오는 '하나, 둘'이 우리가 그 근원적 의미를 찾고자 하는 수 개념의 말이요, 이때 쓰이는 '헤일 듯'의 '헤일'과 '못 헤는'의 '헤는'은 '헤다'의 관형형인데 이 '헤다'는 '헤아리다'라는 말의 원말임과 동시에 하나 둘 수를 센다고 할 때의 '세다'라는 말의 원말이기도 하다. 따라서 수를 세어 더하고 빼고 나누고 곱하는 덧셈, 뺄셈, 곱셈, 나눗셈을 하여 셈한다는 '셈'의 원말이 '헴'이었던 것은 두말할 나위도 없다. 그리고 그것의 옛말은 '혬'이었음을 다음의 예문에서 찾아 볼 수 있다.

이 몸 삼기실제 님을 조츳 삼기시니
'ᄒ싱 緣分이며 하놀 모롤 일이런가
나 ᄒ나 졈어잇고 님 ᄒ나 날 괴시니
이 ᄆᆞᆷ 이 ᄉ랑 견졸ᄃᆡ 노여없다
平生에 願ᄒ요ᄃᆡ ᄒᆞᆫᄃᆡ 녜쟈 ᄒ얏더니
늙거야 므스 일로 외오두고 그리ᄂᆞᆫ고

  이렇게 시작한 송강 정철의 사미인곡의 첫 부문에서 'ᄒ싱 緣分'의 'ᄒ'과 '나 ᄒ나 져머있고 님 ᄒ나 날 괴시니'의 'ᄒ나'가 바로 수를 헤아리는 말이다.

紅裳을 니믜차고 翠袖를 半만 거더
日暮脩竹의 혬가림도 하도할샤
댜룬 ᄒᆡ 수이 디여 긴 밤을 고초 안자
靑燈 거론 겻팅 鈿箜篌 노하두고
ᄭ움의나 님을 보러 툭밧고 비겨시니
鴦衾도 ᄎ도출샤 이밤은 언제 샐고

> 흐르도 열두 째 흔돌도 셜흔 날
> 져근덧 싱각마라 이 시름 닛쟈ᄒ니
> ᄆᆞ옴의 미쳐이셔 骨髓의 쎄텨시니
> 扁鵲이 열히오나 이 병을 엇디ᄒ리

라는 후반부에서 헴가림의 '헴'이 '혜다'의 명사형이고 보면 이 '혜다'는 바로 헤아리다의 원말인 '헤다'의 옛말임을 알 수 있다.

또 속미인곡에서도 '헤다'의 옛말이 '혜다'로 쓰이고 있음을 알 수 있다.

> 누어 싱각ᄒ고 니러 안자 혜여ᄒ니
> 내 몸의 지은 죄 뫼ᄀᆞ티 빠여시니
> 하ᄂᆞᆯ이라 원망ᄒᆞ며 사람이라 허물ᄒᆞ랴
> 셜워 플텨 혜니 造物의 타시로다.

한편, 앞의 송강가사 예문에서

> 흐르도 열 두 째 흔돌도 셜흔 날

에 나오는 '열'이나,

> 扁鵲이 열히오나 이 병을 엇디ᄒ리

에서의 '열'이 오늘날 우리가 10의 수를 나타내는 '열'이라는 말과 그 어형이 꼭 같음을 볼 수가 있다.

그렇다면 우리말에서 수를 셈하는 하나하나의 낱말들은 과연 어떻게 이루어진 것일까? 이 문제에 관하여 이제부터 우리는 '하나, 둘, 셋'을 중심으로 여러 가지 어원정보를 찾아 조사, 발굴하여 확인해 보고 그 근원형 가까이까지 추적해 올라가 보는 것도 매우 흥미 있는 주제가 될 것이다. 그리하여 이 낱말들이 생기게 된 경위를 풀이하면서 그 웅숭깊은 근원적인 의미를 찾아 밝혀 보는 것은 우리말의 진가를 찾아서 그 진미를 맛볼 수 있는 좋은 계기가 될 것이다.

그러나 그 주제는 간명하지만 그 고증은 결코 쉬운 말로 술술 풀어갈 수만은 없을 것이다. 따라서 가능한 한 쉽게 이해할 수 있는 자료들을 찾아 쉬운 말로 풀어나가 보도록 유의하려 한다.

2. '하나'의 어원과 의미

가) 그럴듯한 오인

우리의 속담에 '천리 길도 한 걸음부터'라는 말이 있다. 무한히 먼 길도 하나의 발걸음을 내딛는 데서 시작되고 이 지구상의 그 수많은 양의 만물들도 유형별로 그 '하나하나'의 요소들이 모여 이루어진 것이라고 볼 때, '하나'라고 하는 수는 어쩌면 만물을 헤아리는 근원이요 출발이라 말할 수 있을 것이다.

여기에서 우리말 '하나'에 얽힌 엄청난 오인 한 가지를 먼저 밝혀두고자 한다. 우리가 흔히 듣고 또 그렇게 믿어 의심치 않는 것이지만 '하나'라는 우리말이 뿌리박고 있는 어원적인 사실과는 전혀 맞지 않는 그릇된 인식에 매여 있는 것 한 가지를 꼭 확인하여 두고 이야기를 시작하고 싶은 것이다.

그것은 우리가 살고 있는 이 우주만물과 인간까지도 모두 창조하고 또 이를 섭리하고 있다고 믿는 조물주를 지칭하는 '하나님'이라는 말이 하나밖에 없는 유일신이라는 뜻으로 만들어진 말이라는 오인이다. 이'하나님'은 곧 '하나'에서 온 말이라고 설교하는 종교 교역자들의 말을 믿는 신도들의 생각이 이제는 거의 일반 언중 전반에 걸쳐 보편화되고 있다는 데 문제의 심각성이 있다. 그래서 애국가에서조차 '하나님이 보호하사'로 '하느님이 보우(保佑)하사'를 잘못 불러 온 실수까지 범했다. 그러나 하나밖에 없는 유일신이므로 '하나님'이라고 하는 것은 우리말이 생겨난 근원적인 뜻과는 전혀 무관한 잘못된 풀이요, 그릇된 인식이라는 점을 확실히 해둘 필요가 있다. '하나'의 옛말이 'ᄒᆞ나'로는 나와도 '하ᄂᆞ'로 나오는 일은 없기 때문이다. 그런데 성경에서의 하나님은 옛말에서 'ᄒᆞ나님'이 아니고 '하ᄂᆞ님'이었다. 이것은 하늘의 옛말 '하ᄂᆞᆯ'을 뿌리로 삼아, 임금의 뜻을 가지고 쓰였으나 이제는 일반 존칭접미사로 쓰이고 있는 '-님'이 붙어서 '하ᄂᆞᆯ(天)＋님'(帝, 主, 君 존칭)의 조어구조를 형성하여 'ㄹ'받침이 줄어들어 '하ᄂᆞ님'으로 한동안 쓰이다가 '하ᄂᆞᆯ'이 현대표기에서 '하늘'로 바뀜에 따라 오늘날에는 '하느님'으로 정착되기에 이른 것이다. '하ᄂᆞ님'은 '하느님'의 옛말인 것이다. 이 옛말이 평안도 지역 방언에서 '하나님'으로 굳어져 쓰이고 있다. 기독교 개신교에서는 이 평안도 방언으로 번역된 성서의 말을 그대로 오늘까지 이어받아 오고 있는 것이다.

원래 성경의 원전은, 구약은 히브리어로 기록되고 신약은 그리스어로 기록되어 전해오던 것인데 우리나라에는 중국어 번역본을 토대로 그리스어 성서와 영어의 수정된 성서를 참고하여 번역된 것으로 보인다. 맨 처음 우리말로 성경이 번역된 것은 만주 땅에 주둔하고 있던 영국 선교사 존 로스(John Ross)가 동료 선교사인 존 맥킨타이어(John Mc-Intyre)목사와 더불어 평안도 출신 한국 청년인 이응찬(李應贊), 백홍준(白鴻俊), 서상륜(徐相崙), 김진기(金鎭基) 등의 도움을 받아 1882년에 쪽복음 책자로 누가복음을 번역하여 『예수셩교누가복음젼서』라고 목판본으로 내놓은 데서 비롯된다.

그 뒤에 성경의 우리말 번역사업이 계속 이어져서 '요안ᄂᆡ(요한)복음', '말코(마가)복음', '맛ᄃᆡ(마태)복음' 등의 쪽복음이 번역·출간된 다음 1887년에 이르러 드디어 『예수셩교젼서』라는 이름의 신약성경이 출간되어 나왔는데 이를 로스 목사가 만들어냈다고 하여 'Ross Version'이라 일컬어 전해오게 되었다.

그 뒤에 신구약이 합본되어 1910년에 전주에서 나오고, 새 맞춤법통일안에 의거하여 1956년에 새로 간행된 성서가 오늘날까지 전해 그대로 쓰이고 있다.

한편 신구교 공동번역서가 1977년에 나오게 되었으나 널리 이용되지 못하고 있다.

이처럼 바뀌어 온 우리말 번역 성서에서 '하나님'이라는 기록을 남기게 된 근원은 로스 목사가 평안도 청년들의 도움을 입어 만든 쪽복음 『예수셩교누가복음전서』에서 비롯된다. 여기에 보면 '하느님'이라는 기록도 나오고 '하나님'이라는 기록도 나온다.

> 하느님의 앞폐셔(눅1: 6)
> 하나님의 보니믈(눅1: 26)

이처럼 같은 책에서 한편으로는 표준어인 '하느님'으로 적고 있고 다른 한편으로는 평안도 방언인 '하나님'으로 적고 있음을 본다. 개신교에서는 이 평안도 방언으로 적은 '하나님'이 그 뒤에 기준이 되는 표기로 정착된 것이다.

그러나 같은 기독교이지만 구교인 가톨릭교회의 성서에는 표준어를 제대로 살려서 '하느님'으로 적고 있는 것은 참으로 다행한 일이다.

또 어떤 종교에서는 '하느님'의 뿌리를, 이 우주를 하나의 큰 울타리로 둘러싸인 집안으로 보고 이를 다스리는 절대자를 가리키는 말로서 만들어진 '한울님'에서 찾으려 한다. 이것은 그럴듯하기는 하지만 어원적인 뿌리에 근거한다기보다는 종교적 원리에 부합한 강론을 하기 위한 확대해석이라고 생각된다. 왜냐하면 옛말을 디딤돌로 삼아 '하나'의 근원형을 찾아보면 'ᄒᆞ든'이나 'ᄒᆞ나'로는 나오지만 결코 '하나님'의 어근이 되는 하늘의 옛 어형인 '하늘'과 상관이 있을 법한 '하ᄂᆞ'는 나오지 않을 뿐만 아니라, '한울님'에 가까운 '하눌'이나 '한울'의 옛 어형이 없음을 확인할 수 있기 때문이다.

나) 옛말을 디딤돌 삼아

그런데 수를 헤아릴 때 일(一)을 가리키는 '하나'의 가장 오래된 기록에 나타난 옛말은 'ᄒᆞ든'이었다.

신라시대의 노래를 적은 향찰문자의 기록을 보면 '하나'에 해당되는 말이

‘ᄒᆞ둔’(一 ·等)으로 나타나 있다,

월명사(月明師)가 지은 제망매가(祭亡妹歌)에서는 누이동생을 잃고 제사를 지내면서 그 슬픔을 다음과 같이 읊고 있다.

어느 가을 이른 바람에
여기저기 떨어진 낙엽처럼
하나의 가지에 태어나고서도
간 곳을 모름이여

於內秋察 早隱風未
比矣彼矣 浮良落尸 葉如
一等隱 枝良出古
去奴隱 處 毛冬乎丁

여기에서 ‘하나의’에 해당된 원전의 ‘一等隱’은 옛말 원형 재생에서‘ᄒᆞ둔’으로 나타남을 보인다. 또 희명(希明)부인이 다섯 살 난 아이가 갑자기 눈이 멀게 되자 분황사 천수대비 벽화 앞에 꿇어앉아 두 눈 가운데 한 눈만이라도 고쳐달라고 애절하게 비는 말이 도천수관음가(禱千手觀音歌)에 다음과 같이 적혀 있다.

천 손 천 눈 가운데
하나는 놔 두구 하나를 덜어
둘 다 없는 나
하나만 가만히 고쳐 주옵소서

千隱手口叱 千隱目肹
一等下叱 放 一等肹除惡支
二于萬隱 吾羅

一等沙隱賜以 古只內乎叱等邪

여기에서 세 번이나 나오는 '하나'에 해당되는 원전의 '一等'은 옛말 원형 재생에서 역시 'ㅎ둔'으로 나타남을 보인다.

또 송나라 손목(孫穆)이 고려시대의 말을 적은 『계림유사(鷄林類事)』에서도 '하나'를 'ㅎ둔(河屯)'이라고 했던 좀더 분명한 근거를 남겨 놓고 있다.

一曰河屯

우리가 우리말의 근원형을 찾아 그 어원적인 의미를 추적하여 밝히려면 무엇보다도 중요한 것은 그 말이 실제 쓰였던 옛말의 어형을 디딤돌로 삼아 찾아가야 그 근거가 확실한 것이다. 이 'ㅎ둔'은 어근 '홀'이 관형형을 취한 것으로 보인다. 따라서 '하나'라는 말의 좀더 근원형에 가까운 어형은 '홑[hɐt]'이었고, 이것이 오늘날 홑이불의 '홑(單)'으로 정착되고, 홀로나 홀아비의 '홀'(單)로도 여러 단계를 거쳐 바뀐 것으로 나타난다.

그러면 이 '홀'은 원래 어떻게 이루어진 어형이여 이 '홀'이 오늘날 우리가 쓰고 있는 '하나'로 바뀐 절차는 어떻게 전개되었을까? 먼저 '홀'이 이루어진 경위부터 살펴보기로 하자. '홀'은 'ㅎ올'의 줄어든 어형이라고 생각된다. 왜냐하면 '혼자'라는 말의 옛 어형에 'ㅎ봋ᄉᆞ'가 있는데 이 어형의 어근은 'ㅎ봋'에서 바뀐, ㅎ봋'에서 온 것임에 틀림없으며, 이 'ㅎ봋'이 'ㅎ올'을 거쳐서 'ㅎ올(로)'와 '흘(로)'로 바뀌어 왔는데 이렇게 바뀌는 과정에서 'ㅎ올'의 줄어든 어형 '홀'이 이루어지고 이것이 한편으로는 '홑'으로 굳어지고 다른 한편으로는 곡식 한 낱알을 가리키는 '낟'과 결합하여 '혼(一)＋낟(粒)'의 조어구조를 이루어 이윽고 '하나'로 줄어들었다가 오늘날 '하나'라는 어형을 이루게 되는 경위가 다음과 같이 환하게 읽어질 수 있기 때문이다.

ㅎ봋＞ㅎ봋＞ㅎ봋ᄉᆞ＞ㅎ오ᄉᆞ＞호자＞혼자

ᄒᆞ올>ᄒᆞ올(로)>홀(로)

홀(ᄒᆞ든)>홑

홀(一)+낟(粒穀)>ᄒᆞ나>하나>한

이때 '낟'은 한편으로는 오늘날 어형 그대로 곡식의 알곡을 뜻하는 말로 남아있기도 하고, 다른 한편으로는 '낱개' '낱낱이'와 같이 단일(單一)을 뜻하는 '낱'으로 그 어형이 바뀌어 굳어지기도 했다.

따라서 우리는 '하나'라는 말의 어원적인 의미가 원시농경문화 시대에 우리 선인들이 땀 흘리고 정성들여서 가꾸어 얻은 값진 곡식의 홑 낟알을 알뜰히 아끼는 뜻을 가리키는 데서 비롯되었다는 재미있는 사실을 알게 된 것이다.

3. '둘'의 어원과 의미

가) 재미있는 발견

사람은 혼자 살 수가 없다. 그래서 혼인을 하고 또 친구를 사귀어 더불어 힘께 산다. 그리하여 마음을 나누고 정을 주고받으며 서로 의지하며 산다. 이때 '더불어 함께 산다'에 쓰이는 '더불어'가 놀랍게도 '둘'이라는 수량명사와 같은 말에서 분화된 것임을 알 수가 있다.

'둘'을 『계림유사』(1103)에서는

二日途孛

이라 적어 놓았다. 이 기록에서 우리는 둘(二)을 고려시대의 말로 '두블' 또는 '두볼'이라 했었다는 것을 추정해 읽어낼 수가 있다.

이것은 또한 '더불다'와도 결코 무관한 말이 아닌 것이다. 또 사람을 데리고 온다는 말을 "데불고 온다."고 말하는 남부 방언이 있는데 여기에서 '데불다'는 '더불다'의 변형으로서 '데리다'가 옛날에 데불다'로 쓰였던 흔적이므로, 이 '데리다' 역시 '더불다'에서 바뀌어 온 말임을 우리는 알 수가 있다.

나) '둘'이 걸어 온 발자취

예로부터 술은 말없이 혼자 마시면 제 맛을 알 수가 없고 둘이서 뭔가 이야기를 나누는 가운데 서로 권하며 마셔야 제 맛을 제대로 맛 볼 수 있다고 하거니와 묘하게도 우리말의 수를 헤아리는 말 가운데 '둘'이라는 말의 어형이 바뀌어 온 과정은 '술'을 마신다고 할 때의 '술'이라는 말의 어형이 바뀌어 온 과정과 아주 흡사하다.

『조선관역어』에 보면 '酒數本'이라 적혀 있다. 이것은 술을 고려시대 말로 '슈블'이라 했었다는 기록이다.

이 '슈블'은 좀 부드럽게 말하는 습관이 익어지면서 '슈볼'로 되었다가 이것이 다시 '슈울'과 '슐'을 거쳐 '술'로 바뀐 것이다.

슈블(數本)＞슈볼＞슈울＞슐＞술

'둘'이라는 말의 어형이 '두블'에서 바뀌어 온 과정도 이와 꼭 같은 여정을 거치고 있음을 볼 수 있다. '두블'을 부드럽게 말하는 습관이 익어지면서 '두볼'로 된다. 여기에서 'ㅂ'이 'ㅸ'을 거쳐서 '오'나'우로 바뀌는 일반적 현상에 따라 '볼'이 '울'로 바뀌어 '두울'의 어형을 이룬다. 여기에서 두 음이 단순화되면서 '둘'로 줄어들게 된 것이다. 이처럼 '둘'의 어형이 이룩되어 온 발자취를 정리하면 다음과 같다.

두블(途孛)＞두볼＞두울＞둘

다) '둘'과 이웃하는 파생어들

그러면 '둘'의 근원형이라고 할 수 있는 '두블'은 과연 무슨 뜻으로 처음에 이런 어형을 이루게 된 것일까? 그것은 다음 예문에서 보듯이 오늘날 위를 가리운다는 뜻으로 쓰이는 '덮다'의 옛 어형인 '둪다'와 뿌리를 같이하는 말로 이해된다.

오ᄉᆞ로 모물 둪ᄂᆞ니: (衣以蓋形(永嘉上22)

이 '둪다'(蓋, 覆)는 '둪게'를 거쳐서 '두께'로도 바뀌었다. 또 '둪둪다'를 거쳐 '두텁다'도 나오고 '둪곱다'를 거쳐 '두껍다'로도 바뀌었다. 여기에서 '두께비'도 나왔다. 그러니까 '둪다'가 '둘'의 어원적인 뿌리가 되는 것은 검지로 꼬부린 엄지손가락을 덮어 두 손가락을 더불어서 함께 꼬부려 헤아리는 손가락 꼽는 모습에서 비롯되고 있음을 알 수 있다. 여기에서 손가락 꼽는다는 '꼽다'는 '꼬부리다'와 함께 '곱다'(曲)에서 온 것임은 말할 나위도 없다.

이 '둪다'(蓋, 覆)가 여러 파생어로 분화되는 과정을 보이면 다음과 같다.

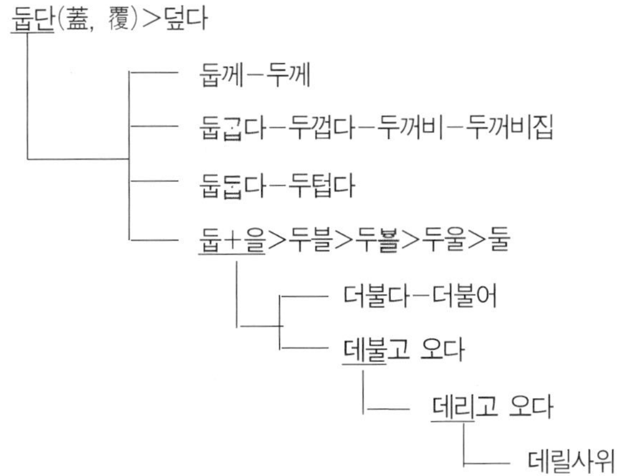

4. 셋의 어원과 의미

가) 셋과 근원을 같이하는 말들

우리는 예로부터 셋이라는 숫자에 늘 이끌려 가기나 하듯이 익숙해져 있다. 어쩌면 하루에 아침, 점심, 저녁에 걸쳐 세끼 밥을 먹는 것이 우리의 일상생활에서 셋의 리듬을 이루는 기본패턴으로 이룩되어 온 것인지도 모를 일이다.

동양철학에서 우주의 기본질서를 이루는 세 가지 요소로서 위로 하늘과 아래로 땅과 그 가운데 사람을 들어 주역의 괘효를 이루는 구조를 설명하는 이른바 '三才'라든지, 불교의 전생, 이승, 저승으로 이어져 '三生'의 바퀴를 돌고 돌아간다고 보는 윤회전생 사상이나, 기독교에서의 창조주인 하느님의 모습도 성부, 성자, 성령의 삼위일체로 보는 것이라든지, 또한 어떠한 어려운 고비에 임해서도 늘 우리는 무엇인가를 시도하면서 닥치는 실패를 극복하는 지혜로 삼시세판의 도전을 하여야 매사를 성취할 수 있다는 야무진 삶의 자세를 가져오고 있다는 데서 셋이라는 숫자에 항상 긍정적인 기대마저 걸고 있음을 알 수 있다. 그러면 이 '셋'이라는 숫자를 나타내는 우리말은 과연 어떻게 이루어진 말일까? 『계림유사』에 보면

三曰 洒厮乃切

이라는 반절법(反切法)표기로 적혀 있어 '三'을 고려시대의 우리말로 '싯'이라 일컬었다는 것을 보여주고 있다. 『조선관역어』에 보면

三色二傘

이라고 적혀 있다. 여기에서 '二'는 책에 따라서는 (水戶本이나 稻葉氏本) '一'로 쓰여 있어서 중국음으로 [i]로 읽어지는 발음임을 보여주고 있다. 따

라서 이 기록은 '三'을 '셔이[ʃəi], 삼[sam]'이라고 읽는다는 것을 나타내고 있다. '傘'은 '산'[san] 또는 '삼'[sam]으로 발음되었던 것을 보여준다. 이 '셔이'가 용비어천가에서는 '세'로 나타나 이미 오늘날의 어형으로 정착되고 있음을 본다.

이것은 만주어에서 셋을 'sertei'라고 하는 것이나 몽고어에서 세 발 작살을 'sere'라고 하는 것과 서로 유사한 발음을 가지고 있는 점을 비추어 볼 때 서로 그 계통에 있어서 유관한 것이라는 비교언어학자들의 견해가 제시되기도 한다.

그런데 이 셋의 옛 어형 '싯(洒廝乃切)'이 '식'로도 쓰이고 있는 것으로 보면 이것은 아무래도 '슷'(間)과 어원상 유관할 것으로 보인다.

① 씨름꾼의 샅바

사이를 뜻하던 우리의 옛말 '슷'(間)에서 파생되어 나온 옛말을 참으로 많다. 이 '슷'은 '스싀'라는 중간과정을 거쳐 곧 '스이', '식'로 바뀌고, 현대적 표기로도 '사이' '새'로 쓰이고 있다. 이 '슷'이 '샅'이라고 굳어져서 두 다리가 갈라지는 사이를 뜻하는 말이 되었다. 여기에 '아구니'가 붙어 '사타구니'라는 말이 나온 것이다. 씨름할 때 두 다리 사이를 묶어서 손으로 붙잡을 수 있게 한 베로 만든 밧줄을 '샅바'라 이름한 것도 여기에서 파생되어 나온 말이다. 허벅지를 씨름할 때 '샅다리'라 하거니와 이것이 일반화된 말로는 '사타리'로 쓰이고 있는 것이다.

② 후미진 골목 고샅

'샅'이 사이를 가리키는 옛말 '슷'에서 바뀐 것임을 역력히 보여주는 것으로서 이 밖에도 여러 가지 근거 있는 보기를 찾아 볼 수 있다. 연일 땀 흘려 억세게 논을 매고 또 거듭되는 부엌일이며 양잿물로 하는 빨래를 거듭하다가 보면 손에 물기가 마를 겨를이 없이 일을 하게 되어 손가락 사이마다 피부가 터지고 물커져서 상하게 된다. 이때 '손샅이 물렀다'고 한다. 여기에서 '손샅'이란 손가

락 사이라는 뜻의 말이다. 그리고 구석진 골목의 후미진 사이를 일컬어 '고샅'
이라 한다. 골목 사이가 곧 '고샅'이 된 것이다.

③ 어린새끼

또한 사람이 자기 아이를 귀여워하는 애칭으로 '내 새끼'라고도 하거니와
일반 동물의 어린 것을 두루 일컬어서 '새끼'라고 한다. 이 새끼라는 말의
옛 어형을 찾아보면 '삿기'라고 하고 있음을 볼 수 있다.
『월인석보』에 보면

象과 쇼와 羊과 鹿馬ㅣ 삿기 나ᄒ며(月釋 2:44)

라 하였고, 또 『두시언해』에 보면

ᄀ름   우횟 져븨 삿기 짐즛 오ᄆᆞᆯ
ᄌᆞ조 ᄒᆞᄂ다: 江上鷰子故來頻(杜解 10:7)

라 하였다. 이 '삿기'가 오늘날 '새끼'로 바뀌었거니와 이 말의 뿌리는 두 다리
의 사이를 가리키는 '샅'의 옛말인 '슷'에서 찾을 수가 있다.
이 사이를 뜻하는 '슷'에 명사형 접미사 '기'가 더해져서 '슷(間)＋기(接尾
辭)'의 조어구조로 '슷기'를 이뤄 '삿기＞새끼'로 변형된 것이다.

④ 돌 틈에서 솟는 샘물

다른 한편으로는 '슷'이 '스이＞사이'나 그 줄어든 형태로서 '싀＞새'로 쓰이
면서 '싀다＞새다(洩)'의 어형을 이루었다. 돌 틈에서 물이 새어나오면 우리는
이를 샘물이라고 하거니와 이 말도 역시 '싀(洩)다'가 명사형을 취함으로써 '심
(泉)'이 되고, 여기에 다시 '물(水)'이 덧붙어서 '심믈＞샘물'의 어형을 이루어
낸 것을 보면 우리말의 근원적인 원천을 찾아낸 듯하여 반갑기 그지없다. 이

샘물은 우물과 느낌은 비슷하면서도 그 실체는 서로 다르다. 샘물은 돌 틈 사이에서 새어나오는 물을 받아먹는 식수로서 이른바 약수라고도 일컫는 물임에 비하여 우물은 땅 밑으로 깊이 움을 파서 고이는 물을 두레박으로 길어올려서 먹는 식수이기 때문이다.

나) 세 번째로 꼽는 가운데손가락

예로부터 우리는 수를 셀 때 손가락을 차례로 꼬부려가며 헤아리고 그것도 모자라면 다시 꼬부린 손가락을 차례로 펴가면서 헤아리는 가장 손쉽고 확실한 방법을 찾아내어 이용해 온 것이다. 이 점에 유의하면서 우리말에서 수를 헤아리는 말이 생기게 된 내력을 더듬어 찾아보면 매우 흥미로운 사실을 발견할 수 있게 된다. 가장 통통하고 굵은 손가락이 엄지다. 엄지(拇指)란 어미손가락이라는 뜻이다. 하나는 엄지손가락 한 낱을 꼬부리며 헤아린 데서 ‘흔(一)＋낟(粒, 個)’의 조어구조를 얻어 오늘날의 ‘하나’가 되었음을 알 수 있다. 다음은 엄지 옆에 인지가 나란히 있다. 인지(人指)는 사람을 가리키는 손가락이라는 뜻이다. 둘은 엄지손가락 하나 꼬부린 데다 더불어서 인지 하나를 더 덮어 포개어 꼬부려서 헤아리는 데서 ‘둡(覆)＋을(어미)’(덮을, 더불을)이라는 조어구조를 얻어 오늘날의 ‘둘’이라는 말을 얻게 된 것임을 확인할 수 있다. 이번에는 셋도 손가락을 꼬부려가며 수를 세는 방법에서 이 말의 뿌리를 찾을 수 있음을 우리는 깨닫게 된다. 앞에서 우리는 셋의 옛말이 사이라는 뜻을 가진 옛말 ‘솟(間)’에서 바뀐 ‘싀’이라는 것을 확인한 바 있다. 여기에서 우리는 우리의 손바닥을 활짝 펴고 다섯 손가락을 쭉 훑어보면 가운데손가락인 중지가 한가운데 자리하여 가장 길다는 것을 확인할 수가 있다. 중지(中指)란 바로 가운데손가락이라는 뜻의 한자말인 것이다. 이 중지는 다섯 손가락 가운데 양쪽 두 개씩의 손가락 사이에 놓여 있다. 이 사이손가락을 꼬부려 꼽으면 그것이 셋을 헤아리는 셋의 동작인 것이다. 따라서 우리말의 셋이라는 말의 근원적인 뿌리는 손가락을 꼬부려가며 수를 헤아릴 때 엄지를 먼저 꼽고 나서 다음 두 번째로 인지를 꼽고 그리고 나서 세 번째로 사이손가락인 중지를 꼬

부려 꼽는 셈의 자세에서 비롯된 것이므로 셋의 어원적인 어형은 '솟'이요, 이
것이 고려시대의 말을 기록한 『계림유사』에서와 같이 '싯'(洒廝乃切)으로도
바뀌고, 이것이 다시 '스이'를 거쳐 『조선관역어』에서와 같이 '셔이 > 서이'(色
二)로 바뀌었다가 또다시 변형을 거쳐서 오늘날과 같이 '세, 셋'으로도 바뀐
것이다. 따라서 '셋'이라는 말의 어원적인 의미는 다섯 손가락 가운데 양쪽 두
손가락의 '사이' 곧 중지가 세 번째라는 것을 뜻한다는 사실을 알 수가 있다.
　이처럼 '셋'은 '五指 中央의 長指'를 꼽는 셈의 자세에서 이루어진 말이
므로 이 '셋'이라는 말이 다른 파생어들과 함께 싹터 분화되어 나온 말의
계보를 다음과 같이 정리할 수가 있겠다.

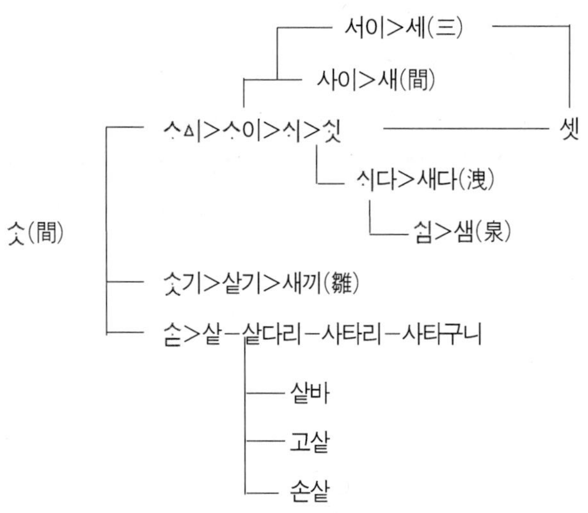

　이렇게 하여 우리는 우리말 하나, 둘, 셋의 근원적인 어형을 찾았고, 그 의
미를 규명해냈다. 이제 우리는 바야흐로 우리말 수 개념을 나타내는 말들의
뿌리를 캐는 작업에 박차를 가할 수 있는 힘찬 발걸음을 내딛게 된 것이다.
　'천리 길도 한 걸음부터'라는 말이 있다. 이제부터 우리는 아직도 앞으로
한없이 많이 남아 있는 수에 대하여 이를 헤아리는 우리말들에 담긴 선인들

의 슬기와 값지고 알진 의미를 찾아 부지런히 탐색의 길을 달려 나갈 수 있는 실마리를 찾아낸 것이다.

5. 마무리

우리말 가운데 수를 셈하는 말 몇 가지의 어원을 추적하여 그 근원적인 의미를 정리한 이 글에서 규명한 바를 요약하면 다음과 같다.

첫째, 수를 센다는 말의 '세다'나 '셈'을 한다는 말의 근원형은 '헤아리다'의 옛말인 '혜다'로 추정된다. 그 근원적인 의미로서 마음속으로 분간하여 가려서 살핀다는 웅숭깊은 뜻을 담고 있다는 것을 확인할 수 있었다.

둘째, '하나'라는 수 개념에 말을 결부시켜 '하나님'이라는 말을 하나밖에 없는 창조주로서의 유일신이라는 의미를 부여하기를 강조하고 있는 일부 기독교의 억설을 우리말 어원조명의 차원에서 명쾌히 비판하였다. '하나님'은 하늘의 옛말 '하늘'에서 온 것으로서 '하늘(天)＋님(主, 존칭)'의 조어구조로 이룩된 옛말 '하ᄂ님'에서 굳어진 평안도 지역 방언이고, 우리나라 초기 성서 번역이 평안도 지역 청년의 손에서 『예수셩교젼서』로 이루어진 경위를 댐으로써 '하나님'은 마땅히 표준어로서는 '하늘＋님'의 조어구조로 풀이되는 '하느님'으로 써야 마땅함을 밝혔다.

셋째, '하나'의 옛말을 향가 이래로 'ᄒ둔'으로 썼음을 근거로 하여, 그 원형은 홑이불의 홑(單)이나 홀아비의 '홀(獨)'과 맥을 같이하여 파생시킨 '혼'으로 설정하고 그 이전의 어형변화는 'ᄒ밧＞ᄒ봇＞ᄒ온＞혼'의 과정을 거친 것으로 풀이하였다. 단독을 뜻하는 이 '혼'이 곡식 알맹이를 뜻하는 낟(穀, 粒)과 만나서 '혼＋낟＞ᄒ나＞하나'의 변화과정을 거쳐 오늘날의 '하나'가 이루어진 것이므로, 여기에는 엄지손가락을 꼽아 하나를 세면서, 원시농경문화 시대의 우리 선인들이 땀을 흘리고 정성들여 가꿔 얻은 값진 곡식의 홑 낟알을 알뜰히 아끼는 정성을 그 어원적인 의미로 담아 놓은 것을 오늘날까지 간직하고 있음을 밝혔다.

넷째, 둘은 '덮다'와 '더불어'의 근원어형인 '둡다'의 관형형 '두볼'에서 온 것으로, 손가락을 꼽아 헤아릴 때 엄지에 인지를 덮어 포개어 더불어 함께 꼬부린다는 근원적인 뜻을 그 말에 담고 있다는 것을 해명했다.

다섯째, '셋'은 고려시대의 옛 어형 '싯'에 근거하여 사이를 뜻하는 옛말 '슷'에 그 어원적인 뿌리를 두고 자라 온 말로 풀이하고, 손가락으로 셋을 셀 때 엄지, 인지와 약지, 무명지의 양쪽 두 개씩의 손가락 한가운데 중지를 꼽는다는 것을 그 어원적인 뜻으로 간직하고 있다는 것을 해명하였다.

[나] 수를 셈하는 지혜

1. 손가락

사람은 두 손에 각각 다섯 손가락을 가지고 있어 모두 열 개의 손가락을 지녔다. 조물주는 사람을 참으로 신묘하게도 만들어 놓았다는 것을 우리의 손에 붙어있는 열 손가락을 보면서 탄복하지 않을 수 없다. 이 세상에는 무한히 많은 수가 있지만 그 모든 수는 열을 단위로 하여 열 개를 열 번씩 포개나가는 이른바 십진법에 의해 세어나간다. 우리는 양손에 각각 다섯 개씩 붙어 있는 열 개의 손가락을 가지고 이 엄청나게 많은 수를 헤아려 나가는 기본원리라 할 수 있는 십진법의 단위수인 열의 수를 헤아릴 수 있다. 이 열의 수를 열 손가락으로 세어나가는 것을 십진법의 원리로 곱절씩 세어나가면 무한량의 수를 세어나갈 수가 있기 때문에 열 손가락이야말로 우리의 생활에 필요한 수를 헤아리는 주판이라 할 수 있고, 나아가서는 그 십진법의 원리만 잘 이용하면 한없이 많은 수를 세는 기초가 되기 때문에 어쩌면 인체에 붙어있는 수량계산 기능을 담당한 컴퓨터 장치라 해도 과언이 아닐 것이다.

열의 수를 세려면 양손을 펼쳐서 열 개의 손가락을 동원할 필요가 있겠지만 더욱 간편한 원리를 적용하면 한 손만 가지고도 거뜬히 열의 수를 셀 수가 있다. 그 간편한 방법이란 다름이 아니라 한 손을 둥근 주먹으로 불끈 쥐었다가 넓은 손바닥으로 활짝 폈다가 하는 동작으로 한 손에 붙어있는 다섯 손가락을 꼬부려 꺾으면서 다섯을 세고, 쭉쭉 손가락을 펴면서 다시 다섯을 추가하여 셈으로써 열의 수를 한 손으로 충분히 세어나가는 방법을 말한다. 이렇게 한 손으로 열을 한 번 세고 날 때마다 쉬고 있는 다른 또 한 손의 손가락을 하나씩 굽혔다가 다시 또 펴나가면 거뜬히 열을 열 번 세어 백의 수를 헤아릴 수가 있는 것이다. 백을 순수한 우리의 옛말에서는 '온'이라 하였다. 이것은 모든 것 또는 완전한 것을 뜻하는 말이었다. '온갖'이라는 오늘날 말의 '온'이 바로 백을 가리키었던 옛말 바로 그것이었다. 이렇게 보면 열 손가락으로 온갖 수를 다 셀 수 있다고 봤다는 뜻으로도 풀이된다. 오늘날 '곱셈'의 원리로 꼽고 있는 '곱절'이라는 말이 바로 이와 같이 손가락을 '꼬부려 꺾는다'는 뜻에서 생긴 말이다. 우리는 한겨울에 추워서 손가락이 잘 펴지지 않으면 '손이 곱다'는 표현의 말을 한다. 이때의 '곱다'가 '굽다(曲)'라는 말로 바뀌기도 하고 이 말들이 다시 '꼬부리다'나 '꾸부리다'라는 말까지 파생시킨 것이다. 곱셈의 '곱'이나 곱절의 '곱'이 모두이 손가락을 굽히는 동작에서 발달한 말임은 두말할 나위도 없다. 이 곱절의 '절'은 꺾을 절(折)자의 한자음에서 온 것으로 꾸부려 꺾는다는 뜻으로 붙은 말이다. 이 '곱절'이 오늘날 '갑절'이라는 어형으로 바뀌어 쓰이게 된 것이다.

2. 수를 적는 지혜

우리는 서양의 가로쓰기 글에 익숙한 사람들이 써오던 로마숫자를 써나가다 보면 옛 사람들의 아주 특이한 지혜를 발견하게 된다.

하나를 Ⅰ이라 하여 작대기 하나를 세로로 긋고, 둘을 Ⅱ라 하여 작대기 둘을 세로로 긋고, 셋을 Ⅲ이라 하여 작대기 세 개를 그어서 문자화하고 있다.

이것은 동양의 세로쓰기 글에 익숙한 사람들이 써오던 한자에서 하나를 一하라 하여 막대기 한 개를 가로로 긋고, 둘을 二라 하여 막대기 두 개를 가로로 긋고, 셋을 三이라 하여 막대기 세 개를 가로로 그어서 문자화하고 있는 원리와 아주 닮았다는 사실을 놓고 우리는 신기해하지 않을 수가 없다. 이것은 아마도 옛날 사람들이 기본적인 수를 헤아림에 있어서 양손에 달려 있는 우리의 손가락을 사용하였고, 이것을 상형한 문자를 세로 작대기나 가로 막대기의 꼴로 적어서 그 획을 더해 가는 방식으로 늘어가는 수를 기록하는 방법으로 삼은 데서 비롯된 것으로 추정된다.

더욱 재미있는 것은 넷부터 막대기를 더해 가는 방법을 그대로 쓰지 않고 별도의 방법을 강구했다는 점에서도 서양의 로마숫자나 동양의 한자가 약속이나 하듯이 일치하고 있다는 점이다.

이것은 아마도 열의 수에 대한 절반이 다섯이고 우리의 한 손이 가지고 있는 손가락의 수가 다섯인데 이 다섯의 수보다 일보 직전에 놓인 넷의 수에 이르면서 이 획의 수가 단조롭게 많이 포개어지는 것을 다른 방법으로 적을 수 있는 묘안을 찾아냈기 때문이 아닌가 한다. 다시 말하면 손가락 다섯을 다 셀 때마다 다른 문자로 바꿔 쓰기도 하고 그 바꿔 쓰인 문자하나 앞에서는 하나가 모자란다는 기호를 넣어서 적는다든지, 또 그 발음하는 방법을 따라 새 문자를 적는다든지 할 수 있고, 또 그렇게 하는 것이 편하겠다는 생각에서 그렇게 된 것이리라 믿어진다.

대체로 수의 기본을 열로 삼는데 이것은 양손의 손가락이 열 개 있음으로 인해서 생긴 지혜이리라. 이 열이 세어질 때마다 한 손을 오므렸다 폈다 하는 동작이 한 번 이루어졌다는 것은 다른 손으로 꼽아나가면 열 번을 꼽아서 양손이 온전히 다 동원되는 일을 끝내면 그것이 '온(百)'이 되었다는 사실은 참으로 신기하다.

이 온을 다시 열 번 세기 위해서는 양손을 모두 주먹으로 쥐었다 폈다 하는 동작을 거듭 열 번을 해 나가야 되는데 이 동작을 우리는 '쥐믈다'(주무르다)라는 말로나 나타낼 수 있는 그런 동작을 해야 했다. '쥐믈다'라는 말의 '쥐'는 주먹을 쥔다는 옛말 어근이요, '믈다'의 '믈'은 물의 옛말로서 물렁물렁하다는 말의 어근이다. 양손을 쥐었다 폈다 하는 동작을 거듭 반복하면 그것은 다리가 아플 때 주무르거나 빨래를 빨기 위하여 주무르는 동작과 같은 행위가 이루어진다. 이 동작을 나타내는 옛말 '쥐믈다'의 관형형은 '쥬믄'의 어형이 될 것인데 이것이 천의 수를 가리키는 옛말 '즈믄(千)'의 어형을 이룬 것이 아닐까 한다.

이렇게 하여 열을 열 번 센 '온(百)'을 다시 온 번 세면 만이 되고, 만을 만 번 세면 억이 되는 것이 아닌가?

그런데 이처럼 수의 기본이 되는 열의 수도 그 절반인 다섯을 기준으로 나누어 생각하는 관습에 우리가 익어져 있는 것도 한 손이 다섯 손가락을 가진 데 기인한 것으로 본다. 그리하여 손가락을 하나씩 그려 막대기를 세로나 가로로 그어 문자화한 것과 같은 원리에서 알을 하나씩 올려 보태어가는 주판의 산법을 개발한 것이 아니겠는가? 이 주판의 산법에서도 우리는 다섯을 단위로 그 알을 세어 보태어 가는 방식을 바꾸고 있음에 유의할 필요가 있다. 주판의 상단에 있는 알 하나가 손가락 다섯을 움직이는 동작이 한 번 이뤄졌다는 것을 담당하여 표시해 주는 기능을 하고 있기 때문이다. 이 다섯이 두 번 겹치면 열이 되는 것을 동서고금에 두루 통하는 인류의 기본적인 사고방식으로 이루어 놓고 있는 것이다. 이것을 역사적인 우연의 일치로 보기에는 너무도 완전하고 정확하다.

3. '넷'의 어원

필자는 수를 세는 말에서 '하나'가 원시농경시대의 문화에서 싹튼 말로서 곡식 낟알 하나를 소중히 여겨 애써서 아껴 가꾸는 정성으로 이루어진 홑낱의 옛말 '혼 낟(一粒)'에서 바뀐 것으로 엄지를 하나 꼬부려서 나타냈던 말이라는 사실을 이미 밝힌 바 있다.

또 덮는다는 옛말 '둡다(覆)'가 관형형을 취하여 '두블'이나 '두볼'로 쓰이던 것이 '더불어'와 '둘'로 각각 바뀐 것이므로 둘은 엄지를 꼬부린 데에 검지를 다시 더불어 함께 꼬부리는 동작에서 온 말임을 추적해서 밝혔다. 그리고 손바닥을 펴서 보면 가운데 가장 길게 뻗어 있는 장지가 양쪽 두 손가락 사이에 있어서 순서로 보면 세 번째에 놓여 있다는 사실에서 양쪽의 사이를 뜻하는 옛말 '슷(間)'에서 '스싀' '스이'를 거쳐 '싀'가 되고 이것이 '三'을 가리키는 '싯(三洒厮乃切)'을 이루어 오늘날의 셋이라는 말이 되었다는 사실까지 밝힌 바 있다.

그렇다면 넷은 과연 무엇일까? 이 말의 뿌리를 찾기 위해서도 우리는 가장 근거 있는 확실한 방법으로서 우리가 찾아 볼 수 있는 가장 오래된 옛 문자의 기록에서 확인하면서 추적하는 일을 해야 할 필요가 있다.

한자의 가장 오래된 원초적 자형을 우리는 '契文'이라 하거니와 이때에 넷을 상형해서 쓴 문자로 가로 막대기 넷을 나란히 늘어 놓아 '☰'로 써서 오늘날 四의 원초형으로 삼았던 사실을 확인할 수가 있다. 이때의 가로 막대기의 획 하나는 손가락 하나를 상형한 것이므로 '☰'는 곧 손가락 넷을 상형한 것이다.

'契文'이란 기원전 1500년경의 중국 은나라시대(殷代)의 갑골문자(甲骨文字)를 가리켜 이르는 말이다. 갑골문자라는 이름은 곧 거북의 등딱지에나 소와 같은 짐승의 뼈에 새긴 중국 고대의 상형문자를 일컫는 말이다. 이것은 중국한자의 시초가 되는 것으로 처음에는 점복(占卜)의 기록을 새긴 데서 비롯되었다고 한다. 하남성(河南省)의 은허(殷墟)에서 많이 발견되었던 것이다.

넷을 가리키는 문자가 '☰'로 쓰이던 관습은 기원전 1050년경부터 시작되는 주나라시대(周代)의 금석문(金石文)에서도 여전히 이어져 내려왔던 것이다. 금석문이란 글자 그대로 돌이나 쇠붙이에 새긴 글자를 가리키는 것으로서 비석이나 종 등의 옛 유물에서 발견되는 초기의 문자형태를 말한다.

그러다가 기원전 403년 이후부터 시작되는 전국시대(戰國時代)의 이른바 금문(金文)이라 하는 금석문의 후속문자에서 비로소 넷을 가리키는 문자의 자형이 ☒로 바뀌어 나타난다. 이 글자형의 외곽에 물러있는 선은 입(口)을 상형한 것이요, 그 가운데 그려진 것은 입 안에서 말소리를 조절해서 내게 하는 혀(舌)와 날숨(氣息)을 그린 것이다. 이것은 새로 만들어낸 별도의 글자로서 단조롭게 '一, 二, 三, ☰'와 같이 계속 획을 더해가는 방식에서 획의 수가 많아짐에 따라 문자로서의 꼴이 마땅치 않다고 생각되어 밖에다가 네모를 씌우고 가운데를 네 획으로 그냥 남겨 놓지 않고 입 안의 혀와 날숨을 상형하는 방식으로 변형을 취한 것이라고 풀이되는 자형이다. 이것이 뒤에 획이 많다고 생각되어서인지 한 획을 줄여서 ☒로 쓰다가 이윽고 한 획을 또 더 줄여서 '四'로 쓰게 된 것이 오늘날의 한자 '四'로 정착하기에 이른 것이다.

　참으로 신기하고 묘한 것은 이처럼 ‘三’에서 변형을 도모한 ‘四’자를 두고 볼 때에 로마자에서도 넷을 처음에는 ‘||||’로 작대기를 네 개 그어서 Ⅰ, Ⅱ, Ⅲ의 문자와 같은 방식으로 획을 추가하는 자형을 취해 써 오다가 뒤에 하나를 더하면 다섯이 된다는 발상이 일어나면서 다섯을 나타내는 문자 Ⅴ앞에 한 획을 미리 그어서 Ⅳ로 넷을 나타내는 문자로 새로 변형을 만들어내었던 발상과 너무도 닮았다는 사실이다.

　그러면 우리말에서는 처음 넷을 어떻게 말했었는지 가장 먼저 기록한 옛 문헌에서 찾아보기로 한다.

　고려시대의 말을 적어 놓은 문헌『계림유사』에 보면

　　四曰酒

라고 적혀 있다. 이것은 ‘四를 닉라 한다’라고 풀어 읽을 수 있는 기록이므로 ‘四’를 분명 고려시대 말로는 ‘닉’ 또는 ‘네’라고 말했었으리라는 추정을 가능하게 한다. 그러면 이 ‘닉’나 ‘네’는 무엇을 뜻하는 말로 이루어졌던 것일까? 이것은 아마도 가장 먼저 달려있는 짧고 굵은 엄지로부터 손가락을 하나씩 꼬부리기 시작하여 인지를 더불어 꼬부리고, 양쪽 두 개씩의 손가락 사이에 있는 장지를 꼬부리고 나서, 이번에는 한약을 달여서 먹을 때 약 그릇에 넣어 담가보아, 마실 수 있는 적당한 온도인가를 확인하는 데 소용되는 약지를 하나 더 넣어서 꼬부림으로써 넷을 세는 동작을 하였던 데서 붙는 이름이라고 추정된다.

　‘넷’이라는 말은 약지를 하나 더 넣어서 꼬부린다는 뜻으로 ‘넣다(入)’의 어근 ‘넣’을 써서 ‘넣이’라고 중얼거리며 세는 말을 했던 데서 비롯된 것으로 보인다. 지금도 시골에서 추수한 곡식을 말이나 되로 되어서 가마니나 궤짝 또는 그릇에 퍼부으면서 셀 때에 그 세는 소리를 들어보면 셋과 넷을 세는 말을 ‘서이, 너이’라고 하는 것을 듣는다. 이때 ‘서이’는 ‘사이’에서 오고 ‘너이’는 ‘넣이’에서 온 말임을 쉽게 풀 수 있는 디딤돌이 되어 준다.

여기에서 말이나 되를 붙이면 더욱 분명하다. '서 되, 너 되'라고 세는 말에서나 '서 말, 너 말'이라고 세는 말에서 '넷이, '너'로 쓰이고 있는 것을 보면 더욱 그러하다.

또 한 개, 두 개라고 셀 때처럼 '개'라는 단위를 붙이면 세 개, 네 개라고 말하며 세게 되는데 이때의 '세'나 '네'는 각각 '서이, 너이'가 한 음절로 줄어든 꼴임을 분명히 알 수 있다. 사람도 생각이나 성격이 비슷한 사람끼리 자주 만나게 되고 또 생면부지의 남녀가 서로 만나서 부부가 되어 살다가 보면 서로 닮는다고 하거니와 말도 서로 이웃하여 나란히 쓰이다가 보면 모르는 사이에 서로 닮는 수가 종종 있다. 우리가 자주 음식상에서 대하게 되는 '상추'는 '상치'로 쓰이던 말인데 늘 이웃하며 나란히 쓰이는 '배추'를 닮아서 '상추'로 바뀌게 되었다. 수를 세는 말 가운데서도 서로 닮아서 비슷한 어형으로 두루 같이 바뀌어가며 쓰이고 있는 예로서 우리는 '서이, 너이' 또는 '서 말, 너 말' 또는 '세 개, 네 개'로 쓰이는 등 비슷한 변형을 함께 이루고 다니는 셋과 넷을 들 수가 있다. 이 셋과 넷은 말하자면 마치 어린아이들의 소꿉동무들이 짝꿍을 이루고 다니는 이치와 비슷하다 하겠다. 수를 셈하는 말 가운데 이처럼 짝꿍을 이루는 또 한 쌍의 말이 있다. 그 한 쌍의 수의 이름은 과연 무엇일까? 그것은 다름 아닌 다섯과 여섯이라는 수의 이름이다. 이 말이 줄어들어서 쓰일 때 보면 이를 분명히 알 수가 있다. 되나 말을 단위로 하여 셀 때에 '닷 되, 엿 되'나 '닷 말, 엿 말'이라고 쓰는 것이 아닌가? 그렇다면 이 말들은 과연 어떤 뿌리에서 자라 온 무엇을 뜻했던 말이었을까?

4. '다섯'의 어원

우리는 수를 셀 때에 가장 간단한 방법으로 엄지손가락부터 꼬부리고 그 위에 인지와 중지 그리고 약지와 무명까지를 엎어 씌우듯 손가락을 하나씩 꼬부려 가면 다섯을 셀 때에 이르러서는 손가락 다섯이 모두 야무지게 꼬부려져서 엄지를 안으로 쥔 주먹모양을 이루어 손을 굳게 닫는 모양을 이루게 된다. 이처럼 손을 주먹으로 쥐어 닫는다는 뜻을 담아 '닫다'의 어근 '닫(閉)'이 다섯이라는 말의 어근 '닷'으로 이름 지어진 것이라는 추정을 할 수 있다. '닷 되(江升)'니 '닷 말(五斗)'이니 할 때의 '닷'이 '五'를 가리키는 순 우리말의 뿌리다. 이 '닷'이 [닫]으로 발음되고 있다. 이것을 보면 손을 폈다가 손가락을 하나씩 꼬부려 이윽고 손바닥이 보이지 않게 손을 꼭 닫아 버려서 주먹을 쥐는 형상을 이루었다는 뜻을 담은 '닫'에 다섯의 어근 '닷'을 [닫]으로 발음하고 있는 것과 유관하다는 추정이 가능하다고 우리는 말할 수 있는 것이다. 이 말의 뿌리에 대해 좀더 근거 있는 풀이를 하기 위하여 이 '다섯'의 옛 어형을 문헌에서는 어떻게 기록하고 있는지를 우선 살펴보기로 하자.

『계림유사』에서는 다섯에 대하여 다음과 같이 적혀 있음을 본다.

五曰打戌

이것은 '五'를 일컬어 '다슌' 또는 '다슷'이라 한다는 말로 풀이된다. '다슷'의 두 번째 음절을 '슷'이라는 한자음으로 적을 수 없으니까 가장 비슷하게 '슗(戌)'이라는 음의 글자를 빌어서 쓴 것으로 보인다. 그러면 이 '다슷'은 어떻게 닫다의 '닫'에서 바뀐 것일까 하는 문제를 풀이할 수 있느냐가 남은 문제로 부각된다. '닫다'의 어근 '닫'이 '닷'의 어형으로 쓰이면서 '닷 ᄋ'나 '다ᄉ'로 중간 어형 변화과정을 거쳐 '다슷'이나 '다슷'의 어형으로 익어져 오늘날의 '다섯'을 이루어 온 것이 아닐까 한다. 문을 닫는다는 '닫다'가 '닷다'의 어형으로 쓰인 옛말의 용례가 나오는가?

닷다: 폐(關門⇔同文上 35)

에서와 같이 옛 기록에 바로 나타나 분명한 자료를 근거 있게 제시해 주어서 다섯의 어형을 추적하고 있는 우리를 매우 반갑게 한다.

또한 다섯을 '닷'으로 쓰고 있는 용례는 다음과 같은 우리의 속담으로 잘 나타나 있다.

닷 돈 보고 보리밭에 갔다가 명주 속옷 찢었다.

이 속담은 보리이삭 주우러 보리밭에 갔다가 적은 삯을 얻으려 품을 팔러 가벼운 마음으로 간 것이므로 작은 이익을 탐하다가 값비싼 명주비단으로 만든 실크속옷을 찢었으니 도리어 큰 손해를 보았다는 뜻인데 이때 쓰인 닷 돈은 오전(五錢)어치의 적은 돈을 가리키는 것으로 닷돈의 '닷'이 다름 아닌 '다섯'의 어근인 것이다. 여기에서 감칠맛 넘치는 함축성을 보이는 것은 '닷' 을 다섯으로 보느냐 닫는다는 말로 보느냐에 따라 그 의미가 사뭇 달라지고 또 보리밭에 보리이삭을 줍는다든지, 적은 삯에 품을 판다는 풀이를 어떻게 해석하느냐에 따라 다분히 풍자적인 의미로도 해석을 할 수 있는 미묘한 뉘 앙스를 담고 있다는 점이다. 우리의 옛 선인들은 늘 말 한 마디에도 재치가 넘치는 표현을 하고 있음을 본다.

그런데 다섯을 나타내는 가장 원시적인 문자는 과연 어떻게 썼었을까? 중 국의 원초적인 상형문자라고 할 수 있는 갑골문자로서의 은나라시대의 '契 文'에서는 다섯을 'ㄨ'로 상형해서 썼다. 이것은 무엇을 상형한 것일까? 이 것은 엄지손가락과 새끼손가락을 펴서 거기에 실을 엇갈리게 감던 모습을 상형한 것으로서 이는 엄지에서 무명지까지 다섯 손가락을 모두 다 동원하 여 세면 다섯의 수가 됨을 보인 것이다. 이렇게 이루어진 문자 'ㄨ'는 실패 나 실 감는 기계로도 풀이되는 상형문자였다. 원시금석문에 보면 다섯을 두 가지 자형으로 쓰고 있음을 본다. 한 가지는 '☰'로 써서 가로 막대기 다섯 을 포개어 놓아 다섯 손가락 모두를 상형해서 쓰는 한편, 앞에서 보인 '契 文'에서의 'ㄨ'를 간소화시킨 자형을 쓰기도 하여 엄지와 무명지에 실을 감 던 모습의 상형문자가 곧 첫째 손가락에서 끝의 손가락까지 동원된 수가 다섯임을 보이기도 하였다.

오늘날의 한자 五는 가장 원초적인 '契文'의 자형 'Ⅹ'나 'Ⅹ'처럼 다소 변형시킨 것임을 우리는 전자체(篆字體)로 쓴 지폐의 한자를 보면서 확인할 수가 있다.

5. 새로운 출발 '여섯'

다섯은 '닫다'의 옛말 어근 '닷'에서 그 어원을 찾아 풀이할 수 있었거니와 이 다섯과 가장 닮은 어형을 가진 여섯은 또한 어떻게 풀이되는 말일까?

우리는 손가락을 꼬부려가며 다섯까지 세면서 이윽고 손을 꼭 닫았던 자세에서 방법을 바꾸어 드디어 손가락을 쭉 뻗어서 펴나가는 셈으로 여섯부터 바꾸어 시작하기에 이르렀다. 우리는 하나에서 열까지 수를 세는 우리말 가운데 여섯이라는 말의 뿌리를 캐내어 확실하게 설명하기가 가장 쉽지 않다는 것을 느끼게 된다.『계림유사』에 보면

　　　六曰逸戌

이라 적어 놓고 있다. 이것은 '六'을 고려시대의 우리말로 '여슌' 또는 '여슷'이라 일컬었었다는 뜻으로 풀이되는 기록이다. 그러면 이 여섯의 어원적인 뿌리가 되는 어근은 무엇일까?

'엿 되'니 '엿 말'이니 하는 예에서 보듯이 여섯이 종종 줄어서 '엿'으로 쓰인다. 이것을 다섯이 '닷'으로 쓰이고 그 어근 '닷'이 [닫]으로 발음되는 이치와 견주어 볼 때 여섯의 어근은 '엿'이요 그 발음은 [엳]으로 소리남을 알 수가 있다. 이것은 열다(開)의 어근 '열'과 유관한 발음이라고 생각한다. 그러면 왜 '열'이라 하지 않고 [엳]으로 썼을까 하는 의문이 제기된다. 그것은 손가락을 하나씩 펴기 시작하여 이윽고 손가락 다섯이 다 열려진 수의 셈을 다 열렸다는 뜻으로 '열'이라고 말하는 것과는 구분되어야 할 필요에서

있음에 틀림없다. 그러면 열리기 시작한다는 뜻을 담으면서 다 열렸다는 뜻과는 구별되는 말을 어떻게 만들어 쓰면 좋았다고 생각되는가? 이것은 매우 쉬울 것 같으면서도 극히 어려운 문제로 심한 갈등을 느끼게 하는 과제가 아닐 수 없었을 것이다. 이 어려운 갈등을 우리의 옛 선인들은 '열'을 열리는 음이 아닌 닫힌 음, 곧 입성(入聲)으로 소리내어, 마치 '戌'의 음을 '술'로 하지 않고 '슗'으로 [숟]처럼 입성의 소리로 읽었던 이치와 같이, '엻'과 같은 음을 가정하여 [엳]으로 소리나는 말을 설정하였던 것으로 보인다. 이렇게 굳이 할 필요성은 10을 가리키는 '열'과 구분하기 위해서도 생각될 수 있었을 것이로되 다섯과 가장 가까이 있어서 다섯의 준말 '닷'의 음이 [닫]으로 소리나는 것을 닮아 쓰이는 데서도 그렇게 할 필요성이 있었을 것으로 추정된다. 이것은 마치 '셋'이라는 말이 사이를 뜻하는 옛말 '슷'(間)에서 '스싀'나 '싀'를 '사이'나 '새'로 바뀌는 과정과는 별도로, 바로 이웃하고 있는 '넷'이라는 말이 '넣이'(入)에서 '너이'와 '네' 또는 '넷'으로 바뀌는 과정에 동화되어 '서이'와 '세' 또는 '셋'이라는 말로 굳어져 버린 이치와 아주 유사한 음운전이에서 오는 어형변화라고 생각된다. 다섯까지 세는 동안 꼭 닫혔던 주먹에서 여섯을 세면서 비로소 무명지부터 처음으로 펴서 손을 열기 시작하는 손가락셈에서 여섯을 세는 이 첫 손 열기의 '열'은 다섯을 이웃으로 하여 동고동락하는 정을 아직 버리지 못하기라도 하듯 [닫]을 '닷'으로 쓰는 것과 꼭 닮아 가지고 '열'(開)의 닫힌 소리 '엻'의 음가 [엳]이 '엿'으로 쓰이게 된 것으로 풀이할 수 있다. 더욱 이 풀이를 신빙성 있게 도와주는 것은 '닷'이 명사형 접미사 '읏'을 만나 '다읏'으로 쓰였음 직한데, 이것이 여기서의 옛 어형 '여슷'을 닮아 '다슷'으로 곧 굳어졌다가 오늘날 '다섯'으로 정착되기에 이르렀다고 보이는데, 이 다섯은 이웃하여 닮아갔다고 보는 여섯의 어형변화를 보면 어근 '엿'이 '여슷'으로 바뀌어 이와 닮아 온 '다슷'과 나란히 굳혀져 쓰이다가 오늘날에 와서는 다시 '다섯'과 나란히 역으로 닮아가서 '여섯'으로 정착되고 있다는 사실이다. '여섯'의 어원적 의미는 로마숫자 'Ⅵ'과도 일치한다.

사람도 같은 무리끼리 서로 내왕하면서 지낸다는 뜻을 담은 유유상종이라는 말이 있듯이 수를 세는 우리말에도 '셋'과 '넷'이 하나의 짝을 이루어 서로 닮아가며 같은 어형변화를 거쳐 오고 있는 것과 아주 유사하게, 또한 '다섯'과 '여섯'이 또 하나의 짝을 이루어 서로 닮아가며 같은 어형변화를 거쳐 오늘날 어형으로 정착되기에 이른 것임을 우리는 아주 흥미롭게 추적하여 정리해 볼 수가 있는 것이다.

그런데 여섯을 나타내는 한자 '六'은 과연 어디서 온 것일까? 지금까지 우리는 하나에서 시작하여 둘, 셋을 거쳐 넷, 다섯에 이르기까지 로마숫자의 자형과 한자에서의 수를 나타내는 자형이 신기하리만큼 서로 닮았고 또 그 상형의 원형이 한결같이 손가락을 동원하여 셈을 하는 모습이라는 점에서 일치하고 있음을 확인하면서 그것은 곧 우리말에서의 하나, 둘, 셋, 넷, 다섯 등의 수 이름을 만든 발상과 일치함을 보아왔다.

그러나 한자의 '六'은 그 상형의 원형이 좀 유다른 데가 있음을 발견한다. 지금까지 우리가 그 상형의 원리와 셈하는 자세가 일치함에 감탄하면서 신묘하게 여겨왔던 일련의 흥분까지 일으켰던 기대가 이 '六'의 자원(字源)풀이에서 다소 실망감까지 갖게 한다. 왜냐하면 '六'의 옛 글자는 '仚'으로 그려져 원시 契文과 금석문에 이어져 오는데 이는 사람이 사는 집(家屋)을 상형했던 것으로 풀이된다. 이것은 주먹을 쥔 모양을 한자에서 '握'이라 하였는데 이것과 발음이 유사한 '屋'을 육(六)에 차용하여 가옥을 나타내는 '仚'을 쓴 것이므로 六은 곧 상형문자 그대로가 아닌 차용문자라는 데서 우리가 손가락으로 수를 셈하는 방식의 상형 그대로의 맥락에서는 잘 풀리지 않는 문자가 되고 만 까닭을 이해할 수밖에 없다고 생각한다. 왜냐하면 수가 많아질수록 그 많은 획을 그대로 계속 더해서 문자를 끝없이 같은 방법으로 만들어 갈 수 없기 때문에 가다가 보면 변형을 만들 수밖에 없고 그러다 보면 이처럼 차용문자가 동원되기도 해서 언어관습으로 익어진 것이라고 이해된다.

6. 영원한 두 맞수

우리말에서 수를 세는 말은 종종 어림잡아 말하면서 두 개의 수를 포개어 말하는 관습이 익어져 있다. 하나와 둘을 한 데 묶어 '한두 개'라고 말한다든지, 셋과 넷을 묶어서 '서너 사람'이라고 말한다든지, 다섯과 여섯을 포개어 '대여섯 살'이라고 말하든지 하는 것이 그것이다. 이 가운데 언제나 가장 두드러지게 잘 어울러 쓰이고 따라서 어형까지 닮아버린 두 맞수는 '三四'를 가리키는 말과 '五六'을 가리키는 말이라고 생각한다.

우선 '三四'를 가리키는 우리말의 수 이름 '셋'과 '넷'의 어형부터 닮은 데다 '서너', '세, 네', '석, 넉', '사나' 등의 변형까지 닮은 점을 금방 확인할 수가 있다. 그 다음 '다섯'과 '여섯'도 그 어형이 닮아 있고 또 함께 잘 어울림을 알 수가 있다.

이제 영원한 두 맞수라고나 불러 주여야 재대로 표현될지 알 수 없는 이 짝이 잘 맞는 두 쌍의 수의 쓰임새에 따라서 여러 가지 용례를 들어가며 살펴보기로 하자. 그리하여 우선 선인들이 언어의식을 되살려 새겨 보는 기회를 가져 보기로 하자.

가) '서, 너'와 '사, 나'

우리말에 '구슬이 서 말이라도 꿰어야 보배다'라는 속담이 있다. 이때의 '서'는 셋의 변형이다. 이에 걸맞게 넷의 변형으로 '너 말'이라고 쓰이는 '너'가 있다. 이처럼 우리는 '넷'이라는 말에 대해서 이야기하기 위해서는 항상 '셋'을 언급하지 않을 수 없다. 이와 아주 비슷한 또 하나의 맞수로서 다섯과 여섯이 있다. 그래서 여섯이라는 말에 대해서 이야기하기 위해서도 언제나 다섯을 언급하지 않을 수 없음을 깨닫는다. 그것은 앞의 예만 가지고 보더라도 셋, 넷과 같이 단독으로 쓰이는 용례에서 뿐만 아니라 세 개, 네 개나 서 되, 너 되 또는 석 자, 넉 자와 같이 수량단위명사를 동반하여 관형사로 쓰이는 예에서도 볼 수 있는 것처럼 한결같이 비슷한 어형을 취하며 동반자로서의 사명을 다하기라도 할 것처럼 항상 병행하고 있음을 알 수가 있다. '내 코가 석 자다'라는 속담에 나오는 '석'이라는 용례가 셋의 뜻으로 쓰이고 있다 '넉 달 가뭄에도 하루만 더 갰으면 한다'는 속담에 나오는 '넉'이 바로 그 비슷한 용례를 보여주고 있다. '서이, 너이'도 그 예외일 수가 없다. 이때 '서이, 너이'는 각각 세 사람, 네 사람을 뜻한다. 여기에서 '서이, 너이'에 붙는 '이'는 '오는 이, 가는 이'라는 말이나 '이이, 그이, 저이'라는 말에 붙는 '이'와 같은 것으로서 사람을 가리키는 명사임에 틀림없으므로 '서이, 너이'는 '서, 너'가 원래 관형사 구실을 하고 '이'는 수량단위의 기능을 하는 명사였던 것인데 이것이 합해져서 하나의 단어로 익어진 말임을 알 수 있다. 그렇지만 체조를 하면서 구령을 붙일 때에 흔히 '하나, 둘, 서이, 너이'라고 하는 것은 그냥 '셋, 넷'과 같이 단독으로 쓰인 용례로되 발음을 편하게 한 것이라 하겠다.

그런데 맞수로서의 모습을 잊지 않기라도 한 것처럼 한결같이 나란히 나타내고 있는 또 하나의 용례로서 이 두 말이 합해서 쓰이는 모습을 우리는 찾아 볼 수가 있다. '서너 개'나 '사나흘'에서의 '서너'와 '사나'가 다름 아닌 셋, 넷이 합해져서 쓰이고 있는 영원한 맞수로서의 모습을 나타내고 있는 또 하나의 변신들이라 할 수 있는 것이다.

나) '닷, 엿'과 '대, 예'

또 하나의 맞수 다섯과 여섯을 놓고 보더라도 역시 같은 현상이 일어나고 있음을 알 수가 있다. 다섯의 준말이 원형 '닷'으로 쓰이고, 여섯의 줄어든 어형이 원형 '엿'으로 쓰이는 예는 앞에서도 예시한 바 있거니와 다음 속담을 두고 다시금 '닷'의 용법을 되새겨 보기로 하자.

닷 돈 추렴(出斂)에 두 돈 오푼 내었나
닷곱에 참녜 서 홉에 참녜

앞의 속담의 뜻은 이러하다. 어떤 모임에서 말할 수 있는 기회를 공평하게 제대로 주지 않아서 제대로 대우를 받지 못하고 제 인권을 제대로 행사하지 못하거나 업신여김을 받은 데 대한 못마땅한 심경을 나타내는 속담이다. 다섯 돈(五錢) 회비에 반 액 낸 것도 아닌데 왜 이리 푸대접이냐고 불평을 하는 말투다. 다섯이 '닷'으로 줄어서 쓰인 예다. 또 뒤에 나온 속담의 뜻은 이러하다. 너무 사소한 일에까지 시시콜콜 간섭함을 못마땅하게 여겨 핀잔을 하는 어조의 속담이다. 여기 '닷 곱'의 '곱'은 뒤에 나온 '서 홉'의 '홉'과 같은 말인데 다섯의 준말 '닷'과 결합하여 두 음절의 한 단어를 이루면서 바삐 발음하던 습관이 굳어져서 다섯 홉이라는 뜻의 말로 '닷 홉>닷 곱'의 어형을 이룬 것이다. 곡식은 열 홉이 모아져야 한 되가 된다. 그러면 홉은 한 줌도 제대로 안 되는 양이다. 따라서 다섯 홉에 참여하여 상관하고 그보다도 더 적은 서 홉에도 참여하여 상관하는 것은 지나친 간섭이 아니냐는 뜻이다. 다섯 근의 준말 '닷 근'과 다섯 푼의 준말이 '닷 푼'으로 쓰이듯이 여섯 근의 준말 '엿 근'과 여섯 푼의 준말에는 '엿 푼'이 쓰인다. 이 용법은 일찍부터 있었던 것으로 보인다. 초간 『두시언해』에 보면

닷 됫 뿌롤: 五升米(初杜十五 37)

이라는 기록에 '닷'이 보이고, 또

고디 시근 갑슨 엿량 은이라: 老寶價錢六兩銀子(初朴通事 上 73)

라는 기록에 '엿'이 보인다. 그리하여 오늘날 다음과 같은 속담이 그 옛날의 풍습과 선인들의 의식을 담아 전하고 있다.

닷새를 굶어도 풍잠(風簪) 멋으로 굶는다.

풍잠이란 옛날 머리에 쓰는 의관의 하나인 갓을 뒤로 넘어가지 않게 쓰는 망건(網巾)의 당 앞쪽에 호박(琥珀)이나 금패(錦貝) 또는 쇠뿔이나 대모(代瑁) 등으로 장식하여 양반임을 보였던 것이다. 따라서 이 속담은 양반 체면에 어찌 양식 떨어져 굶는 것을 걱정하고 이를 안색에 나타내어 내색하겠는가라는 말에서 비롯된 것으로 체면 때문에 참고 견디기 어려운 곤란을 무릅쓴다는 뜻으로 쓰이고 있는 것이다. 이것을 반박이라도 하듯이, 체면이 밥 먹여주더냐 우선 먹고 나서야 양반이고 뭐고 사후에 가름할 수 있을 것이 아니냐라는 말투가 또 다른 속담을 낳기에 이르렀다.

　　수염이 대 자라도 먹어야 양반이다.

이 속담은 다음 속담과도 아주 가까운 의미로 쓰이고 있다.

　　금강산도 식후경이다.

　그런데 우리는 수염이 대자다도 먹어야 양반이다라는 속담에서의 ‘대자’의 ‘대’를 보면서, 앞에 예시 한 ‘닷새를 굶어도 풍잠 멋으로 굶는다’는 속담에서의 ‘닷새’의 ‘닷’과 견주었을 때 어형이 다른 또 하나의 다섯을 의미하는 말을 발견하게 된다. 이때의 ‘대’는 ‘다섯’을 나타내는 말임에 틀림은 없으나 앞에 나온 ‘닷’과는 좀 유다른 의미차이가 있다. 그것은 다름 아니라 정확한 다섯의 의미가 ‘닷’ 속에는 들어 있지만 ‘대’에는 정확하지 않은 어렴풋이 짐작으로 말하는 ‘대략 다섯쯤’이라는 어감이 깃들어 있다는 차이점이 있다는 사실이다.
　여섯도 다섯을 닮아서 ‘닷’에 대응되는 ‘엿’이 쓰이는 것과 나란히 ‘대 자’처럼 쓰이는 ‘예 자’라는 어형이 다시 대응되어 쓰이면서 역시 대략 여섯쯤이라는 어감을 이 ‘예’에 담고 있는 것이 매우 흥미롭다.
　더욱 흥미로운 것은, ‘三四日’에 해당되는 ‘사나흘’이라고 하는 말에서처

럼 셋, 넷이 결합된 '사나'라는 새 어형으로 쓰이고 있는데 이처럼 '五六尺'
에 해당되는 말에 '대예 자'라는 말로 써서 다섯, 여섯이 결합된 꼴을 '대예'
라는 어형으로 쓰는 한편 다섯 말, 여섯 말의 결합된 어형이 '대엿 말'로 나
타나 여기서는 약간 엇갈린 변형을 취하여 '대엿'으로 쓰이고 있다는 것도
발견할 수 있다는 사실이다.

이처럼 두 쌍의 말 셋, 넷과 다섯, 여섯은 그 어형으로 보나 변형으로 보나
결합형으로 보나 서로 떼려야 뗄 수 없는 맞수임에 틀림없다.

더욱 재미있는 자료가 있다. 우리는 우리의 옛 선인들이 산목으로 수를 셀
때에도 손가락 다섯을 세는 원리에 기초하여 셈하였다는 것을 확인할 수 있는
다음과 같은 기록을 눈여겨보아야 하리라고 생각한다.

『태백일사(大白逸史)』에 보면 '단군시대에 신지의 전문(檀篆)이 있었다.'
고 하고 또 신시(神市: 桓雄)시대에는,

一 二 三 三 㐅 ㅣ丁 㐀 㐅 ㅈ Ｘ

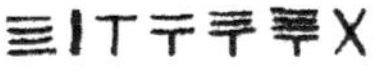

와 같은 산목(算木)이 있었다고 하였다.

〔다〕 양의 수와 음의 수

1. 음양

우리의 옛 선인들이 가꿔 온 전통적인 관습에서는 수에 있어서도 음양의 구분이 분명히 있는 것으로 생각하여 왔다. 수에 있어서의 음양이란 우리에게 별로 생소할 것도 없고 또 어려울 것도 없는 홀수(奇數)와 짝수(隅數)의 구분을 두고 이르는 다른 말일 뿐이다. 1, 3, 5, 7, 9로 나가는 홀수를 양의 수라 하고, 2, 4, 6, 8, 10으로 나가는 짝수를 음의 수라한다. 이러한 구분의 근거를 찾아 거슬러 올라가 보면 그것은 주역의 팔괘에 그러지는 괘효에서 그러지는 양효와 음효의 구분에서 비롯된다. 주역의 괘효를 보면 하나의 괘는 여섯 개의 효(爻)로 이루어져 있는데 그 효는 한 일(一)자처럼 기다란 막대기 모양을 가로로 하나 그은 '一'와 같은 것도 있고, 그것이 중간에서 양 갈래로 갈라진 모양의 '— —'와 같이 두 쪽이 난 짧은 막대기 두 개로 갈라져 있는 것도 있다. 긴 막대기 하나의 모양의 효를 양효라 하고, 두 쪽으로 갈라진 모양의 효를 음효라 한다. 이것은 생물의 자웅과 관련되고 사람의 신체적 특징에 의한 남녀의 구분에 관련짓는 기호의 구분이라고 생각된다. 이리하여 이와 같이 나누어진 양의 수와 음의 수 가운데 특히 양의 수를 밝고 길한 수로 보고 이 양이 겹치는 날을 예로부터 명일로 삼아 신에게 제사를 지내어 일손을 놓고 쉬는 날로 삼는 날이 많았다. 새해가 시작되는 날 조상신께 차례를 지내고 어른들께 세배를 하며 덕담을 나누고 음식을 나눠 먹는 정월 초하루의 '설날'이라든지, 봄을 맞아 강남 갔던 재비가 돌아온다는 삼월 삼일의 '삼짇날'이라든지, 농사의 풍작을 비는 제사와 함께 창포에 머리를 감은 아가씨가 그네를 뛰며 바람결에 몸을 날려 보기도 하고 총각들은 씨름을 즐기는 오월 오일의 '단옷날'이 모두 1.1이나, 3.3이나, 5.5처럼 양이 겹치는 명일들이다. 일년에 한 번씩 견우와 직녀가 오작교에서 만난다는 칠월 칠일의 '칠석날'이라든지, 양이 극에 달하는 9의 수가 겹치는 구월 구일은 '重九日' 또는 '重陽節'이라 하여 국화전을 만들어 차례를 지내고 음식을 나눠 먹으며 즐겼던 것 등도 7.7이나 9.9처럼 양이 겹치는 날의 민속들로서 모두 양의 수를 기리는 관습들이었음을 우리는 알 수가 있다. 이렇게 볼 때 한 해 가운데 1의 수에서 10의 수에 이르기까지 양의 수가 겹치는 날인 1월 1일, 3월 3일, 5월 5일, 7월 7일, 9월 9일은 그 모두가 명일이었음을 확인할 수가 있는 것이다.

이 양의 수 가운데서도 서양 사람들은 일곱의 수를 행운의 일곱(lucky seven)이라 하여 특히 좋아하는 수로 꼽고 있다. 그것은 태초에 하느님이 이 세상을 창조할 때에 엿새 동안에 빛과 어둠을 구분하고, 하늘을 만들고, 땅과 그 위의 초목을 만들고, 해와 달이 낮과 밤에 비추게 하고, 물 속의 어별과 공중에 나는 새를 만들고 땅 위의 짐승들을 만들고, 나아가서 이 모든 것을 다스리고 누리는 사람을 만들고, 이레 되는 날은 하늘이 이들에게 복을 내리는 거룩한 날(holy day→holiday: 休日)로 구분하여 쉬었다는 성경의 천지창조 이야기에 기인한다. 휴일 날의 이름이 거룩한 날이라는 뜻으로 이름 지어진 것이 성경의 천지창조 이야기에 기인한다는 말이 이왕 나왔으니 여기에서 우리는 오늘날 일주일을 가리키는 요일 이름들은 과연 어떻게 이뤄진 것인가 하는 문제에도 관심을 가져 볼 필요가 있다고 생각된다. 한 가지 매우 흥미로운 것은 동양사상의 뿌리가 된다고 볼 수 있는 양과 음에 해당되는 하늘에 있는 해와 달을 가리키는 날 일요일, 월요일을 먼저 확인해 놓는다면 나머지 다섯은 땅 위에 있는 기본적인 사물로서 이른바 오유(五維)라 일컫는 불, 물, 나무, 쇠붙이, 흙 등을 가리키는 화요일, 수요일, 목요일, 금요일, 토요일의 이름으로 이루어져 있으므로 그것은 곧 동양사상에서 음양 다음으로 기초를 이루는 '金, 木, 水, 火, 土'의 오행(五行) 바로 그것임을 발견할 수 있다는 사실이다.

그런데 우리나라에서는 특히 아홉의 수를 좋아한다. 그것은 길한 수로 치고 있는 양의 수 가운데서도 아홉은 양이 극에 달하는 가장 큰 수이기 때문이다. 그러면 먼저 이 아홉이라는 수의 이름이 생긴 어원적인 뿌리를 캐내어 그 근원적인 의미가 과연 무엇인지부터 살펴보기로 하자.

2. 양이 극에 이른 수 '아홉'의 어원

먼저 로마숫자를 쓰는 방식으로 우리의 관심의 눈을 둘러보자. 다섯을 어떻게 쓰는가? 로마숫자는 세로 막대기 다섯을 긋지 않고 'V'자를 한 번 긋는 방식으로 간편하게 택해 쓴다. 그리고 다섯이 되기 직전의 수인 넷은 이 다섯의 기호인 V의 왼편에 하나를 가리키는 세로 막대기 하나를 미리 그어서 'Ⅳ'로 적는다. 하나 모자란 다섯이라는 뜻의 기호이리라. 달리 말하면 하나만 더하면 다섯 손가락의 수가 찬다는 뜻이 아니고 무엇이랴. 그 다음 여섯을 어떻게 쓰는가를 다시 눈여겨보아 두자. 다섯을 가리키는 기호 V 다음에 하나를 가리키는 기호인 세로 막대기 한 개를 바른 쪽에 추가하여 붙여서 Ⅵ로 적는다. 이것은 다섯 손가락을 다 세고 이번에는 거기에 하나를 더 추가했다는 기호가 아니겠는가? 참으로 재미있는 것은 다섯의 기호 V를 쓰기 전 왼편에 작대기 하나를 미리 붙인 Ⅳ는 다섯에서 하나가 덜 찬 넷을 가리키고, V를 쓰고 난 다음 바른 쪽에 작대기 하나를 더 붙인 Ⅵ은 다섯에 하나가 더 추가된 여섯을 가리킨다는 이 기호의 이론 정연한 약속이다. 그리하여 하나, 둘, 셋을 써나가는 방식으로 여섯은 Ⅵ으로 일곱은 Ⅶ로 여덟은 Ⅷ으로 적어 나간다. 그리고 열은 다섯의 기호인 V를 두 개 상하로 맞대어 놓은 꼴인 X로 적는다. 그리고 마치 넷을 다섯에 하나 덜 찬 끝인 Ⅳ로 적듯이 아홉도 열에 하나가 덜 찬 꼴인 Ⅸ로 적는다. 이 얼마나 이론이 정연한 확실한 기호배열 방식인가! 로마숫자에서의 아홉이 열에서 하나가 모자란다는 안목으로 만들어진 Ⅸ라는 기호를 쓴다는 것에 유의하면 우리말 아홉이라는 말의 뜻을 이해하는 데 좋은 암시를 받을 수가 있다. 이처럼 이론 정연한 로마숫자의 방식에서 따 온 것이라고는 생각되지는 않지만, 마치 셈의 출발이 되는 하나, 둘, 셋을 서양의 로마숫자에서 Ⅰ, Ⅱ, Ⅲ으로 쓰고, 동양의 한자에서 一, 二, 三으로 적는 것이 매우 닮았지만 그 어느 쪽이 다른 어느 쪽에서 배워 온 것이라고 볼 수는 없다 할지라도 기본적인 셈에 대한 사고방식이 같은 데서 연유된다고 볼 수 있는 것처럼 우리말 아홉은 로마숫자 'IX'라는 기호풀이와 일치되는 사고법이 내재되어 있음을 발견할 수가 있다. 'IX'라는 로마숫자 기호는 열에 하나가 덜 찼다는 기호풀이를 할 수 있는데 우리말 아홉이 또한 그러하다. 열에서 하나가 없다는 뜻으로 아홉이라는 말이 만들어졌을 것으로 추정되는 과정은 다음과 같이 그 조어구조 형성과정의 경위를 적어 볼 수 있다.

$$\text{yël(拾)} + \text{hanah(壹)} + \text{ëps(無)} > \text{yëlhan ahëps} > \text{ahëps(아홉)}$$

그런데 이 어형은 네 음절이나 되어 너무 길어서 쓰기에 불편함으로 앞의 두 음절은 일찍 떨어져나가고 끝의 두 음절(ahëps)만 남아 간편하게 '아홉'으로 정착되어 쓰여 온 것으로 풀이되는 말이라고 생각된다. 여기에서 하나의 강력한 의문점이 대두될 수 있다. 왜 앞의 두 음절을 남겨 놓지 않고 뒤의 두 음절만 남기게 된 것일까 하는 의문이 그것이다. 그런데 그 의문은 간단히 풀린다. 만일 앞에 것을 남긴다면 '열한(yëhan)'이 될 터인데 그것은 XI을 가리키는 말이 되고 말 것이기 때문에 그렇게 할 수 없었다는 필연적인 이유가 자명하게 나타나는 것이다. 하나에서 열까지 우리말은 모두 한 음절로나 두 음절로만 되어 있을 뿐, 세 음절 이상의 말은 전혀 없다는 것을 볼 수 있다. 한 음절의 수에는 '둘, 셋, 넷, 열'의 네 개가 있고 두 음절의 수에는 '하나, 다섯, 여섯, 일곱, 여덟, 아홉' 등의 여섯 개가 있다. 그런데 이 여섯 개의 수를 세는 두 음절의 말도 언어사용의 실제에서는 다시 줄여서 하나는 '한'으로, 다섯을 '닷'으로, 여섯을 '엿'으로 쓰고 있어서 두 음절로 읽을 수밖에 없는 것은 '일곱, 여덟, 아홉'의 세 개뿐이다. 이처럼 예로부터 수를 세는 말은 짧게 간편한 방법으로 말하기를 좋아했던 것으로 보인다. 다만 일곱, 여덟, 아홉만은 더 이상 간편하게 줄일 방법이 없었던 것으로 보인다. 그것은 아마도 그 조어 방식이 원래 길게 되어있어서 어쩔 수 없었던 것이 아닌가 한다. 이 가운데에서도 여기에서 특히 아홉을 가장 먼저 논의하기 시작하는 것은 이유가 로마숫자를 닮은 데가 있다는 데도 있지만 조어구조 자체가 가장 길었던 것이 크게 줄어들었다는 설명을 먼저 하기 위해서 이기도 하다. 고려시대의 말로 기록하고 있는 『계림유사』와 『조선관역어』의 기록을 보면 이미 '아홉'이라는 두 음절의 말이 정착되어 쓰이고 있었음을 확인할 수가 있다.

九曰雅好(『계림유사』)
九阿戶(『조선관역어』)

이것은 '九'를 우리말로 아홉이라고 한다는 것을 이렇게 중국음으로 표기한 것이다.

그러면 한자에서 '九'의 자원은 어떻게 이루어졌는지에 대해서 살펴보기로 하자. 옛날 갑골문자에서는 아홉을 나타내는 글자를 '九'으로 나타내고, 금석문에서는 '九'으로 나타내었다. 이것은 모두 팔꿈치를 굽힌 모양을 상형한 것이다. 수를 세는 것과는 직접 관련이 되지는 않는다. 다만 이 글자는 굽힌다는 뜻과 작다는 뜻을 아울러 가지고 있던 '紈'의 차자(借字)로서 '周書王會篇'에서 '紈牛'라 하면 새끼소, 곧 송아지를 가리켰던 것이다. 이것은 아홉을 셀 때 오늘날 우리의 관습과는 달리 중국에서 다섯까지는 손가락을 하나씩 펴가고 여섯부터는 손가락을 하나씩 굽혀 꼬부려갔는데 아홉에 이르면 열에서 하나가 모자란다는 뜻으로 새끼손가락 하나를 펴서 아홉을 표시했던 관습에서 비롯된 것으로 풀이하고 있다. 이것은 로마숫자에서 아홉을 Ⅸ로 써서 열인 Ⅹ에 하나인 Ⅰ이 덜 찬 모양으로 그려서 썼던 발상법과 흡사하다. 우리가 '아홉'이 열에 하나가 없다는 뜻으로 이루어 졌다는 발상법도 신묘하다 하리만큼 이와 꼭 일치하고 있음을 우리는 알 수가 있다.

3. 음이 극에 이른 수 '열'의 어원

사전에 보면 아홉에 하나를 더한 수, 다섯의 갑절인 수가 열 곧 10의 수라고 정의 내리고 있다. 그러면 이 열이라는 말은 과연 어디서 무슨 뜻으로 생겨난 말일까? 이 문제를 풀기 위하여 우리는 또다시 수를 셈하는 기본원리가 어떻게 이루어져 왔는가부터 살펴 볼 필요가 있다.

우리는 예로부터 열의 수를 단위로 삼아 그것을 곱절로 셈하는 이른바 십진법에 의해 모든 수를 헤아리는 것을 기본원리로 삼아왔다. 그것은 우리의 열 손가락이 수를 세는 데 있어서 가장 편리한 도구로 동원되는 데 기인한다. 이를 토대로 셈하는 방법이 다름 아닌 십진법의 원리이기 때문이다. 이 열 손가락이 모두 동원되면 일단 열의 수가 세어지거니와, 한 손으로도 이를 해낼 수 있다. 그리고 다른 손으로는 그 곱절을 세어 나가서 양손이 온전히 동원되어 센 수를 가리키는 '온'이라는 이름의 100의 수까지 셀 수 있는 것이다. 한 손으로 열을 세는 것은 다섯 손가락을 굽혔다 폈다 하면 된다. 한 손으로 손가락을 하나씩 꼬부려서 다섯 손가락을 모두 꼬부리면 손을 꽉 닫아 주먹을 쥔 형태를 이루고 다시 손가락을 하나씩 펴서 다섯 손가락을 모두 펴면 손을 활짝 열어 손바닥을 편 형태를 이룬다. 주먹을 쥐어 손을 닫았다 해서 '닷(五)'이요, 손을 펴서 열었다 해서 '열'이 된 것이다.

'열'이라는 말은 바로 손을 활짝 열었다는 뜻의 '열다(開)'의 어근 '열'에서 수의 이름으로 의미전이를 이룬 데서 온 말이다.

우리나라는 수에 있어서도 동양철학에서의 음양오행의 원리를 적용하는 뿌리 깊은 전통이 이어져 내려오고 있다. 그리하여 짝수는 음의 수라 하고 홀수는 양의 수라 한다. 1, 3, 5, 7, 9로 나가는 양의 수 가운데에서는 아홉이 가장 크므로 양이 극에 달한 수라 하고, 2, 4, 6, 8, 10으로 나가는 음의 수 가운데서는 열이 가장 크므로 음이 극에 달한 수라 한다. 열은 음이 극에 달하는 수이므로 음을 대표하는 수라고 생각하여 중히 여기기도 하거니와 또 이 열은 십진법의 기본수를 손가락으로 모두 다 꼽아 세었다는 뜻으로도 우리는 이 수를 매우 중히 여겨왔던 것으로 생각된다. 그러하여 일반적인 동향이나 경향에 대한 판가름을 하는 말에 있어서도 이 열의 수가 인간이 할 수 있는 최선이라는 개념으로 자주 동원된다.

열이 가장 적극적인 의미로 쓰인 예를 들면, 총각이 처녀에게 구애를 반드시 성취해 내기 위해서라든지 남을 설득해서 어떠한 간곡한 소원을 꼭 이루어 내기 위해서는

열 번 찍어서 아니 넘어가는 나무 없다

라는 속담을 귀감삼아 힘을 얻어 도전을 성공적으로 이루어낸다. 이때의 '열'이라는 수는 사람이 마음속으로 노력하고 다짐을 함에 있어 가장 큰 수임을 나타낸다. 이렇게 쓰이는 열은 자기가 자기의 생명처럼 소중히 여겨 지니고 있는 모든 것이라는 개념으로 널리 통용되고 있음을 우리는 또한 다음 속담을 통해서 깨달을 수가 있다.

열 손가락을 깨물어도 안 아픈 손가락이 없다.

이는 아무리 자녀가 많다 하더라도 그 자녀 하나하나를 놓고 보면 그 어느 하나도 귀엽지 않은 자녀가 없고 소중히 여기지 않고 소홀히 해도 좋을 자녀란 있을 수 없다는 뜻의 금언과 같은 말이다. 이때 우리는 손가락이 전체 자녀의 수를 세거나 순서를 따져 볼 때나 또는 자기의 소중한 전 재산목록을 점검하여 헤아림에 있어서도 모두 동원되고 있음을 역력히 확인할 수가 있다. 이렇게 볼 때 열은 '모두'라는 개념이 더욱 뚜렷하게 부각되는 수임을 알 수가 있다. 이 열이 지니고 있는 '모두'라는 개념이 확대되면 무한한 길이라는 뜻으로도 쓰이게 된다.

열 길 물 속은 알아도 한 길 사람의 속은 모른다.

이 속담은 아무리 깊은 물이라도 그 깊이를 잴 수 있으나 사람의 마음은 넓고 깊고 변화무쌍하여 모두를 측량하기란 지극히 어려워 불가능하다는 뜻이다. 이때 ‘열 길’의 ‘길’은 한 사람의 키의 길이를 가리킨다. ‘열 길’이라 하면 글자 그대로의 뜻으로 보면 사람의 키 열 곱절의 길이가 되겠지만 물이란 사람의 키가 잠길 만큼의 물이면 물에 빠져 죽을 위험수위의 깊이이므로 ‘열 길 물 속’이란 사람이 빠지면 절대로 헤어 나올 수 없는 대단히 깊은 깊이의 물임을 뜻하는 말이다. 그러나 사람의 마음은 그 대단히 깊은 물의 깊이보다 훨씬 더 깊어서 헤아릴 수가 없다는 뜻의 속담이다. 이처럼 열의 수가 지니는 소중한 뜻은 이 밖에도 많아서 예로부터 여러 속담 속에 담겨 전해져 내려오고 있다.

열 번 듣는 것이 한 번 보는 것만 못하다.

이 속담은 ‘百聞而不如一見’이라는 한자말로 널리 알려져 있거니와 우리의 오관 가운데 시각과 정각이 가장 예민한 감각인데, 그 가운데서도 시각이 가장 확실한 인지수단임을 보이는 명구인 것이다.

열 사람이 백 말을 하여도 들을 이 짐작

세상에는 남의 말을 이러쿵저러쿵 불려서 많이 하기를 좋아한다. 그러나 듣는 사람의 주견과 짐작은 따로 있어 나름대로 판단을 한다는 뜻이다. 그래서 남의 말을 공연히 합부로 하는 것을 삼가라는 다음과 같은 시조까지 경구처럼 우리의 귀에 익어 있다.

나하기 좋다 하고 남의 말을 말을 것이
남의 말 내 곳 하면 남도 내 말 하는 것이
말로써 말이 많으니 말 말을까 하노라.

한편 윗물이 맑아야 아랫물이 맑다는 격으로 나라를 다스리는 행정당국의 처사가 조령모개식으로 허둥대고, 세상이 점차 어수선해지면서 학문의 요람인 대학가가 사정없이 흔들리고, 회사마다 노사분쟁이 잇달아 일어나고 대낮에 날치기와 떼강도 그리고 가정파괴범과 인신매매단이 활보를 해도 그 많은 경찰병력으로도 속수무책의 형편이 되어가고 있는 실정에 이르면서 우리 선인들이 남긴 다음 속담의 뜻이 다시 새롭게 되새겨진다.

지키는 사람 열이 도둑 하나를 못 막는다.

그래서 우리는 터뜨리고 일을 저질러대는 편과 진압·체포하여 강경책을 쓰는 편의 대립이 극한상황으로 몰고 가는 방식으로서는 사태를 더욱 악화시킬 뿐임을 우리는 눈으로 역력히 보면서 국민의 의식이 스스로 성숙되어 서로 질서를 찾고 원칙들을 생활화하는 풍토가 하루 속히 이루어져야겠다는 생각을 하게 된다. 그래서 이른바 높은 사람이나 죄를 다스리는 자를 찾아다니며 해결하려 들기 전에 매사를 순리로 풀어서 자신이 죄를 짓지 않는 생활을 누구나 해야 한다는 다음의 속담들이 그 어느 때보다도 더욱 우리의 가슴에 절실하게 와 닿는다.

열 사람 형리(形吏)를 사귀지 말고 한 가지 죄를 범하지 말라.

이것을 '삼정승을 사귀지 말고 내 한 몸을 조심하라'고 하는 속담과 그 뜻이 같다고 생각된다. 특히 우리의 가정사를 두고 볼 때 남존여비사상에 지나치게 얽매어 사위는 백년지객이라 하여 스스럼없이 아주 가까이 지내면서도 항상 예의를 지켜서 한평생 어려운 손님처럼 대접하여 맞아준다는 원칙을 지키지만, 며느리는 온갖 일을 함부로 다 시키면서도 늘 미워하는 관습이 익어져 온 것을 다음 속담이 대변해 주고 있다.

열 사위는 밉지 않아도 한 며느리가 밉다.

사람은 늘 손발을 놀리고 활동하여 먹고 살게 마련인데 아무 일도 않고 무위도식하는 사람을 미워하는 다음과 같은 속담이 있다.

　　열 손가락으로 물을 튀긴다.

열 손가락 중에 어느 손가락 하나 일하는 데는 까딱하지 않고 남이 떠다 준 세숫물을 손가락으로 이리저리 튀기면서 물이 너무 뜨겁다느니 차갑다느니 하며 다시 떠오라고 사람을 괴롭히기만 하는 몹쓸 사람의 인심을 나무라는 말이다.

세상 돌아가는 인심이 다 그렇게 돌아간다는 말을 그래서 이렇게도 말한다.

　　열에 아홉(十常八九)이 그렇다.
　　열이면 열 다 그렇다.

그래서 모두 일을 그만 두고라두 이 일만을 가장 먼저 해야 한다고 할 때는 이렇게도 말한다.

　　열 일 다 젖힌다.

그래서 서로 도와서 어려운 처지에 놓인 사람을 구하려고 할 때엔 이런 속담이 제격이다.

　　열에 한 술 밥이 한 그릇에 푼푼하다.(十匙一飯)

열에 관한 옛 기록을 찾아보면 『계림유사』나 『조선관역어』에 이렇게 적혀 있다.

　　十曰噎……(『계림유사』)
　　十耶二(jel)……(『조선관역어』)

이것은 '十'을 우리말로 열이라 한다는 것일 뿐 그것이 무슨 뜻으로 그런 발음의 소리로 말하게 된 것인지의 해명이 되어 있지 않아 우리에게 이 말의 어원을 찾는 데 별 도움을 주지 못한다는 것을 알 수 있다.

한자의 자원을 찾아보면 '契文'에서는 'ㅣ'이고 '金石文'에서는 '十'으로 되어 있다. 이것은 바늘에 구멍이 있음을 상형한 것으로 '針'자의 옛 글자(古字)다. 수사로는 차자(借字)다. 즉 '十'의 원시형은 '針'이다. 이것 '兩手五指'를 합친 것이라는 '聚合'의 음이 '칩>칩>십'의 음으로 차자(借字)가 바뀌어 온 것으로 풀이된다.

'열'은 한글 최초의 기록인 용비어천가에도 '열'로 쓰이고 있고 또 『훈몽자회』에서도 그렇게 쓰이고 있다.

열회 ᄆᆞᅀᆞᆷ(十人之心)을 하늘히 달애시니(龍)
염 십: 十(字會下 34) (類合上 1)

이처럼 열은 '열다'의 어근 '열'과 그 어형이 원래부터 같았음을 우리는 알 수가 있다.

4. '여덟'의 어원

하나에서 열까지 세는 말 가운데 두 받침을 한꺼번에 가지는 말은 '여덟' 하나뿐이다. 그러면 '여덟'이라는 말은 어찌하여 이처럼 두 가지 받침을 한꺼번에 갖는 말로 굳어지게 된 것일까? 이 일이 매우 우리를 궁금하게 한다. 이 궁금증이 풀리고 나면 이 말이 가지고 있는 근원적인 뜻은 스스로 밝혀지게 될 것이라는 가정을 하면서 우선 이 말의 어원을 풀어가는 작업에 접근해 들어가 보기로 한다.

『계림유사』에는 다음과 같이 기록되어 있다.

八日逸答

또 『조선관역어』에는 이렇게 적혀 있다.

八耶得

이것은 '八'을 우리말로 '여듧'이라 한다는 것을 적은 것이다. 여기서 '逸答'은 '여듭'이 아니라 '여듧'의 표음이라고 보는 것은 다음의 기록에서 확인할 수 있다.

여듧골 버러 잇거든(月, 31)
여듧팔: 八(字會 下 34)

그러면 어찌하여 8을 한자로 '八'이라 썼는지를 먼저 풀어놓고 보자. 원시 갑골문자에서 이렇게 쓰었다.

)(

이것은 양쪽으로 갈라져서 가운데 간격이 벌어져 있음을 상형한 것으로 '分'자의 뿌리가 되기도 한다. 이것은 고대 중국인들 가운데 세 손가락을 굽히고 양쪽 가에 있는 엄지와 무명지만 펴서 여덟을 나타내었던 것을 상형한 것이라고 한자의 자원풀이는 되어 있다.

그렇다면 우리말에서 '여덟' 또는 '여듧'은 과연 어디서 온 것일까? 이것은 앞에서 로마자의 넷과 아홉을 표기하는데 있어 넷은 다섯 Ⅴ에서 하나 모자란다는 뜻으로 Ⅳ로 쓰고 아홉은 열 Ⅹ에서 하나 모자란다는 뜻으로 Ⅸ로 쓰는 방식에서 좋은 암시를 받을 수 있다. 우리말에서 아홉이 열에서 하나가 없다는 뜻으로 이루어졌다는 사실을 앞에서 밝힌 바 있다. 이와 같은 수사의 조어방식이 '여덟'이라는 말에 확대 적용되었던 것으로 보인다. 따라서 우리말 '여덟'의 조어구조는 이렇게 분석되는 말이라고 생각된다.

yël(10)＋tul(2)＋ëps(없음: 無)＞yëtɨlp(여듧)＞여덟

이것은 매우 흥미로운 조어방식으로서 열 손가락을 동원하여 수를 세는 동작에서 수를 세는 말과 글자가 만들어졌다는 사실에 맞춰서 생각해 볼 때에 손바닥이 보이도록 손을 활짝 열어서 열의 수를 세어 채우려면 아직 둘이 모자란다는 뜻으로 '여덟'이라는 말이 생긴 것이라는 조어구조의 해명은 아주 잘 맞아 떨어지는 해명이라 생각된다.

5. '일곱'의 어원

수를 세는 말은 매우 오랜 옛날부터 우리가 짐작조차 하기 어려울 만큼 여러 가지 다양한 사정과 곡절을 겪어가면서 이룩된 것이므로 오늘날이 이르러 그 뿌리를 캐내어 그 뜻과 함께 모두 다 의심할 여지없이 명쾌하게 해명해 낸다고 하는 것은 결코 쉽지가 않다. 그 가운데서도 일곱이라는 수를 가리키는 말의 어원에 관한 해명이 특히 그렇다. 다섯과 열은 비교적 쉬웠다. 손가락 모두를 닫았다가 열었다가 하는 동작으로 분명히 나타냈음 직하기 때문이다. 그리고 하나, 둘, 셋을 셈함에 있어 손가락으로 나타내는 것은 가장 간단한 방식으로서 한자의 一, 二, 三이나 로마자의 Ⅰ, Ⅱ, Ⅲ으로도 상형되어 나타나 있듯이 우리말 하나, 둘, 셋도 같은 맥락에서 쉬 그 어원이 풀렸던 것이다. 그러나 수가 차츰 더 늘어남에 따라 그 상형이 간단하지가 않아서 한자표기도 차차로 대용되고 있음을 본다. 일곱을 나타내는 한자 '七'의 자원풀이가 바로 그러한 예의 하나다.

원시갑골문자나 금석문에서는 '七'을 이렇게 적고 있다.

<table>
<tr><td>十</td><td>七</td><td>七</td></tr>
<tr><td>(契文)</td><td>(金文)</td><td>(篆文)</td></tr>
</table>

이것은 물건을 가운데서 자른다는 것을 상형한 것으로 ‘十’과 구분하기 위해 세로줄 끝을 뒤로 구부려 ‘七’로 쓴 것이며, 손가락으로 일곱을 셀 때 그 쭉 뻗어서 편 손가락과 꼬부린 손가락이 거의 중간에 접근하여 구분된다는 것을 가리켜 7의 수를 나타내게 되었다. 여기에 ‘刀’를 더해 씀으로써 뒤에 끊는다는 뜻이 분명한 ‘切’이라는 자형으로 수사가 아닌 말에서는 바뀌게 된 것이다.

그러면 우리말에서 일곱이라는 말은 과연 어디서 어떻게 이루어진 것일까? 한글이 나오기 이전에 고려시대의 말을 중국문자로 기록해 놓은 『계림유사』와 『조선관역어』에서는 일곱을 이렇게 적어 놓고 있다.

七曰一急(『계림유사』)
七你谷(『조선관역어』)

우리말에서 ‘七’을 ‘닐굽’이라 했음을 이렇게 적어놓은 것이라는 사실을 한글이 나온 이후의 다음 기록에서 찾아 확인할 수가 있다.

솔바올 닐굽과: 松子維七(龍 89)
닐굽 손 여듧바리오: 七手八脚(金삼 27)
닐굽닐웨 디내야 蓮花 프리니 (月八 17)

어떤 이는 이 ‘닐굽’의 어원을 아홉과 여덟에 기준하여 이렇게 설명하고자 한다(小倉進平).

yël(10)＋ɣu(3)＋ëps(없)＞ilkop(일곱)

  그런데 이 해명에는 그냥 그대로 건너지 못할 다음과 같은 심연이 도사리고 있음을 본다. 그 하나는 '열'을 여섯이나 여덟에서처럼 '여'로 쓰지 않고 일곱의 옛말 '닐굽'에서는 '닐'로 쓰고 있는 이유를 해명할 수 없다는 점이다. 또 그보다 더 건너기 어려운 큰 심연은 우리 옛말에서 3을 '구(ɤu)'로 말하는 예가 어디에 있었더냐 하는 질문에 대답할 근거가 전혀 없다는 점이다. 그리고 열을 가려면 아직도 다섯 손가락 가운데 절반이 넘는 수인 세 개나 남았는데 모자란다는 말을 넣어서 읽었다고 보기에는 그럴만한 근거를 대기가 너무 없다고 생각된다. 그렇다면 '닐굽'의 뿌리는 과연 무엇일까? 이 문제는 이 말의 어형에 초점을 맞추어 충실히 규명해 보아야 한다고 생각된다. '닐굽'은 다음과 같은 조어구조로 분석되는 말이라고 생각된다.

  닐(起動: 일으키다)×굽(曲: 굽히다)＞닐굽(七)

  이것은 곧 다섯을 셀 때에 손가락을 다섯 개 다 굽혀 손을 닫았다가 여섯부터 손가락 하나씩을 펴서 손을 열기 시작함으로써 이어서 굽혔던 손가락을 움직여서 일으켜 간다는 뜻이라고 생각된다. 일곱을 셀 때의 손의 모양을 보면 두 손가락이 일으켜져 있고 세 손가락은 아직 굽혀져 있음을 알 수 있다. '닐굽'은 일곱을 셀 때의 바로 이 손 모양을 두고 만들어진 말이라고 생각된다.

  일곱이라는 수는 창조주가 천지창조 후 7일 되는 날 복을 내려 주었다고 믿는 데서 서양에서의 행운의 수(lucky seven)로 여겨져 왔거니와 우리나라에서도 이 일곱이라는 수는 인간이 신에게 기원을 드려 신의 응답을 받을 수 있는 날로 믿어져 왔음을 알 수가 있다. 단군신화에서 곰이 일곱의 세 곱절이 되는 날 동안 곧 '三七日'을 삼가며 기도드리고 나서 사람으로 환생하려는 소원의 꿈을 이루었다고 하는 이야기는 결코 우연히 이루어진 이야기가 아니다. 우리가 일상생활을 일주일을 주기로 7일 만에 쉬게 되는 것이 결코 우연이 아니듯이, 칠월칠석날 견우와 직녀가 한 해에 딱 한 번 까치가 머리를 조아려 놓아준다리인 오작교를 건너서 은하수 한복판에서 꿈에도 그리던 사랑의 해후를 이룩해 낸다는 아름다운 전설에 얽힌 전래의 명절 풍습이 결코 우연이 아닌 것이다. 삼신할미에게 일곱 이레(49일) 동안 빌어 아들을 낳았다고 하는 민간무속 신앙도 있거니와, 어린 아이를 낳으면 이레되는 날 이레 떡을 만들어 아기의 탄생과 건강을 감사하며 기도하고 그 이레가 거듭될 때마다 그렇게 하여 일곱 번 거듭되는 일곱 이레되는 날까지 그렇게 감사하며 기도하는 뜻이 결코 우연이 아닌 것이다.

6. 마무리

이제까지 우리는 수를 세는 데 있어서도 주역의 팔괘에 나타나는 양효인 '⚊'과 음효인 '⚋'에 근거하여 홀수인 양의 수와 짝수인 음의 수가 있음을 확인하였다.

아울러 양이 극에 달하는 가장 큰 수는 아홉인데 이 '아홉'이라는 말의 뿌리를 캐내어 보면 열에서 하나가 없다는 뜻에서 왔음을 확인해 보았다.

또한 음의 수 가운데 가장 큰 수는 열인데 이 때의 '열'이라는 말은 한 손으로 열까지 세고 나면 손가락을 굽혔다가 모두 펴서 손을 활짝 열게 된다는 뜻에서 생긴 말임을 확인해 보았다.

그리고 여덟은 열에서 둘이 없다는 뜻에서 생긴 말이라는 사실도 흥미 있게 알아보았다.

가장 그 어원을 해명하기 어렵다고 생각되는 '일곱'에 관해서 살펴본 결과 일곱을 한 손으로 셀 때의 손 모양을 보면 다섯까지 세면서 손이 주먹으로 꽉 닫혔다가 열까지 가는 중간에 일곱에 이르게 될 때 두 손가락이 연이어서 일으켜져 있고 세 손가락은 아직 굽혀져 있음을 알 수 있는데 일곱의 옛말 '닐곱'은 바로 이 손 모양을 두고 이름 지어진 것이라는 사실을 추적해 보았다.

이상에서 추적한 어원을 일곱에서 열에 이르는 순서로 정리하면 다음과 같다.

1) 닐(起動, 立, 續)＋굽(曲)＞닐굽＞일곱(七)
2) 열(十)＋둘(二)＋없(無)＞여듧＞여덟(八)
3) 열(十)＋하나(一)＋없(無)＞yëlhan ahëps＞아홉(九)
4) 열다(開)＞열(十)

〔라〕 '흔' 계열 수 이름의 어원

1. '흔'자 돌림의 수 이름들

이 글은 수를 세는 우리말 가운데 '흔'자로 끝나는 두 자리 수의 말들이 어디에 그 어원적인 뿌리를 두고 어떠한 경위를 밟아서 자라 온 말들인지에 대해서 살펴보는 데 그 목적이 있다. 『소학』에 보면 "여섯 살이 되면 수를 세는 말과 방위를 가리키는 말을 가르치라(六年敎之數與方名)."고 했다. 그런데 우리는 한평생을 살면서도 순 우리말의 수의 이름의 뿌리도 모르고 방위의 이름조차 그 어원을 모르고 지낸다는 것은 실로 수치스러운 일이 아닐 수 없다.

하나에서 열까지를 세는 말들이 수를 헤아릴 때 사람의 다섯 손가락을 굽혀서 꼽았다가 일으켜 폈다가 하는 모양에 따라 말과 글자가 만들어진 경위를 우리는 이미 살펴본 바가 있다. Ⅰ, Ⅱ, Ⅲ, Ⅳ, Ⅴ와 같은 로마숫자나 一, 二, 三, 亖, 𠄡와 같이 옛 한자로 쓰는 숫자의 모양을 보면 손가락을 꼽되 다섯 손가락을 단위로 세어 가면서 변용을 하는 것을 쉽게 읽을 수가 있다. 이처럼 셈을 할 수 있는 몸의 한 부분인 손가락은 천부적인 컴퓨터요, 이를 가시적인 글자로 쓰게 해놓은 것이 숫자요, 도구로 옮겨놓은 것이 주판이요, 이를 전자화한 것이 전산기가 아닌가 한다.

그런데 다섯 손가락을 꼬부려 닫았다가 펴서 열었다가 하는 동안 열의 수가 세어지는데 이 열이 다시 두 번, 세 번, 네 번 겹쳐지기를 거듭하여 나가는 동안 스물, 서른, 마흔, 쉰, 예순, 이른, 여든, 아흔을 거쳐 온, 곧 백에 이르게 된다. 그런데 여기에서 보듯 오늘날 우리가 쓰는 우리말 수의 이름에 '흔'이 들어간 것은 마흔과 아흔 두 개뿐이다. 그러나 옛말로 거슬러 올라가보면 '셜흔, 닐흔’이 더 나타나는 것을 보면 그 밖에도 스물을 빼놓고는 나머지 십 단위 숫자는 모두 ‘흔’이 들어가서 조어가 된 말이라 풀이할 수 있다고 생각된다. 서른도 옛말에서는 ‘셜흔’으로 쓰였고 쉰도 방언에서 자주 나타나듯 ‘쉬흔’으로도 쓰인다.

예순은 옛말에서 ‘여순’으로 쓰였는데 이것도 ‘여슈흔’에서 왔을 가능성이 많다. ‘이른’도 옛말 ‘닐흔’에서 왔다. ‘여든’도 ‘여드흔’에서 왔음 직하다. 여기에서는 우선 ‘흔’이 분명히 나타나고 있는 ‘셜흔, 마흔’과 ‘닐흔, 아흔’의 ‘흔’이 무슨 구실을 하고 있는지부터 살펴보기로 하자.

2. 서른의 옛말 ‘셜흔’

요즘 학교 교육을 받아 표준어에 익어있는 젊은 세대라 할지라도 ‘서른’이 ‘셜흔’에서 온 ‘흔’자 돌림의 수의 이름이라는 것을 방언이나 나이가 많은 분들이 사용하는 일상 구화의 발음을 상기하면 쉽게 납득할 수가 있을 것이다. 서른은 옛말에서 ‘셜흔’으로 쓰였다. 셜흔으로 두루 쓰인 옛말의 용례를 몇 가지 들어보기로 하자.

나히 셜흔이 못ᄒᆞ야서: 年未三十(杜初八 21)
셜흔이어든 안ᄒᆡ롤 두어: 三十而有室(小諺一6)
셜흔근 균: 鈞(類合下 23)
셜흔 닐굽 차힌(月二 57)

그렇다면 이 ‘셜흔’의 조어구조는 어떻게 이루어진 것일까?

‘셜흔’의 ‘셜’은 셋을 나타내는 옛말 ‘싓: 三日酒乃切’(鷄類)의 원형 ‘숫’의 변형으로 보인다. 이 ‘숫’은 사이(間)를 뜻하는 말이었는데 셋을 손가락을 꼽아 헤아릴 때 세 번째 손가락 곧 양쪽 두 손가락 ‘사이의’손가락을 꼽는다는 뜻으로 셋을 가리키는 어형이 숫>싓>셓>셋>세(三), 숫<ᄉᆡ>ᄉᆞ이>사이

<새(間), 슷(>숟)>섣>서리>셜>설>살(歲) 등으로 변하여 익어진 것으로 보인다.

그러니까 '셜흔'의 '셜'은 사이손가락을 꼽는다는 것을 뜻하는 말에서 온 셋을 의미하고 있다고 풀이할 수 있는 것이다. 그렇다면 '셜흔'의 '흔'은 무엇인가? 이 '흔'은 '마흔'의 '흔'이나 '아흔'의 '흔'과 같은 뜻의 '흔'임에 틀림없다. 그러면 '흔'의 뿌리가 무엇인지 추적하는 일이 여러 다른 말의 어원 풀이를 할 수 있는 결정적 뿌리가 될 것으로 예측된다. 어떤 연구자는 '흔'의 'ㅎ'은 수에 일반적으로 따라붙는 'ㅎ'종성특수명사의 'ㅎ'일 것이라고 풀이하면서 나머지 '은'이 무엇인가를 알면 저절로 '흔'의 정체가 해명될 것이라고 하면서, 이 '흔'의 일부로 숨어 있는 '은'은 관형형일 것이라는 결론을 짓고 있다. 그런데 '셜'을 사이나 셋이라는 어사로 풀이한다면 거기에 관형형이 붙는다는 말은 과연 설득력이 있을까? '셜흔'의 '셜'이 셋을 뜻하는 어형이라면 '흔'은 열을 뜻하는 어형일텐데 그 형성 경위가 묘연하다. 따라서 '셜흔'의 '흔'은 어디까지나 '흔' 자체 그대로 어떤 의미를 지닌 형태소로 보고 그 원형 추적에 관심을 쏟아야 할 것이다. 이 '흔'의 정체에 관하여서는 먼저 마흔의 어원을 추적하면서 그 해명의 실마리를 찾아보기로 하자.

3. '마흔'의 어원

마흔은 『계림유사』에서 '麻忍'으로 채록되어 있는데 이것은 '마슨'으로 읽히는 말이라고 생각된다. 마흔의 옛말은 '마슨'과 '마은'으로 나타난다.

마슨 사스미 등과: 鹿背四十(龍88)
마슨네 차힌(月 57)
곧 마으내 니르러: 便至四十(杜重四 1)
이제 마은히로다: 于今四十年(杜重四 1)

  그렇다면 마흔의 어원적인 조어구조는 일단 '맛+은'으로 추론된다. 따라서 이 말의 뿌리는 '맛'으로 추출할 수 있다. 그런데 십 단위 수는 단 단위 수와 관련지어보면 서른은 셋에서, 예순은 여섯에서, 이른은 일곱에서, 여든은 여덟에서 온 것으로 볼 수 있는데, 이 마흔은 우리말 자체 내에서 그 뿌리를 견주어 추적해 보려 해도 그 근거를 찾을 수가 없다. 둘도 스물과 직접 관련이 되지 않는다. 또 다섯과 쉰도 직접 관련을 지을 수가 없다.

    둘? 스물>스물
    셋-셜흔>서른
    넷? 마순>마은>마흔
    다섯? (쉬흔)>쉰

    여섯-여쉰>여슌>예순
    닐굽>일곱-닐흔>이른
    여듧>여덟-여든
    아홉-아훈>아흔

  따라서 이와 같이 우리말 자체 내에서 견줄 말이 없는 것은 다른 이웃 언어의 말과 견주어 어원적인 관련성 유무를 따져 볼 만한 근거가 있는지 추적해 보기로 하자.

  다음 견줌표에서 두 가지가 발견된다. 서로 가까운 관계의 말로 풀이되지는 않지만 우리말의 차례수사 첫째, 둘째, 스무째, 서른째, 마흔째 등에 붙는 째와 만주어 서수사에 붙는 'ci'와 유관할 것이라는 점과, 일본어 수사에 열을 ju로 쓰는 점이 만주어에서 열을 나타내는 ju와 같은 것으로 보아 서로 유관하리라는 점이다.

우리말	만주어	서수사	몽고어	일본어
sɨmul(스물)	orln	orici	xori	niju
sērhin(셜흔)	güsin	güsicl	guči	mitso
mahin(마흔)	dehi	dehici	düči	yotso
suin(쉰)	susai	susaici	tabi	itso
jēsuin(예순)	ninju	nijuci	jara	rokju
irhin(닐흔)	nadanju	nadanjuci	dala	nanaju
jēdin(여든)	jakünju	jakünjuci	naya	haciju
ahin(아흔)	uyunju	uyunjuci	yere	kyuju

그러면 우리말 '마흔'을 견줄 만한 다른 이웃 언어에서의 근거는 없을까 하는 점이 우리의 관심거리의 하나가 된다. 길약어에서 보면 짐승이나 옷을 셀 때 넷을 nuur라 하고 마흔은 nuur muxon이라 한다. 여기에서 넷을 가리키는 nuur가 줄어들고 열을 가리키는 muxon만이 남은 어형이 우리말 마흔의 뿌리가 된 것으로 봄 직도 하다. 우리말 마흔의 정체를 밝히는 실마리를 여기서 찾을 수 있다고도 생각된다.

우리말에 귀화된 마흔은 '흔'이 열을 나타내는 말의 요소처럼 두루 쓰이게 되어 셜흔, 닐흔과 같은 옛말도 낳고 아흔이라는 말도 낳을 수 있는 것이라고도 생각함 직하다. 그럼에도 불구하고 '흔'의 정체를 우리말에서의 관형형으로 보고자 하는 안목을 우리는 저버릴 수가 없다. 열을 단위로 하는 말은 물론 백을 나타내는 순 우리 옛말 '온'이나 천을 나타내는 순 우리옛말 '즈믄'까지도 모두 관형형의 어형으로 익어져 있다고 볼 수 있기 때문이다. 홑 단위의 옛말 이름 가운데에서도 하나를 가리키는 'ᄒᆞᄃᆞᆫ'이나 둘을 가리키는 '두ᄫᅳᆯ'도 관형형이 굳어진 것으로 풀이된다. '셋, 넷, 다숫, 여숫'처럼 명사형을 취하는 것도 있고, '닐굽, 여듧, 아홉'처럼 용언의 어근 자체만으로 익어진 말도 보인다. 그러나 열 단위의 수는 모두 관형형을 취한 점으로 보인다. 그런데 관형형을 취하되 '셜흔, 마흔, 닐흔, 아흔'에서는 '흔, 흔'을 취하고 '스믈'에서는 '을'을 취하고, '쉰, 여쉰'에서는 '은'을 취하고 있음을 본다. 십 단위 수의 이러한 일련의 관형형은 '열 번을 센'이라는 뜻을 줄여서 담고 있다고 할 수 있을 것이다.

이러한 안목으로 볼 때 관형형의 어형으로 익어진 어형 마흔의 옛말 '마은'은 그 조어구조 '맛＋은＞마순'에서 관형형 '은'을 빼면 그 뿌리가 '맛'으로 추출될 수 있는데 이 '맛'의 정체는 과연 무엇일까? 여기에서 우리는 우리 인간의 좀더 평범하고도 근원적인 일상적 사고 유형에서 그 해명의 실마리를 찾아보아야 하리라고 생각된다.

옛말에서 '맛'은 마주의 원말로서 쓰였다. 마주 본다는 뜻의 옛말 '맛보다'나, 만난다는 뜻의 옛말 '맛나다'도 모두 이 '맛'에서 파생되었다. '마파람'도 '맛보름'에서 온 것으로 맞은편 바람인 남풍을 뜻하는 말이 된 것이다. 마주 보는 쪽은 방위로 보면 동서가 마주 보고 남북이 마주 본다. 주변으로 팔을 펴서 한 번 돌아보면 전후가 마주 보고 좌우가 마주 본다. 이처럼 마주 보는 쪽은 둘이 맛보는 것이 겹쳐서 통상 완성형은 넷을 이룬다. 이렇게 볼 때 마흔의 옛말 뿌리 '맛'이 넷을 뜻하는 말로 익어진 것은 인간의 일상적인 사고유형에서 유발된 것임을 보여주고 있어서 실로 의미심장하다 아니할 수가 없다.

이렇게 해서 이루어진 '마순'이 '마은'으로 쓰이다가 '셜흔'이나 '닐흔, 아흔'과 서로 닮아가서 '마흔'으로 현대어에 정착된 것으로 보인다. 따라서 마흔의 뿌리는 '맛(4)＋은(10)'으로 분석되고 열을 네 번 헤아려 센 수라는 뜻이 담겨 있다고 하겠다.

4. '이른'의 옛말 '닐흔'과 '예순'

먼저 옛말에서 스물부터 아흔까지 수의 이름을 어떤 어형으로 썼는지 서로 견주어 보기로 하자.

<blockquote>
스물(스믈)－스믈 살 마치시니(龍 32)
반ᄃ시 스믈헤 관ᄋ흘 디니라(家諺三 20)
</blockquote>

　　서른(셜흔) — 셜흔 닷쐐어나 마순 아ᄒ래어나(月九 51)
　　마흔(마순) — 마순 여슷이 잇ᄂ니(圓上一之一 30)
　　쉰 — 부텻 나히 쉬니러시니(月八 103)
　　예순(여쉰) — 여쉰 둘흘: 六十二(능엄 7)
　　　　　　　　여슌: 六十(同文下 20)
　　이른(닐흔) — 닐흔늬 모미 맛거늘(龍 40)
　　여든 — 여든차힌 손바래 德字겨샤미라(月二 59)
　　　　　　여든나래ᅀᅡ(三綱忠 19)
　　아흔(아훈) — 아훈 겁이로소니(釋六 37)

　이렇게 볼 때 'ㄹ'관형형의 어형은 '스믈' 하나뿐이고 나머지는 모두 'ㄴ' 관형형의 어형으로 이루어져 있음을 볼 수 있다. 이 'ㄴ' 관형형의 형은 셜흔, 마흔, 닐흔, 아흔을 포함해서 '쉬흔, 엿흔, 열흔'까지로도 확대하여 생각해보면 모두 '흔'자 돌림의 수 이름이라고 묶어서 말할 수 있으리라고 본다. 이를 다시 연이어 써보면 '셜흔, 마흔, 쉬흔, 여스흔, 닐흔, 여드흔, 아흔'처럼 될 것이다.

　그러나 분명히 '흔'이 명시되어 쓰인 용례로는 '셜흔, 마흔'에 이어'닐흔'과 '아흔'이 더 있다. 이 가운데 '닐흔'은 과연 어떤 뿌리에서 자라 온 말이라고 풀이할 수 있을까? 이것은 일단 '셜흔>서른'의 어형변화와 꼭 같이 '닐흔>이른'으로 바뀌었음을 확인할 수 있다. 그렇다면 '셜흔'의 '셜'이 사이를 뜻하는 옛말 '숫'에서 변형된 것으로서 사이손가락(中指)을 꼬부려 꼽아서 셋을 세던 방식에서 그 이름이 온 것임을 확인해 볼 수 있었던 바와 같이 '닐흔'의 '닐'은 '닐굽'에서 온 것으로서 일곱을 셀 때 꼬부렸던 손가락을 일으켜가는 과정을 나타내는 말로 익어진 말임을 확인할 수 있는지 먼저 추적해 보아야 할 것이다.

　다섯을 셀 때 손가락을 모두 꼬부려 주먹을 꼬부린 손가락을 하나씩 펴서 여섯, 일곱을 세어간다. 이때 '닐'은 일으키다의 옛말 '니르혀다, 닐으혀다'의 '닐'이요, 잇따라의 옛말 '니ᅀᅳᆷ드라'의 '니'의 뜻은 함께 지닌다.

여섯에 연이어 손가락을 두 번째로 일으키면 일곱이 된다는 말로 풀이될 수 있는 것이다. 그런데 여기서 손가락을 세는 또 다른 방법으로 추론이 가능한 암시도 있다. 원시퉁구스어의 셋을 'ilan'이라 하고 만주어에 'ilan'으로 전해진 것으로 보아 '닐굽'에 '닐'이 셋을 가르키는 'ilan'의 'il'로 본다면, 셋을 굽어 있는 채 두고 있는 일곱을 세는 손가락 모양에서 '닐굽'이라는 말이 생긴 것이라고 풀이될 수 있다(김승곤 84:255). 일곱이 옛말에서 '닐굽'으로 쓰인 것을 두고 볼 때 하나씩 손가락을 굽혀가서 다섯에서 닫혔던 손을 여섯부터 굽혀있는 손가락 하나씩을 펴가면서 손을 열기 시작하여 일곱이 되면 연달아(니음드라) 그 다음 손가락을 일으켜(닐으혀)가는 손가락셈의 모양이 된다는 뜻으로 풀었을 때, 아직 세 손가락은 굽혀 있다는 풀이가 더해져서 아무런 모순이 없다.

이렇게 어원풀이가 가능한 '닐굽'에 열을 나타내는 '흔'자가 붙어서 '닐흔'의 어형을 이루었으니 열을 '닐굽' 번 헤아린 수라는 뜻이 담긴 이름이라는 풀이가 절로 나오게 된다. '여쉰'도 '여슈(六)＋흔(十)'의 조어구조로 확대하여 풀이해 본다면 닫혔던 손에서 손가락을 하나 일으켜 펴서 열기 시작한다는 뜻의 말 '엿＞여슈'에 열을 뜻하는 '흔'이 붙었으니 이는 열을 여섯 번 헤아린 수라는 뜻의 말로 익어진 수의 이름임을 알 수가 있다.

이와 같은 맥락에서 풀어 가면 여든과 아흔도 어렵지 않게 그 어원이 풀이되고 쉬흔까지도 그 어원을 풀어 볼 수 있는 실마리를 찾게 될 것이다. 왜냐하면 여덟의 옛말 '여듧, 여듧'에 '흔'이 붙으면 '여드흔'이 된다는 여든의 뿌리를 찾고 나면, 아홉에서 아흔의 뿌리를 찾아가는 것이 어렵지 않기 때문이다. 다만 쉰은 다섯과 직접적인 관련이 되지는 않지만 방언에서 '쉬흔'으로 말해지고 있다는 것은 이도 역시 '흔'자 돌림의 수 이름으로 보는 언중들의 언어의식이 구화에서 쓰는 말 속에 그대로 담겨져 있는 것이라고 풀이해 볼 수가 있으리라.

5. '아흔'의 어원과 '여든'

고려시대의 우리말에 관한 기록을 살펴보면 아홉과 아흔이 『계림유사』와 『조선관역어』에 각각 유사 한자음 표기로서 다음과 같이 나타나 있다.

『계림유사』   『조선관역어』
九曰雅好   九阿戶
九十·曰雅順

여기에서 '아홉'의 '홉'자 발음의 한자가 없으니까 '아호(雅好, 阿戶)'로 어림잡아 쓰고 '아흔'도 어림잡은 한자표기 '아순(雅順)'으로 표기했으리라 짐작된다. 그리고 조선조 때의 기록에 보면 이것이 구체적으로 표음되어 나타난다.

九는 아호비라(月釋 1:32)
耆ᄂ 아흔니라(法華 5:116)

그렇다면 우리는 '아흔'의 옛말이 '아흔'이었음을 알 수 있고 이 '아흔'은 '아(홉)＋흔'의 조어구조로서 아홉에 뿌리를 둔 형태소 '아'에 열을 가리키는 관형형 어미 '흔, 흔' 중에서 모음조화를 따라 '흔'이 붙는 것으로 풀이된다. 그러면 '아홉'은 어찌하여 '九'를 의미하는 말이 된 것일까? 여기에서 우리는 '아홉'이라는 수 이름의 뜻이 무엇인지에 관해서 다시 한번 정리해 볼 필요가 있음을 깨닫게 된다. 오꾸라신뻬이(小倉進平)설을 참작하면서 이 이름을 재검토 해 보기로 하자.

'아홉'은 'yël(10)＋hanah(1)＋ëp(s)(無)'의 조어구조 yëlhanahëp에서 앞부분이 줄어들어서 뒷부분만 남아 두 음절로 'ahëp'이 되어 '아홉'이 이루어진 것으로 풀이한다면 손가락을 꼬부렸다가 일으켰다가 하면서 수를 셀 때 열에서 하나 모자란 수라는 뜻을 담고 있는 말이라 하겠다. 이것은 로마숫자로 '아홉'을 IX로 적는데 이것은 다섯을 가리키는 숫자 V를 상하로 두 개를 맞붙인 X 글자로 적은 열의 숫자에서 하나가 앞서 있어서 모자란 수라 하여 IX처럼 열에서 하나 앞선 수라는 뜻을 상형한 표기를 하고 있다는 사실과 아주 흡사하다는 데 우리의 관심과 흥미가 간다. 이렇게 이루어진 '아홉'이라는 수 이름에 열을 가리키는 데 두루 쓰이는 '흔'이 붙어서 '아흔'이 된 것이라면 '아흔'은 열을 아홉 번 헤아린 수라는 뜻으로 풀이되는 말이다 하겠다.

이렇게 보아나가면 여덟의 옛말 '여듧'에 '흔'이 붙어 '여드+흔'의 조어구조로 '여든'이 만들어졌다고 풀이될 것이다. 여덟도 아홉처럼 손가락으로 수를 셀 때에 열에서 둘이 없다는 'yël(10)+tul(2)+ëp(無)'이 줄어서 '여덟'이 된 것으로 풀 수 있는 말이라 할 수 있을 것이다. 따라서 '여든'은 열을 여덟 번 헤아린 수라는 뜻의 말이라 하겠다.

6. 마무리

이제까지 십 단위 수를 가리키는 순 우리말 가운데 '흔'자로 끝나는 수의 이름이 어떤 어원적인 조어구조와 의미를 지니고 있는지에 대하여 살펴보았다. 이를 요약하여 정리하면 다음과 같다.

첫째, 우리말 십 단위 수의 이름 가운데 '흔'이 들어간 것은 '마흔'과 '아흔' 두 가지로 나타나 있지만, '서른'도 옛말에서 '셜흔'으로 쓰이고 '이른'도 옛말에서 '닐흔'으로 쓰였을 뿐만 아니라 방언에서 쉰도 '쉬흔'으로 두루 쓰이고 있는 것으로 미루어보면 '예순'도 '여슈+흔'으로 분석되고 '여든'도 '여드+흔'으로 분석될 수 있는 말이라는 것을 알 수 있다. 이렇게 보면 '스물'만 제외하면 모두 '흔'자 돌림의 수 이름으로 분석할 수 있다는 것을 알 수 있다.

둘째, 우리말 십 단위 수의 이름은 모두 관형형을 취한 어형임을 알 수 있다. 그것은 주로 '흔'자 어형으로 나타난다. '흔'자 돌림수에 붙는 '흔'은 'ㅎ' 이 '은'에 붙은 관형형으로서 십을 뜻하는 형태로 익어진 것으로 풀이된다.

셋째, '서른'의 옛말 '셜흔'은 셋째 손가락인 '中指'를 꼽아 헤아린 수라는 뜻을 담고 있는 '숫(間)>섣>서리>셜'의 '셜'과 열을 가리키는 '흔'이 합해 져서 이루어진 것으로, 열을 세 번 손가락으로 꼽아 헤아린 수라는 뜻을 담 고 있는 수의 이름이라고 풀이된다.

넷째, '마흔'은 옛말에서 '마슨'으로 표기되었는데 이는 '맛+은'의 조어구 조로 분석해 볼 때 '맛'은 옛말에서 마주 본다는 '맛보다'와 마주 나와서 만 난다는 '맛나다'의 뿌리가 되고 있는 '마주'의 원말이다. 이는 마주 보는 짝 의 쌍을 가리키는 전후와 좌우 또는 동서와 남북이라는 우리 인간의 사고유 형에서 넷을 가리키는 어형으로서 익어진 것이라고 풀어볼 수 있다. 여기에 열을 나타내는 데 두루 쓰인 '흔'이 붙어서 '마흔'이 이루어진 것으로 보면 '마흔'은 열을 네 번 센 수라는 뜻의 이름이라는 뜻으로 풀이되는 말이라 하겠다.

다섯째, '예순'은 다섯 손가락을 꼬부렸다가 다시 펴기 시작하는 수를 '여 숫>여슷'이라 이름하였고 예순의 옛말 '여쉰'이 '여슈(6)+흔(10)'의 조어구 조로 이루어진 것이라고 보면 예순은 열을 여섯 번 손가락으로 꼽아 헤아린 수라는 뜻을 담고 있음을 알 수 있다.

여섯째, '이른'의 옛말 '닐흔'은 '닐(굽)+흔'의 조어구조로 분석되며 이는 다섯을 세면서 손가락을 다 꼬부려 닫았다가 다시 펴기 시작하면서 연이어 일으켜서(닐으혀서) 센 수가 둘을 일으키고 셋은 굽혀둔 채의 수가 곧 일곱이 라는 뜻이므로 '닐흔'은 열을 일곱 번 센 수라는 뜻의 이름이라고 풀이된다.

일곱째, '여든'은 '여듧+흔'의 조어구조로 분석할 수 있으며 이 때의 '여 듧'은 열에서 둘이 없는 수라는 뜻의 말이요. '흔'은 십 단위의 수에 두루 쓰인 형태이므로 여든은 열을 여덟 번 센 수라는 어원적 의미를 지닌 말이 라고 풀이된다.

여덟째, 열에서 하나가 앞선 수라는 뜻의 말이 줄어서 '아홉'을 이루고 여기에 열을 뜻하는 '흔'이 붙어서 '아흔'이 이룩된 것이므로 열을 열 번에서 한 번 모자란 수만큼 헤아린 수라는 뜻을 담고 있다고 풀이된다.

아홉째, 십 단위 수의 우리말 이름의 풀이 가운데 아직도 '스물'과 '쉰'은 논의의 여지가 많이 남아 있어서 손대지 못하였다. 이 문제는 다음 장에서 탐색해 볼 과제로 남긴다.

〔마〕 '스물'과 '쉰'의 어원

1. 남은 과제를 푸는 지혜

이 글은 우리말의 수를 셈하는 말 가운데 이제까지 그 어원적인 탐색을 엄두도 내지 못하고 미루어 두어 왔던 십 단위 수 이름의 두 가지 '스물'과 '쉰'에 대해 그 정체가 무엇이며, 어떠한 의미를 담아서 이룩된 말인지에 대하여 살펴보는 데 그 목적이 있다.

조선조 때의 우리말 어원에 관한 관심의 일단이 있었지만 『아언각비』 등에서 한자취음의 어휘 몇 가지를 찾는 데 공헌한 것이 있었을 뿐, 순 우리말 어원규명은 미진했으며, Ramstedt를 비롯하여 오꾸라 신뻬이 등 외국인의 우리말 수 이름의 어원에 관한 관심은 고조되어 왔지만 일부분의 긍정적으로 검토해 볼 만한 가능성을 제시한 것은 있지만 상당한 부분이 부정적 비판을 받을 수밖에 없었다는 것을 우리는 알고 있다.

그 가운데서도 특히 '스물'과 '쉰'의 수 이름에 관한 어원정보는 전무한 상태이고, 알타이제어와의 비교를 시도해 보려는 노력도 관련성을 찾을 근거가 보이지 않아서인지 아무런 성과를 거두지 못한 채 관심 밖으로 제켜놓은 감이 없지 않다. 비록 의견의 차이가 많이 있기는 하지만 하나에서 열까지의 어원추구는 꾸준히 논의되어 왔다. 필자는 이에 관한 해명을 세 단계로 나누어 정리한 바 있다. 그런데 '스물'에서 '아흔'까지는 쉽게 연결이 가능하다고 생각됨 직한 몇 가지에 관한 부분적인 검토는 있어 왔지만 이 '스물'과 '쉰'이라는 두 개의 수 이름의 정체는 손을 대지 못한 채 방치해 두어 온 셈이다. 필자는 십 단위 수의 순 우리말 전반에 걸친 어원추적을 모두 정리하고자 그 전단계로 '흔'자 돌림의 수라고 볼 수 있는 '셜흔', '마흔'을 비롯해 '닐흔', '아흔'을 정리하고 이를 토대로 '여슌흔, '여드흔'의 조어구조 어형의 가정을 근거 삼아 '예순', '여든'까지 모두 일단의 어원적인 의미규명을 해두었다. 그런데 '예순'은 '여섯'과 관련되고 '이른'은 '일곱'과 관련되며 '여든'은 '여덟'과 관계되고, '아흔'은 '아홉'과 관련된다고 풀이가 가능하지만 '스물'은 '둘'과 쉽게 관련지을 수가 없으며, '쉰'도 '다섯'과 쉽게 관련지을 수가 없다는 데 문제해결의 어려움이 도사리고 있다. 그러나 이제는 비록 어렵기는 하지만 남은 과제인 '스물'과 '쉰'에 관하여서도 또 다른 차원의 가정을 세워 그 어원추적의 시도를 해 보아야 할 단계에 접어들었다.

이보다 먼저 우리가 손가락 다섯을 가지고 수를 셈하는 데서 로마 숫자나 상고시대의 한자가 이루어졌듯이 우리말의 수 이름도 다섯 손가락을 꼽아 수를 셈하는 데서 그 대부분이 이룩되었음을 이미 보아 왔거니와 이런 맥락에서 접근해 볼 수 있다고 생각되는 '쉰'부터 먼저 살펴보기로 하자.

2. '쉰'의 어원적 의미

가) '다섯'과 '쉰'의 관계

우리말 수의 개념을 나타내는 이름 '다섯'은 '쉰'과 직접 관련을 지을 근거가 없다는 데 '쉰'의 정체를 해명하기 어렵다는 문제점이 도사리고 있다. 우리가 수를 세어갈 때 일단 우리의 천부적인 계산기라 할 수 있는 손가락으로 굽혀 꼬부려 가면서 세어가다가, 다섯에 이르러 손가락 다섯이 다 꼬부라져 주먹으로 손이 닫히면 일단 쉬어 가지고 다시금 수를 세는 방식을 바꾸어 손가락 하나씩 일으켜 펴가야 한다. 여기에서 '다섯'과 '쉰'이 의미상으로 통하는 간접적인 관련성을 찾을 수 있는 암시를 찾는 데 관심을 모아 두어야 한다고 생각된다. 별로 성과를 거둔 것은 없지만 우리말을 종종 알타이제어와 비교하여 뿌리를 찾고자 한다. 여기에서 우리는 먼저 기본수사가 알타이제어와 어떤 관련을 찾을 만한 빌미가 숨어 있는지부터 검토해 보기로 하자.

	원시알타이	고대츄르어	츄바쉬어	몽고어	타타르어	원시퉁구스어	만주어	고대일어	조선어
1	bir	bir	pěr	nigen	neke	ämün	eme	Fitotu	hanah
2	dir	jki	ikě	qoyar	ḫoire	ӡör	ӡuwe	Futatu	tułh
3	—	uč	visě	vurban	guarebe	ilan	ilan	mi-tu	sëyh
4	dör	törtš	tăvată	dörben	durube	dügün	duin	yo-tu	neyh
5	ta	bis	pilěk	tabun	taau	tuñga	sunӡa	itu-tu	tas(ës)
6	—	alti	ultă	zirɣuɣar	jireuoo	ñöŋün	niggun	mu-tu	yës(ës)
7	—	yiti	sičě	doloɣan	doloo	nadan	nadan	nana-tu	ñilkup
8	de	säkiӡ	sakăr	nayman	naime	ӡapkun	ӡakûn	ya-tu	yëtëlp
9	—	toquz	tăxăr	yisün	ise	xüjägün	nyun	kökönö-tu	ahop
10	—	on	vună	arban	harebe	ӡuan	ӡuan	töwo	yëlh

(김승곤 84 : 256—257 참조 재구성)

이 비교표에서 볼 수 있거니와 연구자에 따르면 원시알타이어의 bir가 고대 츄바쉬어에 이어지다가 우리말의 '시작한다'는 뜻의 '비롯'이라는 말이 이루어진 것이라고 한다. 아울러 이 연구자들은 원시알타이어의 dir가 원시 퉁구스어의 ȝör를 거쳐 우리말 '둘'과 관련을 짓게 된다고 보려한다(김승곤 84:256-257 참조).

나아가서 이들은 '萬'을 가리키던 tumen이라는 만주어가 우리말에 들어와 '千'을 가리키는 '즈믄'이 되고 이것이 일본어의 '千'을 가리키는 '즈'로 줄어들었다고 단정한다. 이 계보를 한눈에 알아볼 수 있게 그리면 다음과 같다.

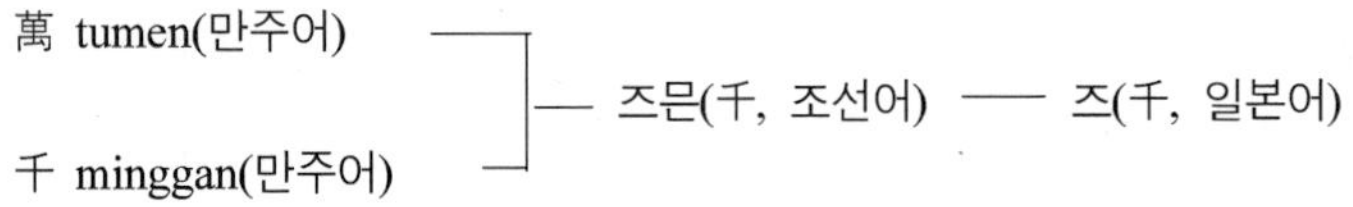

萬 tumen(만주어) ┐
              ├── 즈믄(千, 조선어) ── 즈(千, 일본어)
千 minggan(만주어) ┘

이러한 안목을 따라 우리말 '다섯'의 어원적인 뿌리를 원시알타이어 ta(5)에서 찾고자 한다. 여기서 몽고어의 tabun이나 타타르어의 taau로 이어져 이윽고 우리말 '다섯'에 귀착되었다고 보는 것이다. 이러한 시도를 검토하면서 Ramstedt는 우리말 '다섯'의 '다'는 오늘날 우리가 쓰고 있는 '모두'의 뜻을 가진 말 그대로이고 '다섯'의 '섯'은 손(手)을 가리키는 말일 것이라고 가정하면서 우리의 손가락 모두를 다 꼽은 수가 '다섯'임을 보인 조어구조라고 풀이하고 있다(김승곤 84:256 참조). 그런데 여기서 우리는 아주 중요한 새로운 암시를 발견할 수 있다. 그것은 손가락 다섯 개를 다 꼽아 세어서 손이 주먹으로 닫혀진 모양은 일단 손가락 다섯을 다 한번 썼으므로 여기서 잠시 쉬어서 세는 방식을 바꿔야 할 것을 결심하는 단계에 이른다는 점이다.

나) 새 암시에서 얻은 가정

말의 옛날 원형을 찾고 그 어형이 이루어지게 된 뜻을 찾아서 밝혀내려 해도 그것이 우리가 오늘날 쓰고 있는 말의 어형의 단순한 음운상의 변형으로 공식화해서 쉽게 읽어낼 수 있는 경우란 결코 흔하지 않을 것이다. '쉰'의 어원추적은 난제 중에서도 난제의 하나라고 생각된다. 이러한 어려운 문제에 관한 접근은 좀 유다른 안목을 갖지 않고서는 그 해결이 실마리를 풀어낼 수 없다고 생각한다. 앞에서 살펴본 알타이제어와의 비교에서 수를 셈하는 말 가운데 다섯에 이르러 우리는 한 가지 재미있는 암시를 받게 된다. 그것은 원시알타이어에서 '5'를 'ta'라고 했다는 점이다. 그리고 그것이 '모두'의 뜻을 지니고 있다는 점이다. 이것이 역사적 우연일지는 몰라도 몽고어의 'tabun'과 타타르어 'taau'(5)에 들어 있고, 우리말 'tasës'에 공통으로 들어 있다는 점이다. 우리말에서 '모두'를 뜻하는 '다'가 이 원시알타이어 'ta'에서 온 것이 아닐까 한다. 그러나 우리말 다섯의 뿌리는 '다'가 아니라 손가락을 모두 꼬부려 손을 주먹으로 닫았다는 뜻의 별도의 다른 말 '닷>닫(閉)'이라고 보아야겠지만 손가락을 모두 다 꼽았다는 안목에서 보면 의미상으로 통하는 바가 없는 것도 아니라는 생각이 재미있는 암시로 부각된다. 우리의 손가락은 다섯이기 때문에 손가락 하나씩 꼽아 수를 세다 보면 다섯에 이르러 다 꼽아 버리고 말게 되니 그 다음은 이 손가락을 꼬부리며 수를 꼽는 방법은 일단락 짓고 쉬어야 한다. 그리고 그 다음부터는 꼬부린 손가락을 펴서 닫힌 주먹을 열어가야 한다. 우리말 '다섯(5)'과 '쉰(50)'이 겉으로 나타나는 어형의 음운상 유사성은 전혀 없지만 손가락 다섯으로 셀 때, 홑(단단위) 수를 셀 때 손가락을 다 써서 손을 닫는 것이나 열의 수를 몇 번씩 거듭 세어나가다가 다섯 번째에 이르러 다해 버린 손가락 꼽기를 잠시 쉰다는 점에 있어서는 그 의미상의 공통점을 발견할 수가 있다.

여기에서 우리는 열을 손가락으로 몇 번 꼽아 나가다가 다섯 번째 손가락을 다 꼽고 쉰다는 뜻에서 '쉰'이라는 수의 이름이 일찍부터 정착된 것이 아닐까 하는 가정을 해볼 수 있게 된다. 고려시대의 말을 채록한 『계림유사』에 이미 50을 '쉰'으로 적고 있음은 애당초 열씩을 세어갈 때 다섯 손가락을 다 세게 되어 손가락 꼽기를 쉰 수가 50임을 나타내고 있는 것이 아닐까 한다.

五十曰*舜*

　여기서의 '*舜*'은 오늘날 우리나라 한자음의 [순]으로 읽어질 성질의 표기가 아니고 '쉰'을 가장 가까운 말음의 한자를 찾아 중국 사람이[슌]으로 발음 나는 글자로 채록한 것이라고 보아야 할 것이다. 이것이 조선조에 걸쳐 그대로 쓰이고 오늘날까지도 변음되지 않고 그대로 쓰이고 있다는 점도 그 어원적인 의미를 간직하는 언어의식이 비록 오래되어 의도적인 뜻은 사라졌다 하더라도 언중들의 뇌리에 무의식중에서나마 언어의식은 꺼지지 않고 맥맥히 이어져 온 것이 아닐까 한다. 이 '쉰'이 뒤에 '셜흔', '마흔'을 닮아서 '쉬흔'으로도 방언에서 쓰이고 있는 것이리라.

　어떤 연구자는 만주어에서 五를 'sunja'라 하고 五十을 'susai'라 하는데 이것의 근원형은 'sut'으로 가정되며 이것이 우리말에 들어 온 쉰의 어원이며 그 변화과정은 '숟>술>술인>수인>쉰', 또는 '숟>숫>수신>수인>쉰'이라고 추측하고 있지만(서정범 89:348－349) 고려 때에 이미 '쉰'으로 쓰인 말이 그 전후에 어디에서 '술인'이나 '수신' 같은 어형이 끼어들 수 있었다는 것인지 이해하기 곤란하고 납득이 가지 않는다. 그리고 만주어가 우리말의 어원적인 뿌리라고 생각하는 일방적 견해는 다시 검토되어야 한다고 생각한다. 만주 땅이야말로 애당초 우리 땅이었고 고구려와 발해에 이르기까지도 우리 강토였으므로 우리의 어형의 잔영이 거기에 남아 있다고 하면 몰라도 비슷하지도 않은 그 나라말이 자음 하나만 같은 게 있어도 우리나라말의 조상어가 된다고 보는 것은 용납이 안 되기 때문이다. 여기에서 우리는 음운상의 유사성으로는 풀리지 않는 어원추적의 과제의 문이 의미라는 열쇠를 가지고 열어보면 쉬 열리는 예가 종종 있다는 사실을 다시 한번 되새겨 볼 필요가 있다고 생각된다.

　오늘날 우리가 구화에서 쓰고 있는 말의 예를 하나 들어 보면 '교육하다'의 뜻을 가진 '가르치다'와 '지적하다'의 뜻을 지닌 '가리키다'가 종종 혼용되고 있다. '가르치다'라고 말할 자리에 종종 '가리키다'로 쓰이고 있다. 그것은 이 두 말의 옛말은 꼭 같이 'ᄀᆞᄅ치다'였다는 데 연유됨을 깨달아야 한다. 'ᄀᆞᄅ치다'에서 '가리키다'와 '가르치다'가 분화되어 이제는 표준어에서 구분되어 있으므로 글로 쓸 때에는 이를 결코 혼동하거나 바꿔 써서는 안 되지만 구화의 말로 할 때에는 대부분 바꿔 쓰고 있는 것이다. 어른이나 아이들이나 구분 없이 '수학을 잘 가르친다'는 말은 '잘 갈킨다'는 말로 흔히 쓰고 있는 것이다. 이는 시간의 흐름에 따라 언어표기는 바뀌었어도 언어의식의 흐름은 좀처럼 쉬 바뀌지 않고 오래 지속됨을 보여주고 있는 것이라고 생각된다. '가르친다'를 구화에서 '가리킨다'로 쓰는 것을 뛰어넘어 종종 '알으킨다'로도 쓰고 있음을 본다. 이때 이 말이 줄어서 '갈친다'가 '갈킨다'로 되고 '갈킨다'가 다시 '알킨다'로 쓰임을 종종 본다. 이때 '갈킨다'의 '갈'이 '알킨다'의 '알'로 음운변화한 것으로 풀이하여 'ㄱ자음탈락'이니 'ㄱ 묵음화'니 하는 설명을 하려 한다면 엉터리라고 코웃음을 살 수밖에 없다. '알다'의 사역형이 '알려주다' 대신 '알켜주다'로 쓰인 데서 '알킨다'라는 어형이 생긴 것이므로 의미상 추론으로 풀어야 된다. '알킨다'의 원형은 '알다(知)요, '갈친다'나 '갈킨다'의 원형은 '갈다(硏, 耕)'다. '갈킨다'가 '알킨다'로 'ㄱ>∅'의 음운규칙으로 풀릴 수 없는 전혀 다른 말인데 같은 의미로 쓰이고 있다. 그것은 의미상의 유관성으로 풀이될 수 있다. 가르치거나 가리키는 것은 알려주는 것이기 때문이다. '알다'의 사역형이 구화에서 '가리키다'를 닮은 '알으키다'라는 새 어형을 이룬 것이다. 다시 말하면 구화상의 '갈켜준다'와 '알켜준다'의 혼용은 비슷한 용법으로의 음운의 규칙으로 풀 수 없으되 의미추론의 열쇠로는 거뜬히 그 해결의 문이 열리는 과제라고 생각된다.

 '다섯'과 '쉰'의 관계도 음운의 유사성에 의한 규칙으로는 이미 풀리지 않는 과제로 젖혀놓은 문제로 두었던 것인데 '쉰'은 열씩 다섯 번째 손가락을 다 꼽아 세고 '쉰'수라는 뜻을 가진 말로 풀어서 의미의 열쇠로 그 해결의 문을 열어볼 수 있는 성취감을 맛보게 되는 또 하나의 좋은 예라고 생각된다. 이것은 음운유사의 규칙으로 굳이 풀려고 무리한 기원형 설정을 하고, 또 있지도 않은 중간과정을 거듭 가정하는 것은 마치 '알다'에서 온 '알켜준다'를 전혀 별개의 말 '갈켜준다'의 'ㄱ탈락'이라는 어이없는 엉터리 규칙을 끌어들여 해석함으로써 뭇사람의 코웃음을 사는 일과 흡사한 일이 되고 말 것이기 때문이다.

수를 셀 때 다섯에서 손가락 다섯을 다 굽혀 손을 '닫는다'는 말에서 '닷(閉)+읏(접미사)'의 조어구조로 '다섯'이라는 말에서 생기게 된 경위도 흥미롭거니와 '쉰'을 셀 때 한 손으로 손가락을 굽혀 꼽아가면서 손을 닫았다가 굽힌 손가락을 다시 일으켜 펼쳐서 손을 열었다가 하면서 열씩을 세고 그것을 또 다른 손으로 한 번 두 번 세어가다가 '쉰'을 셀 때 그 다른 손의 다섯 손가락이 다 꼽아져서 일단 쉰다는 수가 '쉰'이 되었으리라는 경위 해명도 더욱 흥미로워, 의미의 열쇠로 어원을 풀어가는 성취감을 또 한 번 맛보게 된다.

3. 스물의 어원

가) '둘'과 '스물'의 먼 거리

'둘'에 관하여 어떤 연구자는 둘을 포개면 한 면과 다른 면의 부피가 중첩되어 '두꺼워진다'는 뜻으로 '둣겁, 둣텁, 의 '둣'이 '둣>둔>둘'로 어휘형성을 이룬 것이라고 본다(정호완 88:254).

'둘'과 견줄 만한 알타이제어를 찾아보면 가장 먼저 원시알타이어의 'dir'가 눈에 띈다. 이 'dir'가 'dir>'dur>tur>tul'의 변화를 거쳐 우리말 '둘'로 바뀐 것이라고도 본다. 그러면서도 우리말 자체 내에 '쌍을 뜻하는 말'로 '둘'이 쓰였음을 인정하였다(김승곤 84:258-259). 또 오로코어의 'du', 올차어의 'dyuel', 나나이어의 'dyuer', 오로치어의 'duu', 에벵키어나 네기달어나 오로치어의 'djur' 등에서 볼 때 우리말 '둘'과 가까운 말이 많은 것으로 보아 이러한 말들이 우리말에 들어와 '둘'을 이루었다가 도중에 '두블'로 바뀌어 『계림유사』나 『조선관역어』 등의 고려어에 채록되고 있는 것이라고 보면서 다음과 같은 음운변화를 가정해 쌍형체계를 설정해 보기도 한다(서정범 89:336-337).

```
둘 ─┬─ 둘
    └─ 둘읍>두릅>두읍>둡–을>두블>두울
```

　이런 가정은 '하릅 강아지 범 무서운 줄 모른다'는 속담에 나오듯이 짐승의 나이를 셀 때 '한 살'을 '하릅'이라고 하는 것처럼 '두 살'을 '두릅'이라고 함 직하다. 나아가서 '세 살'을 '사릅', '네 살'을 '나릅' '다섯 살'을 '다습'이라고 할 때의 접미사 '읍, 릅'과 같이 '둘＋읍'도 이뤄진 것이라는 풀이를 하고 있다. 그러나 다른 수 이름은 손가락 꼽는 방식에서 그 이름이 모두 이루어진 것으로 풀이되는데, '둘'만 굳이 짐승과 관련된다 하고 또 짐승의 수도 아닌 짐승의 나이와 관련된다 하여, 쓰인 용례를 떠나서 '두릅'이 있은 다음에 이것이 변하여 '두블'이 생긴 것이라는 어려운 설명을 하는 것은 좀처럼 납득할 수가 없는 해설로 보인다. 그러면 우리들의 수 이름 '둘, 두'와 알타이제어에서 비슷하게 나타나는 'du, duu, dyuel'의 관계는 역사적 우연의 일치로 서로 무관하다고 볼 것인가? 그 대답은 이렇다. 영어의 'two'와 우리말 '둘'로 유입관계를 설명할 수 있느냐다. 만일 관련이 있다면 우리 민족이 아시아대륙을 누비고 살던 상고시대부터 쓰던 우리말이 그쪽에 영향을 주었거나 잔영으로 남아 있을 수 있다고 볼 수는 없겠느냐는 반문이 뒤따를 수도 있다. 아무튼 알타이제어와 견주어 보는 일과는 별도로 손가락셈을 할 때 하나 꼬부려 꼽은 위에 또 하나의 손가락을 포개어 덮듯이 겹쳐 꼬부려 꼽으면서 수를 센다는 안목으로 보면 둘은 '덮어 포갠다'는 뜻의 '둡다(覆)'의 관형형 '둡＋을'이 '두블'로 되어 고려어로 채록된 것이라고 보아야 할 것이다.

二曰途孛(드블)　　　　　『계림유사』
二都卜二(드블)　　　　　『조선관역어』　　*(　)안은 가상되는 원 발음

둘은 이렇게 설명이 될 수 있다. 그러나 '스물'은 문제의 성격이 아주 다르다. 그리고 의미상으로나 음운상으로 이 '둘'과 '스물'이라는 어휘의 거리가 너무 멀어서 이 두 사이의 거리를 건너서 서로 관련지을 수 있는 가교를 놓을 근거를 좀처럼 찾을 수 없다는 데 문제의 어려움이 도사리고 있다.

연구자들의 관심은 여러 군데서 착안을 하게 마련이거니와 '스물'은 그 원형의 어근을 만주어나 울차어의 'susai(五十)'에서 유입된 'sut'이 '술'로 귀화된 것으로 보려는 시도도 있다. 그리하여 우리말 '스물'을 '술＋음'의 조어구조로 분석을 하여 이것이 '술－음＞수름＞수음＞숨을＞수물'로 바꾸어진 것으로 보려고도 한다(서정범 89:348－349). 그런데 '스물'이 '수름＞스물'처럼 첫소리 'ㄹ'이 'ㅁ'으로 바뀌고 모음이 앞뒤로 바뀌고 또 끝소리 'ㅁ'이 'ㄹ'로 과연 바뀌었으며, '스물'이 과연 '수름'이나 '수음'으로 쓰인 적이 실제 있었을까? 이것을 이해시킬 만한 보조언급이 없이 결론부터 앞세워 끌어 붙여 댄 느낌이 있어 궁색하다는 느낌을 받는다. '둘'에서 '스물'을 건너갈 거리는 이렇게 멀기만 한가? 쉽게 건너갈 수 있는 의미상의 가교는 과연 없을까? 이 점이 우리의 관심거리로 남는다.

나) 하나의 가정

'스물'의 옛말 어형을 알아보면서 접근해 보기로 하자. 『계림유사』에서는 이렇게 한자표기로 취음하고 있다.

二十日戌沒

이것은 고려 때에 이미 '20'을 '스믈'이라고 한다는 것을 가까운 중국의 한자로 취음 채록한 것으로 보인다.

스믈 여듧자롤 밍ㄱ노니(訓諺)
스믈 네 수량: 兩(類合 下 58)

열히며 스믈히며(法華 二 57)

이처럼 조선 초기부터 '스믈'이라고 쓰다가 'ㅎ'음이 끝에 개입되어 '스믈ㅎ'로 바꾸어 쓰게 된 것으로 보인다. 이것은 원순모음화를 일으켜 오늘날의 '스물'로 정착된 것이리라.

그런데 여기서 우리는 노인들의 말이나 시골 농부들 또는 어촌의 어부들의 말에서 '스물'을 종종 '시물'이라고 발음하는 것을 듣는 데 귀가 익숙해져 있음을 상기할 필요가 있다고 생각된다. 이것은 처음의 발음을 쉽게 하기 위해 나타나는 움라우트현상이라고 설명할 수 있을지 몰라도 아무튼 이 '시물'이 도처에서 발화하고 있음을 볼 때 이 '시물'은 '시믈'의 변형이 언중들의 뇌리에 남아 있는 흔적이 아닐까 하는 가정을 가능하게 한다. 그렇다면 이 '시믈'은 '시므다'의 관형형으로 볼 수 있는 안목이 열리는데 이 '시므다'는 오늘날 우리가 곡식의 씨앗이나 화초 그리고 나무를 심는다고 할 때 쓰는 '심다'의 옛말임을 상기할 때 하나의 재미있는 가정을 해볼 수 있게 된다. 예나 지금이나 우리는 자녀를 낳아 길러 스무 살이 넘으면 짝을 지어 혼인을 시켜주어서 새 가정을 만들어 대를 잇게 하고 또 분가를 시키기도 할 때가 되었다는 생각으로 마음속으로 여러 가지 대비를 하게 마련이다. 우리는 원시농경사회 때부터 길들여진 의식에서인지 자녀를 짝지어 주는 일을 짝을 찾아 배필로 삼도록 심어준다고도 말하는 데 익숙해져 있다. 특히 딸일 경우 스무 살이 되면 배필을 구해 짝지어 심을 나이라고 생각하는 것이 일반적이다. 이렇게 볼 때 '스물'이라는 수 이름이 짝지어 심어 줄 나이라는 의식에 이끌리어 '시물(심을)'이라는 어형으로 익어진 것이 아닐까 하는 가정을 해볼 만하다. '심다'라는 동사의 관형형이 수량을 나타내는 명사의 꼴로 된 것은 자연스러운 일로 보인다. '어른'이라는 말이 신라향가에 나타난 '얼어두고'에서 볼 수 있듯이 남녀 교합을 뜻하는 동사 '얼다(交婚하다)'의 관형형이 장성한 사람이라는 뜻으로 쓰는 명사형의 어형으로 익어져 쓰인 예를 보더라도 이러한 어휘 형성과정은 조금도 이상할 것이 없는 자연스러운 현상이기도 하다. 더구나 조혼을 서둘던 옛날에는 자녀가 10대를 지나 20대로 접어들게 되면 배필을 구해서 짝지어 심어 줄 나이라는 뜻으로 '시믈'이라는 수 이름으로 쓰게 되었음 직하다. 이것이 '시믈>싀믈>스믈>스물'의 과정을 거쳐 '20'을 오늘날에 와서 '스물'로 일컫게 된 것이 아닐까 하는 가정을 해볼 수 있을 것이다.

다) 의미상 넘나드는 가교

씨앗이나 초목을 땅에 심어 새 움을 가꾼다는 뜻을 가진 '심다'의 옛날 어형은 '시므다'로 나타나 있다.

> 여러가지 됴흔 根源을 시므고(釋 十九 33)
> 이제 시므고져 ᄒᆞ야: 今欲栽(杜초十五 19)
> 植은 시믈 씨라(月序 24)

여기서 보듯이 '시므다'의 관형형은 '시믈'로 나타나 있다. 이것이 뒤에 원순모음화를 일으켜 '시무다'로 쓰이게 된다.

> 밧 시므다: 種田(譯下 8)
> 種也 시무다(柳物三草)

이 '시무다'의 관형형은 '시물'이 된 것이다. 이렇게 볼 때 '시믈'이 '시물'로 바뀐 것은 우리 옛말 어형에서 실제로 볼 수 있는 일이요, 현재는 '二十'을 가리키는 말로 노인들의 일상생활 속에서 쏟아지는 구화에서 늘 들을 수 있는 살아 있는 말소리다.

> 스므 살 마치니 (龍 32)

내 나히 스믈헤(능二 6)
반드시 스믈해 冠을 디니라(家언三 20)

　여기에서 나이를 '스믈'로 쓰고 있는 것을 볼 수 있다. 그리고 세배 때 덕담으로 총각이 나이 스물이면 장가갈 나이라 이르고 특히 처녀가 나이 스물이면 짝지어 심어 줄 나이라고 말하는 것이 시골노인들의 훈훈한 사랑의 말솜씨이기도 하다. 우리말의 '스물'이라는 수 이름이 '심다'에 뿌리를 둔 '시믈＞시물'이라는 어형 바로 그것이라고 직결시킬 수 있겠는데 그것은 음운상의 법칙이나 문법적 설명으로는 징검다리나 외나무다리를 건너가서 연계지을 수 없는 거리가 너무도 먼 말이지만 의미상으로는 그 먼 거리를 구름을 타고 가듯 아주 쉽게 넘나들 수가 있다. 곡식의 씨앗이나 초목을 심어서 새 생명을 싹 틔워 열매 맺게 함으로써 세대교체를 하게 한다는 뜻의 동사 '심다'가 20대로 장성한 사람의 자녀에게 배필을 구해 짝지어 심어주어 새 가정을 이루어 새 생명을 낳아 세대교체를 할 계기를 마련해 줄 나이라는 뜻의 '심을'나이라는 말이 '스물'이라는 수 이름으로 정착되었다는 가정은 의미상으로만 넘나들 수 있는 무지개 빛깔의 꽃구름의 다리이기도 하다. 우리는 얼마나 오랫동안 '스물'에 얽힌 궁금증을 미궁 속에 던져둔 채 고민해 왔던가?

　이 미궁의 어둠을 밝혀내는 지혜가 우리말의 의미 속에 숨어 있었던 것이 아니었던가? 딸이 장성하여 나이가 과년하여 배필을 찾아 짝지어 사랑을 심고, 인생을 심고, 꿈과 보람과 생명의 씨앗을 '시믈(심을) 나이'가 되었다는 표현의 말이 십대의 철없는 나이를 지나 장성한 '스믈(스물) 나이'가 되었다는 말로 익어진 것이라고 보는 조심스럽고도 재미있는 의미상의 가정은 우리에게 신선한 충격마저 주는 확실히 무지개빛 꽃구름으로 수놓은 아름답고 꿈결 같은 가교라 아니할 수 없으리라.

4. 마무리

이제까지 우리말 수의 이름 가운데 음운적인 유사성에 의해 알타이제어와의 비교나 국어 자체 내의 이웃하는 말들과의 분화과정 비교를 통해서는 그 어원추적이 불가능한 것으로 여겨 젖혀두었던 '스물'과 '쉰'의 어원과 그 근원적인 의미에 관하여 의미라는 기저에 기초하여 조심스러운 가정을 설정하면서 그 어원추적과 의미해명을 위한 접근을 시도하여 보았다.

이를 요약하여 정리하면 다음과 같다.

1. 우리말의 홑 단위 수와 십 단위 수를 가리키는 말의 어형상의 상관성을 좇아 서로 대응시켜 보면 '셋-서른, 여섯-예순, 일곱-이른, 여덟-여든, 아홉-아흔' 등은 홑 단위 수가 십 단위 수를 낳는 모체가 되고 있다는 어휘파생의 상관성 비교가 가능하나, '둘-스물, 넷-마흔, 다섯-쉰' 등은 그 비교가 불가능하다.

2. 그렇지만 이 가운데 '마흔'은 그 어형을 부분적이나마 '아흔'과 견줄 수 있고 '서른'의 옛말 '셜흔'이라든지 '이른'의 옛말 '닐흔'과도 견줄 수 있어서 그것을 기초로 가능한 어원추적의 시도를 어떤 가정을 설정하여서라도 해봄 직하지만 스물과 쉰은 부분적인 비교를 해볼 만한 근거조차도 찾기 어려워, 어설픈 조어재구의 시도를 해본다고 해도 수긍하기 어려운 역설일 가능성이 많으므로 미궁 속에 방치해 둔 채 외면해 온 셈이다.

3. 이처럼 미해결의 장으로 남겨둔 두 개의 우리말 십 단위 수 이름 가운데 '서른, 예순, 이른, 여든, 아흔' 등이 '열'을 나타내는 관형형으로 추정되는 '흔' 또는 'ㄴ'으로 끝나는 어형과 일단 견줄 수 있는 '쉰'부터 먼저 시도하여, 손가락 다섯으로 수를 세는 데서 수의 이름이 싹텄다는 일반적인 원리에 근거하여 생각해 볼 때, 열씩을 다른 손 다섯 손가락으로 다섯 번다 세면서 일단 쉬는 수라는 뜻으로 '쉰'이라는 수 이름이 되었으리라는 의미상의 가정을 시도해 보았다.

4. 마지막으로 받침 하나조차도 이웃 말과 견줄 근거가 전혀 없다고 여겨

어원해명의 관심 밖으로 버려두었던 ‘스물’은 옛말이 ‘스믈’인 것을 상기할 때 조혼의 관습이 이어져 온 옛 풍습을 되돌아보더라도 딸의 나이가 스물이 될 만큼 장성하면 짝을 구하여 심어 줄 나이라고 생각된다는 점에서 ‘심다’의 옛말 ‘시므다’의 미래 관형형을 써서 짝지어 ‘시믈’ 나이라 했을 가능성이 크며, 또 지금도 나이든 시골사람들의 구화에서는 ‘이십’을 ‘시믈’ 또는 ‘시물’이라고 말한다는 사실과도 일맥상통하는 점이 있다고 볼 때, ‘스물’의 옛말 ‘스믈’은 ‘심을’의 옛말 ‘시믈’에서 온 것이 아닐까 하는 가정을 해볼 수 있다고 보아, ‘스물’에 대해 ‘스물’이면 사랑을 심고 꿈과 보람과 생명의 씨앗을 ‘시믈(혼인할) 나이’라는 의미상의 가정을 통해 그 어원규명을 시도해 보았다.

Ⅳ. 인간과 자연

<h1 style="text-align:center">〔가〕 가랑비와 싸락눈</h1>

1. 철 따라 내리는 비

계절을 따라 내리는 비도 그 모양을 바꾸어 자연에 대한 우리의 정감을 사뭇 다르게 느끼게 한다.

활짝 갠 날씨를 우리는 '좋은 날씨'라 하여 좋아하고 구름이 해를 가리어 빗방울이 떨어지거나 눈보라가 휘날리면 '궂은 날씨'라 하여 걱정스러워 한다.

그런데 참으로 묘한 것은 날이 흐리어 궂은 날씨임에도 불구하고 가랑비가 내리면 마음이 평안해지고 싸락눈이 내리면 괜히 반갑고 마음이 들뜨는 것을 느끼게 된다는 점이다. 날씨가 궂으면 걱정스러움을 느끼게 된다는 것은 다시 생각해 보면 원시농경문화가 싹트기 시작할 때부터 밖에 나가 들일을 하기가 어려워진다는 것을 근심하는 마음이 생긴다는 뜻이 아니었을까? 항상 바쁜 일철에 눈코 뜰 사이 없이 일손이 모자라 아쉬워하는 터에 날씨가 궂어 하루라도 할일을 멈추거나 미룬다고 하는 것은 안타까운 일이 아닐 수 없다. 이것은 곧 부지런한 우리의 생활상에서 우러나온 정감임에 틀림없다.

더구나 무럭무럭 자라날 농작물은 쨍쨍한 햇볕을 받아서 더욱 힘차게 뻗어가고 부지런히 꽃을 피워 알찬 결실을 다짐할 수 있게 되는 이치를 아는 농민들의 가슴에는 땀 흘린 보람이 풍요로운 수확에 있다는 부푼 꿈으로 가득 차 있기 때문에 날이 궂으면 곧 마음마저 궂어지는 것을 느낄 수밖에 없으리라는 판단은 해볼 수도 있다.

그런데 가랑비가 내리면 궂은 날씨임에도 불구하고 왜 마음이 평안해지는 것일까? 가랑비 정도라면 일손을 멈추거나 미룰 필요 없이 오히려 쏟아지는 땀을 식혀가면서 일을 더욱 힘차게 계속할 수가 있다는 농민들의 눈물겨운 근면성에서 우러나오는 마음씨에서일까? 내리쬐는 뙤약볕에 못 이겨 시들시들 졸고 있는 농작물의 이파리와 새순에 생기를 돋게 하고 갈증을 풀어주는 하늘의 자비로운 은혜에 마냥 고마워하는 마음에서일까?

그렇다면 바쁜 일철도 아니고 농작물이 왕성한 성장을 하는 계절도 아닌 겨울에 내리는 싸락눈은 왜 궂은 날씨를 탓하지 않고 반가와 하는 마음이 생기는 것일까? 그것이 곡식낟알의 싸라기처럼 생겨서일까? 아니면 금싸라기라도 쏟아지는 느낌이 생겨서일까?

이러한 일련의 궁금증을 풀기 위해 이제 '가랑비'와 '싸락눈'의 근원적인 뿌리를 캐어 그 어원적인 의미가 무엇인지를 되새겨 보기로 하자.

2. 가랑비 이야기

가) 고맙고 반가운 비

오늘날 우리가 말하는 가랑비라는 말은 무슨 뜻으로 이룩된 말일까? 아마도 밀가루같이 잘게 내리는 비라는 뜻의 말이 아닐까?

함경도지역에서는 가랑비를 싸락비라고도 한다. 이 말은 싸라기같이 잘게 빗방울이 부스러져서 내리는 비라는 뜻의 말이 아닐까?

이 두 가지 말을 두고 생각해 보면 밀가루가 하늘에서 날아 내려오듯 싸라기가 하늘에서 쏟아져 내려오듯 푸짐한 양식을 하늘이 우리 인간에게 퍼부어주기라도 하는 것처럼 가랑비 내리는 것을 비유하여 표현하고 있는 것은 원시농경사회의 문화에서 농민의 가슴에 하늘을 우러러 풍요로운 농사를 돕는 우순풍조한 하늘의 섭리와 은혜를 빌고 감사하는 마음이 무르익는 데서 이 말들이 생겨난 것이 아닐까?

비에는 장대같이 굵은 줄기로 퍼붓는 작달비(남부방언)도 있고 하늘이 쏟아져 내리듯 정신없이 쏟아지는 소낙비도 있거니와 이런 비는 미처 피할 겨를도 없이 두들겨 맞는 수가 많지만, 이런 비는 그대로 다 맞고 견딜 수가 없는 궂은비이므로 누구나 일손을 멈추고 서둘러 피해야만 한다. 홍수가 나기도 하고 농작물에도 피해를 준다.

그러나 가랑비는 웬만하면 농부들이 일손을 멈추지 않고 그냥 맞는 것이 예사다. 농작물도 생기를 얻고, 홍수가 날 염려도 없다. 그래서인지 가랑비가 내리면 반갑고 마음이 편하다.

가랑비는 그 옛말이 ‘ᄀᆞ르비’인 것을 보면 빗방울이 밀가루같이 날리는 비라는 뜻으로 생긴 말이리라. 그런데 가랑비보다 잘게 빗방울이 부스러져 마치 먼지처럼 날리는 비를 능개 또는 능개비라 한다. 능개보다 잘게 부스러지는 물방울로서는 내려오지 않고 날아 올라가는 수증기 곧 김이 있다. 이 김이 연기(煙氣)와 더불어 마을이나 산언저리의 낮은 곳에 옆으로 맴돌며 이동하면 안개가 된다. 이 안개가 산보다 높은 공중에 떠돌면 구름이 된다. 구름으로 공중에 날던 미세한 물방울이 한데 엉기면 굵은 소나기 빗방울로도 쏟아져 내리고 가루 같은 빗방울로 보슬보슬 내리는 가랑비로도 된다. 가랑비는 별명이 많다. 보슬비, 이슬비, 잔비, 능개비, 가랑비 그 어느 것도 미운 이름이 없다.

이제 이 가랑비에 대해서 좀더 구체적으로 살펴보기로 하자.

나) 안개같이 내리는 능개

가랑비가 마치 먼지가 날리듯이 가벼이 내리는 경우 안개와는 좀 다른 ‘능개’라는 아름다운 순 우리말 이름으로 부른다. 이 아름다운 우리말을 요즈음 잘 쓰는 사람이 없어 점점 잊혀져 가는 듯한 느낌이 들어 아쉽다.

안개는 수증기의 일종으로 낮은 데 아직 머물러 있어 공중에 높이 오르지 못한 구름의 한 가지라 할 수 있다. 그러나 능개는 부드러운 가랑비다.

가랑비는 별명이 많다. 보슬보슬 가루가 날리듯이 내리는 비라하여 보슬비라 한다. 이슬처럼 소리 없이 곱게 내린다 하여 이슬비라고도 한다. 가랑비에 옷 젖는 줄 모른다는 속담을 두고 보면 가랑비라는 이름 역시 보슬비나 이슬비와 비슷한 말임에 틀림없다. 지역어에 따라서는 빗방울이 잘게 부스러진 비라는 뜻을 살려 잔비라고도 한다. 이보다 더 잔비를 능개비 또는 줄여서 능개라는 이름으로 일컫는 지역어도 있다.

능개보다 더 잘게 부스러진 물방울이 날리는 것은 안개라 하여 우리는 이것을 구름과 같은 종류로 친다. 그것은 하늘에서 내려오는 것이라기보다는 땅에서 수증기로 발산되어 올라간 것으로 보기 때문이리라. 구름은 땅의 습기가 수증기로 올라가 사람이 비행기라도 타지 않으면 맨손으로는 직접 올라가 접해 볼 수 없는 높이의 공중에 떠있어 해와 하늘을 가리고 이것이 한데 어우러져 차가워지면 빗방울로 내리게 된다. 그러나 안개는 수증기로 올라가되 지상 가까이 떠다니기 때문에 지상에서 걸어 다니며 접해 볼 수도 있고 가까운 산에 오르면 산언저리를 굽어 떠도는 안개를 내려다 볼 수도 있다.

그런데 우리가 비라고 일컬을 수 있는 것은 하늘에 높이 떠오른 구름에서 땅으로 떨어져 내리는 물방울인데 그것이 잘고 굵음에 따라서 가랑비도 되고 소나기도 된다. 또 그것이 추운 겨울에 얼어서 내리면 싸락눈도 되고 함박눈도 된다.

그러면 우리가 가랑비라고 일컬을 수 있는 비는 어떤 비일까? 안개보다는 약간 굵어서 위로 안개처럼 떠오르지 아니하고 아래로 내리면서 날리는 먼지 같은 비를 능개비라 하는 것이다. 능개비보다는 더 분명히 눈으로 확인할 수 있을 만큼의 크기로 내리는 비를 이슬 같은 비라 하여 이슬비라는 이름을 붙이는 것이다. 그리고 보면 이슬비보다는 더욱 역력히 내리는 가루같이 가느다란 빗발을 가랑비라고 하는 것이 아닐까? 나아가서 부슬부슬 이파리에 가벼운 소리를 낼 듯 말 듯 내리는 비를 부슬비 또는 보슬비라고 하는 것이 아닐까?

그러나 생각해 보라! 능개비에서 이슬비를 어떻게 구분할 것이며 이슬비에서 가랑비를 어떤 기준으로 변별해 낼 수 있다는 말인가! 가랑비에서 다시 보슬비는 또한 무엇에 근거를 두고 나누어 쪼갤 수 있다는 말인가? 능개비나 이슬비, 가랑비, 보슬비는 모두 서로 엇비슷한 가느다란 잔비의 별칭들이라 일컬을 수 있는 것이 아닐까?

다) 정감어린 가랑비

우리는 어렸을 적 초등학교에 다닐 때 가끔씩 외가나 친척집을 방문했던 기억을 누구나 한두 번쯤은 가지고 있을 것이다. 그때 막 돌아오려고 일어설 무렵 소리 없이 고운 가랑비라도 내리기 시작하면 외가 어른들은 도중에 옷이 젖을세라 소나기를 맞을세라 걱정을 하면서 떠나려는 발걸음을 멈추어 세우고 비가 갠 다음에 가든지 자고 내일 가라고 굳이 발걸음 내딛기를 만류하기 일쑤다.

가랑비는 봄, 여름, 가을 구분 없이 언제고 내리지만 봄에 내리는 가랑비는 새로 움트는 초목의 새순이 힘차게 내어뻗을 수 있는 힘이 되어주고, 여름에 내리는 가랑비는 뙤약볕에 시들은 호박잎이나 박 덩굴을 비롯한 여러 농작물의 푸른 잎에게 한결 더 푸르게 생기를 돋우어 주거니와 가을에 내리는 가랑비는 외가를 찾아간 어린 아이들의 가슴에 외할머니의 정을 듬뿍 부어 넣어 주는 정감어린 비이기도 하다. 이러한 가랑비가 내릴 때면 할머니는 맛있는 햇과일이나 잡곡밥 등을 마련해주면서 "좀더 외가에 있으라고 이슬비 온다."고도 하고 "하룻밤 외할머니하고 함께 자고 가라고 잔비 온다."고도 하면서 등을 토닥거리며 떠나려는 발걸음을 만류하던 따사롭고 정겹던 옛 기억을 우리는 더듬어 볼 수가 있다.

그럴 때면 집에서 기다려 주는 엄마의 모습이 눈에 아른거려 "어서 가라고 가랑비 오지 않아요?"라며 어리광을 부리던 기억 또한 새록새록 새롭기만 하다.

그러나 이런 말들이 그런 뜻으로 생겨나지 않았다는 것은 분명하다 할지라도 유별나던 우리네 시골 외할머니의 인정 넘치는 사랑을 이 말들이 그득 담고 있어서 좀처럼 오랜 세월을 흘러 보내고도 잊을 수가 없는 것이다.

지금도 우리는 '가랑비'라는 말에서 어딘지 모르게 흐뭇하고 정겨운 느낌을 받는 것은 우리가 어렸을 적에 느껴 본 흙냄새 물씬 나는 우리의 토속적인 생활문화의 배경에 젖어 있는 정감 때문이리라.

그렇다면 '가랑비'라는 말의 뜻은 '어서 집에 돌아가라'는 뜻의 '가랑비'로 조어된 것이 아닐 것이라는 생각은 분명한데, 과연 이 말이 어떤 뜻으로 이루어진 말일까 하는 문제에 부딪치면 결코 그 해답의 실마리를 쉽게 풀어갈 수 있는 것은 아니다.

한자로 쓸 때에는 종종 가랑비를 '세우(細雨)'라 표기하는데 그렇다면 가느다란 비라는 뜻이 분명하므로 '가는 비'의 변형이 아닐까 하는 짐작을 어렴풋이 해 봄 직하기는 하다. 그러나 다시 생각해 보면 그러한 음운상 변화의 가능성은 희박한 것이기 때문에 쉽사리 수긍이 가지 않는다.

그리고 '가랑비'라는 말의 부드럽고 정겨운 느낌을 가지게 하는 요소는 'ㄹ'이라는 유음과 'ㅇ'받침의 비음이 유성음으로 마주쳐 울려주는 공명 때문이기도 하다는 생각이 든다.

이러한 몇 가지 기본적인 가정을 징검다리로 삼아 이제 이 '가랑비'라는 말이 원래 무슨 뜻으로 이루어진 말일까 하는 어원학적인 규명을 단계적으로 살펴보기로 하자.

라) '가랑비'의 근원적인 뜻

우리말 '가랑비'의 어원적인 조어구조를 밝히기 위해서는 우선 이 말이 옛 문헌에 어떻게 기록되어 있는가를 찾아보아야 한다.

        늟브리 マ락비 マ티 느리다(月釋 1:36)

이것은 조선조 세조 4년에 간행된 『월인석보』의 기록이므로 한글이 만들어진 당시에 이미 쓰이던 말의 기록임을 확인할 수 있다. 이 말이 만들어진 조어구조를 설명하면 다음과 같다.

        マ락(粉)＋비(雨)＝マ락비(細雨)

'가랑비'의 옛말은 'マ락비'인데 이것을 한자말로 쓸 때는 '細雨'라고 표기

하지만 이 말의 조어구조를 분석해 보면 결코 '가는 비'에서 바뀐 변형이 아니고 가루를 나타내는 옛말 'ᄀᆞᄅᆞ'와 비의 유성음화된 표기 '뷔'가 합친 것이다. 그러므로 그 근원적인 조어상의 의미는 가루처럼 가늘게 내리는 비라는 뜻이 함축된 어형 'ᄀᆞᄅᆞ(粉)＋뷔(雨)'로 쓰였던 것임을 확인할 수가 있다.

오늘날 밀가루로 만든 음식을 통틀어 '면(麵)'이라 하거니와 이 '면'도 옛말에서 'ᄀᆞᄅᆞ'로 적고 있다.

ᄀᆞᄅᆞ ᄀᆞᄂᆞ롬 ᄀᆞᆮ홀시: 如麵細(圓覺上 二之二 154)

이때 쓰이던 'ᄀᆞᄅᆞ(麵)'가 가랑비라는 말을 만드는 어근의 하나이거니와 이것은 오늘날 함경도 말에서 '가로(粉)'로 쓰이고 표준말에서는 다시 '가루'로 바뀌어 쓰이고 있는 것이다. 그리고 가루처럼 잘게 부스러진 모양을 『원각경언해』에서는 '如麵細'라 적고 있는 것을 보아 우리말에서 가루 같은 비라는 뜻의 말 가랑비를 한자로는 가늘게 내리는 비라고 뜻을 새겨 '細雨'라고 적는 연유를 가히 알 수 있다.

마) 논 갈고 밭 가는 정성

가루를 뜻하는 옛말 'ᄀᆞᄅᆞ'에서 움돋아 자라난 말들은 실로 그 수를 쉽게 헤아릴 수 없을 만큼 많다.

가슴이 '갈갈이' 찢어지는 듯 아프다느니, 종이를 '갈기갈기' 찢어버린다든지 하는 말 속에 들어있는 부사 '갈갈이'나 '갈기갈기'도 다름 아닌 'ᄀᆞᄅᆞ'라는 옛말에서 파생되어 나온 말이다. 이때 'ᄀᆞᄅᆞ'가 '갈'로 바뀌어 쓰이고 있음을 본다. 원래 'ᄀᆞᄅᆞ'이던 것이 동사의 어근으로 쓰일 때는 '골'로 옛말에서 표기되었던 것이다. 그리하여 '골다'라는 말을 낳은 것이다.

따라서 '골'이라는 어근은 가루를 뜻하는 옛말 'ᄀᆞᄅᆞ'의 응축된 어형이기 때문에 옛말 '골다'라는 동사로 되면 곡식의 낟알을 가루로 바수기 위하여 맷돌과 같이 단단한 물체로 맞비비어 문질러댄다는 뜻을 나타낸다.

이 '굴다'가 원시농경문화가 처음 일어날 때에 불모지의 굳은 땅을 개간하여 논밭을 일굼에 있어 굳은 땅덩어리를 괭이나 삽 또는 쟁기보습과 같은 연장의 날을 이용하여 파헤치고 잘게 가루흙으로 부서뜨림으로써 돌덩이도 가려내고 풀뿌리, 나무뿌리, 가시덤불도 캐내어 황무지를 옥토로 가꾸어내어 마른 땅은 밭으로, 무른 땅은 물길을 터내어 잠기게 함으로써 논으로 일구어 냈던 것이다. 이것을 우리는 논을 갈고 밭을 간다는 말로 나타내었던 것이다.

여기에서 쓰이던 의미가 다시 새로운 의미로 전이 확대되면서 이 '갈다'의 쓰임새는 사뭇 새로운 용도로 적용되기에 이르렀다. 논밭을 개간해 냄으로써 아무 쓸모없던 황무지가 기름진 옥토로 바뀌게 되었다는 사실에 '갈다'가 쓰이면서 나쁜 것, 낡은 것을 버리고 좋은 것, 새 것으로 바꾼다는 뜻으로 '갈다(交替)'라는 말이 쓰이게 된 것이다. 헌 옷을 벗고 새 옷으로 갈아입는다는 말에서 그러한 뜻을 역력히 읽어낼 수가 있다. 타고 가던 차에서 내려 다른 차를 바꾸어 다는 것도 갈아탄다고 한다.

이 '굴다'가 숫돌에 칼을 대고 문질러서 쇳가루를 만들어 마모시킴으로써 무딘 날을 날카롭게 세워 쓸모 있는 연장을 만든다는 뜻으로 '칼 갈다'라는 말로 쓰이게 되고, 또 옥돌과 같은 보석을 매끄럽게 하여 반짝반짝 빛이 나도록 광을 내게 하기 위하여 단단한 다른 물체로 세게 문지르다 뜻을 '갈다'라는 말로 쓰게 되면서 '硏磨'의 뜻을 지니게 되었고, 이것은 다시 구체적인 것에서 추상적인 것으로 그 의미가 확대 전이되어 사람이 몸을 바르게 간직하고 행동을 아름답게 수련하며 마음을 닦고 정신자세를 가다듬어 수양하는 일에도 적용하여 '몸과 마음을 갈고 닦는다'는 순 우리말의 아름답고 값진 표현으로 자주 쓰이고 있는 것이다.

하늘이 물을 가루로 흩뿌려 가랑비로 내리는 뜻은 황무지의 굳은 땅을 개간하여 가루흙으로 만들어 논밭을 일구는 농부의 마음에 와 닿아 이심전심 하나의 일치점을 이룬다는 사실을 깨닫고 보면 우리는 우리말의 의미심장한 값진 뜻 앞에 다시 한 번 옷깃을 여미며 새삼 놀라워하지 않을 수 없다.

바) '갈다'에서 움돋는 말의 싹들

'갈다'라는 말에서 새로 움돋아 자라난 말의 싹들에 대해서 이야기를 시작한다면 할 말이 너무도 많다.

'갈다'의 옛말 '글다'의 어근은 '글'인데 이것은 'ᄀᆞᆯᄋᆞ'(粉)의 줄어든 어형이라는 것을 앞에서 언급하였거니와 이것은 그대로 칼(刀)을 뜻하는 말로도 쓰였다.

이는 곧 '글>갈>칼'의 변화과정을 거쳐 발달해 온 것이다. 그렇다면 '가루'와 '칼'이 같은 어형 '글'로 쓰일 수 있었던 것은 어떤 의미의 공통점이 있어서였을까?

큰 덩어리를 잘게 쪼개어 나눈다는 뜻으로 우리는 '가르다'라는 말을 쓰고 있거니와 이 말이 그 의문점을 잘 해결해 주는 디딤돌이 된다는 것을 우리는 곧 깨달을 수 있다. 칼이 하는 임무는 큰 덩어리를 잘게 쪼개어 가르는 일이요, 이 가르는 일이 계속 이어지면 그것은 곧 가루를 만들어 내고 말기 때문이다.

따라서 우리의 옛말 '글'은 '가루'를 뜻하는 옛말이면서 '칼'을 뜻하는 옛말이기도 한데 이것은 곧 '가르다'의 옛말 '글히다'와 '가리다'의 옛말 '글ᄒᆞ다'가 그 어형의 어근으로 잘 간직하고 있고 또 뜻으로도 잘 반영하고 있다.

왜냐하면 잘게 쪼개어 구분하여 나누는 '가르다'가 있고 나면 그 나뉜 것 가운데 어떤 것이 더 크고 좋은지 가려서 분별하여 선택할 수 있기 때문이다.

別은 글힐씨라(訓解)
認은 글ᄒᆞ야 알씨라(法華 2: 246)

한편 '글다'는 옛말에서 구분하여 알게 말한다는 뜻으로도 쓰이고 있었음을 '認'의 뜻으로 쓰이던 '글ᄒᆞ다'와 관련지어 생각해 보면 어렵지 않게 이해된다.

글왈: 曰(類合 上 14)
ᄒᆞ낟재 글온 여숫가지德이니: 一曰六德(小諺一 12)

공자나 예수의 언행록에 자주 나오는 '가라사대'나 '가로대'와 같은 말이 곧 하나하나 구분하여 인식할 수 있도록 말하여 알려준다는 뜻을 깨닫고 보면 이 말들은 'ㄱᄅᆞ딕'나 'ㄱᄅᆞ샤딕'의 바뀐 말로서 결국 가르다의 옛말 'ᄀᆞ르히다'와 가리다의 옛말 'ᄀᆞ르ᄒ다'와 함께 가루로 만든다는 뜻의 말 'ᄀᆞ르다'와 같은 말의 갈래임을 알 수 있다.

나눈다는 뜻을 분명히 나타내는 말은 '가르다'인데, 이는 다시 '갈래―가랭이―가락'으로 전개되고, 이때의 '가락'은 다시 '숟가락―엿가락―손가락―가락지―가락국수' 등으로 발전하는가 하면, 이 '가락'은 다시 변형을 이루어 '머리카락―말갈기―가르마'와 같은 모발에 연관되기도 하고, '판가름―가닥―가지……' 등으로 끊임없는 연쇄적 어휘파생을 하는 긴 여정을 나서고 보면 좀처럼 그 한계를 찾을 수가 없다.

손가락으로 먼 산을 가리킨다고 할 때의 '가리키다'라는 말이 좋은 것을 선별해 내어 '가리다'라는 말에서 발전된 말이고, 가장 좋은 것을 가리고 가리키어 그것을 마음에 간직하여 익히고 행하고 말하도록 가꾸어 기르는 것이 다름 아닌 '가르치다'라는 값진 우리말이 간직하고 있는 뜻임을 깨닫고 보면 이 말 속에 아로 새겨져 있는 선인들의 놀라운 지혜에 다시 한번 고개가 숙여진다.

이러한 안목으로 파헤쳐 나가보면 '가랑비'의 어근이 되고 있는 'ᄀᆞ르'의 파생어들은 어쩌면 가랑비의 빗방울만큼이나 그 수가 많은 것이어서 이것만 가지고도 전문적으로 분석하면 책을 몇 권 쓰고도 남을 자료가 계속 이어져 나올지도 모를 일이다.

3. 싸락눈 이야기

가) 싸락눈을 받아먹는 동심

비에 가랑비가 있어 밀가루를 연상하게 하듯 눈에는 싸락눈이 있어 쌀이 부스러진 싸라기를 연상케 한다. 가랑비가 밀가루같이 가늘게 날리는 비라는 것은 믿을 만한 근거가 있다. 이처럼 싸락눈도 쌀 조각이 하늘에서 쏟아져 내리듯 하얀 눈 조각이 내린다는 데 믿을 만한 근거가 있는 것일까?

이 의문점에 대한 해답은 결코 간단하지가 않다.

믿을 만한 근거가 있다면 있고 없다면 없다고 말할 수밖에 없는 것을 어찌하랴. 그것이 무슨 뚱딴지같은 소리냐고 반문할는지 모르겠지만, 싸락눈이 쌀과 관계가 있느냐 없느냐, 그리고 있다면 근거가 있느냐 없느냐 하는 문제를 놓고 그 해답을 바로 대라고 한다면 사실에 대한 과학적인 근거는 없다는 것이 분명하나 언어감각으로서의 느낌으로는 분명히 관련이 있기 때문이다.

그리고 싸락눈은 쌀과 관련을 가진 말이라는 느낌 이외에도 우리가 좀더 관심을 넓혀 이 말의 주변에 위성처럼 맴돌고 있는 파생어휘에 대하여 조사하여 보면 정말로 의외의 사실을 깨닫고 놀라지 않을 수가 없다. 그 가운데 한 가지는 우리가 하루 세 끼 먹는 밥상 위에 밥그릇과 나란히 오르는 국그릇에 시래깃국이 우리의 입맛을 돋우게 마련인데, 이때의 '시래기'라는 말이 '싸락눈'과 어원적으로 결코 무관하지 않다는 사실이다.

또 다른 한 가지를 더 예로 든다면 우리의 일상생활의 부산물로 매일같이 적지 않게 쏟아져 나오는 쓰레기가 있는데 이 '쓰레기'라는 말도 어원적으로 결코 싸락눈과 무관하지 않다는 사실에 우리는 눈길을 돌릴 필요가 있다.

그러면 '싸라기'와 '시래기'와 '쓰레기'는 어떠한 관점에서 볼 때 '싸락눈'과 더불어 어떤 의미로 서로 유관한 관계에 있다할 것이며 어떤 어원적 어근에서 어떠한 과정을 거쳐 분화된 어휘로 파생된 것일까?

나) 싸라기와 싸락눈

'싸락눈'이란 곧 '싸라기 눈'의 줄어든 말임에 틀림없다. 그렇다면'싸라기'라는 말은 '쌀＋아기'로 분철될 수 있는 말이라고 볼 수 있겠는데 이렇게 보면 싸라기는 곧 '쌀'이라는 어근에 '아기'라는 접미사가 붙은 것으로 풀이되므로 이는 곧 쌀에서 파생된 말이라는 단정을 내리고 이를 굳게 믿어 의심치 않는 것이 우리의 일상적인 언어감각이다. 그러나 그것은 그럴싸하기는 하나 탐색을 통해 살펴보면 이 말이 실제 이룩되어 온 역사적인 실제의 사실과는 좀 동떨어진 데가 있는 착각에서 유발된 일종의 민간어원설에 가까운 성급한 감각적인 유추가 아닐 수 없다.

'싸락눈'이 '싸라기 눈'의 준말임은 틀림없다. 그런데 '싸라기'가 '쌀+아기'로 분철된 것이라는 판단은 너무 성급하다. 좀더 깊이 있게 근거를 찾아 재고하여야 할 점이 있다. 왜냐하면 이 말은 두 가지 물체를 한데 비벼 문질러서 온전한 형태가 망가져 잘게 부스러진 부스러기를 뜻하는 말로서 '슬(銷)+아기(접미사)'로 분석된다. 이 말의 어근은 '슬'인데 이것은 점점 마모되어 사라진다는 뜻의 옛말 '슬다'로 쓰였다. 좀더 옛날말의 근원형으로는 문지른다는 뜻의 옛말 '슬다'(擦)로 쓰였었다.

이 '슬다'는 오늘날 그 사역형의 '슫치다'가 바뀐 '스치다'로 활발히 쓰이고 있으며 여전히 마찰의 뜻을 지니고 있음을 알 수가 있다.

이 '슫다'가 '슬다'라는 어형으로 바뀌면서 '銷磨'의 뜻을 지니게 되었다. 이는 쇠를 문질러 가루로 부스러뜨려 마모시킴으로써 깎아낸다는 뜻이다. 이 뜻이 발전하여 오늘날의 '스러지다'나 '사라지다'라는 말로 바뀌게 되는 한편 그 부스러져서 '銷磨'된 쇳가루를 '슬+아기'라는 조어구조로 새 말을 만들었음 직하다.

이처럼 이지러진 부스러기를 통칭하는 말이 되면서 쌀알이 온전치 못하게 된 이지러진 잘디 잔 부스러기 조각을 '싸라기'라 일컫게 된 것임에 틀림없다. 따라서 '싸라기'는 '슬아기'가 쌀에 닮아가서 변형된 것이라고 볼 수 있다.

이렇게 볼 때 겨울에 하늘에서 하얗게 내리는 '싸락눈'은 근원적으로 '슬(銷)+아기(접미사)+눈(雪)'으로 그 조어구조를 분석할 수 있는 말로서 그 어원적인 뜻은 함박눈의 눈송이가 잘게 부스러진 눈 조각이라는 뜻으로 이룩된 말이었다는 것을 알 수 있다. 다만 그것이 뒤에 쌀과 관련되어 '싸라기'라는 변형된 말이 생기면서 싸라기 같은 눈이라는 감각이 실감 있게 가미되어 오늘날과 같은 '싸락눈'의 언어 감각을 가지게 된 것이라고 판단된다.

쌀은 우리의 주식을 이루는 쌀밥을 지어 먹는 데 소용되는 양식이므로 매우 값지다는 느낌을 동반한다. 그리하여 돈으로는 그 값어치를 헤아릴 수 없을 만큼 귀중히 여기는 문전옥토를 금싸라기 같은 땅이라 일컬어 온다. 금싸라기는 확실히 금부스러기다. 금이라고 하는 광물질의 큰 덩어리가 그 것을 캐어내는 과정에서 굴착기구의 타격과 마찰을 통해서 부스러지기도 하고 폭약에 의한 폭파를 통해서도 부스러지게 마련이다. 이때 생긴 금덩어리의 이지러진 부스러기의 잘디 잔 알맹이가 다름 아닌 금싸라기가 아니고 무엇이랴! 금싸라기는 결코 금으로 만든 쌀 조각이 아니다. 쌀 조각에 금물을 칠한 것도 아니다. 금이라는 고체의 광물질이 이지러진 미세한 부스러기로서의 쇠붙이 조각이나 가루인 것이다. '금싸라기'에서의 '싸라기'는 부스러기라는 뜻일 뿐 쌀과는 아무 상관이 없음을 읽어낼 수 있다.

이처럼 '싸락눈'이라는 말도 쌀과 관련을 맺기 훨씬 이전에 부스러기 눈 조각이란 뜻으로 이룩된 말임에 틀림없다.

'금싸라기'가 '금(金)＋슬(鎖)＋아기'로서 금부스러기를 뜻하고 있는 말인 것처럼 '싸락눈'은 '슬(鎖)＋아기＋눈(雪)'으로서 부스러기 눈을 뜻하고 있는 말이기 때문이다.

다) 시래기 토장국과 싸락눈

한국 사람은 누구나 시래기 된장국을 즐겨 먹는 입맛에 길들어 있다. 특히 하얀 싸락눈이 내리는 쌀쌀한 겨울철에 온 가족이 따뜻한 아랫목에 모여 앉아 시래기 토장국에 밥을 말아 먹는 농가의 식도락은 잊을 수 없는 우리의 향수 어린 입맛이 아닐 수 없다.

시래기라 하면 김장을 할 때 김치를 담그는 과정에서 무나 배추를 다듬고 나면 이지러지거나 좀 누른 잎이 된 것을 모아가지고 짚이나 새끼줄로 엮어 말려 두었다가 토장국을 끓일 때 국거리로 삼는 것을 말한다. 이 시래깃국은 오늘날 식품영양학이나 의학에서도 그 가치를 높이 평가하고 있다. 섬유질을 충분히 섭취하면 변비를 예방하고 소화를 도울 뿐만 아니라 푸른 채소에서 얻는 영양가와 토장국에서 얻는 입맛 돋움은 매우 값진 것이라 한다.

이 식탁의 시래깃국과 하늘에서 내리는 싸락눈이 도대체 무슨 상관이 있다는 것이냐고 강력한 의구심을 가지고 반문할 사람이 없지 않을 것이다. 그런데 이 두 가지는 놀랍게도 그 어원이 같은 데서 파생되어 나온 말임에 틀림없다. '싸락눈'의 '싸락'이 '싸라기'의 준말이요, 이 '싸라기'는 '슬(銷)＋아기(접미사)'라는 조어구조로 이룩된 말로서 문질러 이지러진 부스러기라는 뜻으로 쓰이던 말이 쌀에 연관을 맺으며 변형된 것으로 그 어원적인 어근은 '슫다(擦)'의 '슫'이라는 것을 앞에서 밝힌 바 있다.

'시래기'의 어형이 이루어지는 과정을 살펴보면 다음과 같다.

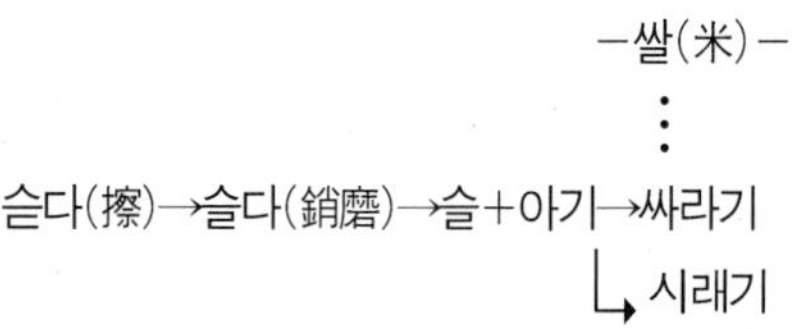

이처럼 '슬(銷)＋아기(접미사)'에서 분화되어 '싸라기'와 '시래기'로 각각 다른 어형을 이룬 것이다.

'시래기'는 무, 배추와 같은 김칫거리를 다듬고 남은 부스러기 이파리라는 것을 뜻한다. 이것은 곧 토장국을 끓일 국거리로 쓰이는 것을 가리키는 '시래기'라는 토속적인 우리말을 새로이 낳은 것이다.

라) 쓰레기와 싸락눈

우리 일상생활에서 끊임없이 쏟아져 나오는 쓰레기는 무엇을 뜻하는 말에서 비롯된 것일까?

방을 쓸어도 쓰레기가 금방 넘치고 마루를 쓸어도 마당을 쓸어도 쓰레기통은 금방 가득 차서 매일 쓰레기차가 돌아서 다 수거해 가도 또다시 거듭 쌓이는 것이 쓰레기다. 공장이나 사무실에서 나오는 쓰레기도 그 처리가 큰 두통거리로 등장했다.

시골에서는 쓰레기가 도시생활과는 견줄 수도 없을 만큼 많이 쏟아져 나오지만 아무 문제가 되지 않는다. 웬만한 것은 아궁이에 넣어 불을 때는 연료로 삼고 남은 재는 농작물을 가꾸는 거름으로 유용하게 쓰이기 때문이다. 채소류나 농작물에서 나오는 쓰레기는 태울 것은 태우고 썩힐 것은 썩히어서 모두 거름으로 만들어 땅힘(地力)을 높여 비옥한 옥토를 만드는 데 재투자되기 때문이다. 그러나 도시의 쓰레기는 산업쓰레기나 생활쓰레기나 가릴 것 없이 그 재생산성이나 재투자 가능성이 별로 없이 백해무익한 무용지물로 땅속에 묻혀서 우리의 살아있는 땅의 지력을 약화시켜 가고 있어 오늘날 인구폭발 문제만큼이나 인류의 장래를 위태롭게 해가고 있다.

이 도시 쓰레기의 재생산·재투자에 관한 획기적인 연구개발이 있지 않고서는 지구상의 인류의 생활조건을 여지없이 파멸의 지경으로 몰아가고 말 것이 틀림없다.

그러면 이 '쓰레기'라는 말은 과연 어디서 어떻게 형성된 말일까? 이 말도 어원적인 조명을 통해서 규명해 보면 '싸락눈'의 어원과 같은 뿌리에서 파생되어 나온 말이라는 것을 알 수가 있다. 그 조어구조를 살펴보면

로 바뀐 것을 확인할 수 있다. 따라서 그 근원적인 어형은 문질러서 부스러진 못 쓰게 된 조각들을 일컫는 말 '쓸어기'이었으나 뒤에 깨끗이 빗자루로 비질을 하여 쓸어낸다는 뜻의 옛말 '쓸다(掃)'가 관련이 되면서 '쓰레기'는 청소하여 쓸어낸 먼지나 티끌 또는 쓰다가 망가져 못 쓰게 된 것들을 통틀어 일컫는 말이 된 것이다.

4. 마무리

 가랑비를 싸락비라고도 한다. 가랑비(細雨)는 옛말 'ᄀᆞᄅᆞ(粉)＋비(雨)에서 온 것으로 가루 같은 비를 말하고 싸락비는 부스러진 빗방울을 뜻한다.
 싸락비와 나란히 쓸 수 있는 말이 다름 아닌 싸락눈이다. 싸락눈도 싸락비처럼 부스러진 눈을 뜻하는 말임은 두말할 나위도 없다. 싸라기 같은 눈이라는 느낌을 갖는 것이 예사이지만 그것은 언어의 실제 변천된 사실과는 좀 동떨어진 언어감각에 불과하다. 이 싸락눈은 시래기나 쓰레기와도 그 어원을 같이하는 것이다. 그 어원은 마찰을 뜻하는 '슳다'에서 발달하여 도중에 분화된 것이므로, '금싸라기'는 금붙이가 부스러진 조각을, 시래기는 무, 배추 같은 채소의 부스러진 조각을, 쓰레기는 생활용품의 부스러진 조각을 각각 의미하는 말이다.
 그 분화과정은 다음과 같이 요약할 수 있다.

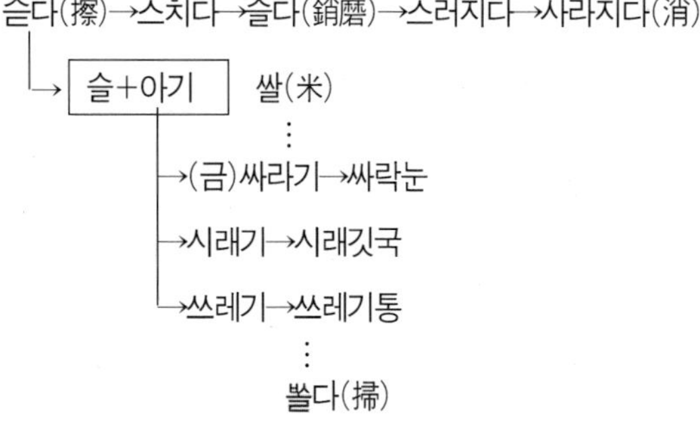

〔나〕 도토리와 다람쥐

1. 반가운 다람쥐

어린이들이 즐겨 부르는 동요의 정겨운 가락 속에 다람쥐의 귀여운 재롱이 역력히 떠오른다.

산골짜기에 노니는 다람쥐는 언제 보아도 병아리를 보듯, 강아지를 보듯 언제나 귀여운 모습으로 보이기에 아기 다람쥐라 불러보며 어린이의 벗으로 삼고 싶어 한다.

다람쥐는 무엇을 먹고 살까? 소풍을 나간 어린이가 산언덕에서 점심도시락을 먹으려다가 다람쥐를 발견하고 깜짝이나 반가와 하는데 이때 보는 다람쥐는 도토리를 까먹고 있는 모습이 꼭 어린이가 소풍 나와서 도시락을 까먹는 모습과 닮았기에 다람쥐를 소풍 나온 벗으로 반겨 소꿉동무라도 삼고 싶고, 함께 폴딱폴딱 뛰놀고 싶은 심정이리라.

산골짝에 다람쥐
아기 다람쥐
도토리 점심 가지고
소풍을 간다.
다람쥐야 다람쥐야
재주나 한번 넘으렴
폴딱폴딱
재주는 잘도 넘는다.

여기에서 우리는 다람쥐가 깊은 산골짜기의 외롭고 호젓한 곳에 살고 있다는 사실을 확인할 수 있다.

이 다람쥐는 무엇을 먹고 살까? 논도 밭도 없는 머나먼 산골짜기에서 다람쥐는 야생으로 자생하는 도토리를 주워다가 까먹고 산다는 것을 확인할 수가 있다.

뿐만 아니라 다람쥐는 그 이름으로 보아 쥐와 같은 과에 속하는 동물임에 틀림없는데 사람에게 혐오감을 주는 일이 없이 사랑스럽고 귀엽다는 느낌을 준다는 사실을 또한 알 수가 있다.

그러면 다람쥐의 먹이가 되고 있는 도토리나무를 식물 분류학에서는 무엇이라고 하는 것일까? 우리가 가까이 두고 늘 찾아보는 국어사전에서도 도토리나무를 너도밤나무과에 속하는 나무라고 금방 찾아 읽을 수 있는데 그렇다면 그 이름으로 보아 너도밤나무에 속한다는 뜻일 것이 분명하므로 밤나무와 같은 과에 속하는 나무라는 것을 짐작할 수 있다. 그렇다면 도토리를 밤의 일종이라고 볼 수 있는 것일까?

이 물음에는 매우 긍정적인 암시가 있음을 우리는 깨달을 수가 있다. 도토리를 '굴밤'이라고도 한다는 점이 그 좋은 암시다.

도토리를 상수리라고도 일컫는 데가 많다. 물론 상수리와 도토리는 그 본질적인 종류로서는 같은 것이지만 그 이름을 달리 부르는 것은 그 모양이 약간의 차이가 있는 것을 구분하기 위해서 붙인 다른 이름이라고도 생각된다. 그런데 그 부분이 이름과 실물을 대비시켜 볼 때 지역에 따라서 서로 엇바뀌고 있음을 본다. 그렇다면 근원적으로 '상수리'라는 이름과 '도토리'라는 이름은 같은 뜻을 가진 말의 다른 별칭이 아닐까?

그것은 상수리로 쑤어 만든 묵, 도토리로 쑤어 만든 묵, 떡갈나무 열매로 쑤어서 만든 묵, 갈참나무 열매로 쑤어서 만든 묵을 모두 도토리묵이라고 이름하는 것을 보면 이러한 나무들이 크게는 도토리나무의 일종이라는 강한 암시를 받기 때문이다.

그러면 여러 가지 엇비슷하면서도 서로 다른 너도밤나무과의 총수격인 도토리나무의 열매를 지칭하는 '도토리'라는 이름은 무슨 뜻을 가지고 있고 어떤 조어구조를 형성하여 어떤 어형변화 과정을 거쳐 오늘에 이른 것일까?

그리고 이 도토리를 주어다가 오물오물 예쁜 입놀림, 발놀림을 하면서 까먹고 사는 다람쥐는 동물 분류학상으로 무엇에 속하는 것일까? 아마도 그 이름으로 보아 쥐과에 속하는 동물이 아닐까? 그렇다면 다람쥐는 쥐, 두더지(쥐), 새앙쥐, 박쥐들과는 달리 혐오감을 전혀 주지 않고 우리에게 언제 만나도 반가운 길벗을 만난 것처럼 반갑고 사랑스러움을 느끼게 하는 까닭은 무엇에 연유되는 것일까? 그리고 쥐과에 속한다면 '쥐'라는 이름은 어떤 뜻에서 이루어진 이름이며, 특히 '다람쥐'라는 부드럽고 정다운 느낌을 주는 이름은 원래 무슨 뜻을 가지고 어떠한 조어구조를 형성하여 어떤 어형변화를 거쳐 오늘에 이른 것일까?

이러한 일련의 궁금증이 우리의 머리 속에 맴돌면서 사뭇 가슴 조이며 애태우게 한다.

이제 이러한 궁금증을 하나하나 단계적으로 풀어서 해명해 나가보기로 한다.

2. 도토리와 상수리의 어원

가) 도토리나무의 별명들

우리말 속담에 '도토리 키 재기'라는 말이 있다. 정도가 고만고만한 사람끼리 서로 다툼을 해봤자 뾰족하고 신통한 일이 있겠느냐는 핀잔을 하는 말로 자주 쓰인다. 도토리가 둥글둥글 한 것도 있고 약간 갈쭉스름한 것도 있지만 도토리 길이가 길어봤자 다 고만고만하여 별나게 길 수가 없다는 뜻이리라.

그런데 이 도토리가 여는 나무를 도토리나무라고도 하지만 동그랗게 생겨서 잘 굴러가는 밤이라 하여 굴밤나무라고도 하고, 그것도 밤나무와 같은 종류라 하여 너도밤나무과에 속한다고 구분하고 있다. 그런데 일반적으로 이르기는 상수리나무라 일컫기도 한다. 열매의 이름에 따다 붙인 이름들이다. 그 가운데서도 잎이 널찍하여 시루떡을 해 먹을 때에 널찍한 칡 이파리를 떡시루 밑에 깔고 찌는 것을 볼 수 있는데 이때 칡 이파리 대신 이파리가 널찍한 종류의 도토리 나뭇잎을 깔고 떡을 쪄먹기도 한다 하여 떡갈나무라 할 것을, 갈참나무라는 이름과 어우러져서 '떡깔'이 아닌 '떡갈나무'라고도 한 것으로 보인다. 이것은 그 이파리를 두고 붙인 이름임에 틀림없다.

이 나무를 목재로 쓰는 뜻에서 일컫는 이름은 보통 참나무라 하거니와 그 조금씩 다른 수종을 따라 갈참나무, 굴참나무, 물참나무, 조리참나무, 참풀나무 등으로 불리고, 한자어로는 견목(樫木), 곡목(槲木), 복속(樸㯞), 작목(柞木), 역목(櫟木), 착자목(鑿子木). 포목(抱木) 등의 이름으로 불리며, 침목, 선박재, 기구재 등으로 쓰이고, 숯의 원료로도 쓰이며, 나무껍질의 타닌(tannin)은 물감 또는 가죽을 다루는 데에 쓰인다.

그러나 뭐니뭐니해도 도토리나무는 그 열매 도토리를 가지고 묵을 쑤어 도토리묵 반찬으로 우리의 전통적인 한식 식탁에서 밥맛을 돋우는 별미로 즐긴다는 데 그 값진 진면목을 발휘하고 있음을 우리는 아무도 부인하지 못할 것이다.

나) 참나무 열매 '상수리'

여기에서 한 가지 미리 이야기해 두어야 할 말이 있다. 그것은 열매에 도톨도톨한 깍지를 모자처럼 쓰고 약간 갈쭉한 모양이나 둥글둥글한 모양의 열매를 가지는 나무를 도토리나무라 하고, 열매에 투실투실한 털모자를 꾹 눌러 쓴 모양에 동그스름한 좀 굵은 열매를 가지는 나무를 상수리나무라 구분하고 있다는 점이다. 그런데 종종 그 이름을 서로 엇바꿔 쓰고 있는 사람도 지역에 따라 가끔 있는 것을 볼 수 있다. 그런데 상수리나무도 크게는 도토리나무의 일종임을 그 이름에서 확인할 수 있다.

왜냐하면 상수리나무를 한자어로 '橡木'이라 하고 그 열매 상수리는 곧 한자어로 '橡實'이라 한다는 데 유의하면 '상수리'라는 열매 이름은 곧 한자 '橡實'에서 '상실이＞상시리＞상수리'로 바뀌어 간 어형임을 분명히 알 수 있는데,

이때 '橡實'의 '橡'은 곧 '도토리 상'자라는 것을 알고 보면 상수리의 원말인 '상실'은 다름 아닌 '도토리 열매'라는 뜻의 한자말임을 분명히 알 수 있다. 그러니까 '상수리'는 곧 '도토리'의 일종임을 그 이름의 조어구조 속에서 분명히 읽어낼 수가 있다.

다) 떡갈나무 열매 도토리

그런데 '도토리'라는 이름은 과연 무슨 뜻을 담고 있는 말일까? 여기에서 우리는 이 문제를 제대로 풀어내기 위해서는 옛 문헌에 도토리를 어떻게 기록하고 있는가에 눈길을 돌려 그 뿌리를 캐어 들어가는 작업을 서두르지 않을 수 없다.

13세기 고려조 때 나온 『향약구급방(鄕藥效急方)』에는 '橡實'의 우리말 이름(鄕名)을 '猪矢栗'이라 적어놓고 있다. 그 뜻을 풀어보면 '돼지의 밤'이라는 뜻이다.

16세기 조선조 때 나온 『훈몽자회(訓蒙字會)』에서는 '도틱밤'이라 적고 있다. 이것을 분철하여 그 뜻을 밝혀 적는다면 '돝(猪)＋익(屬格)＋밤(栗)'이니 멧돼지가 즐겨먹는 밤이란 뜻이 분명하니 앞에서 고려조의 기록에 나오는 '猪矢栗'의 우리말 발음임에 틀림없음을 확인할 수가 있다.

더욱 재미있는 자료는 『두시언해』에 나온다.

> 주으려 栖溪옛 도토바믈 주스니라: 飢拾栖溪橡(杜初 24:39)
> 힉마다 도톨왐 주스믈 나볼 조차 둔뇨니: 歲拾橡隨狙公(杜初 25:26)

앞의 자료는 배가 고파 주려서 유계 골짜기의 '도토밤'을 주워다 먹었다는 기록이요, 뒤의 자료는 해마다 원숭이를 따라 다니면서 '도톨왐을 주우러 다녔다는 기록이다. 같은 『두시언해』 앞 권에서는 '도톨밤'이라하고 다음 권에서는 '도톨왐'이라 하였다. 이 두 가지 다른 표기는 도토리라는 이름이 만들어지는 데 있어 빠뜨릴 수 없는 중요한 변화과정을 보이고 있다. '돼지밤'

이라는 어원상의 뜻을 가진 '도틔밤'이 '도토밤'이라 일컬어짐에 이르러 그 조어구조상의 의미가 흐려져서 아마도 도토리의 깍지가 '도톨도톨하게' 생겼다는 민간어원적인 관념이 곁들여지면서 '도톨밤'이라는 어형으로 쓰임에 따라 'ㄹ'음 아래에서 'ㅂ'음의 순경음화가 일어나 '도톨밤＞도톨밤＞도톨왐'의 변화과정을 거친 것으로 설명할 수 있겠다.

여기에서 '도톨도톨하다'는 형용사는 동사 '돋다'에서 파생된 부사 '도톨도톨'에서 파생을 거듭한 것이다. '돋다'가 '돋우다'를 낳고 '돋우다'는 '도둑하다' '도도록하다' '두드러지다'를 낳고 이것은 다시 '도독도독'과 '도도록도도록'이라는 부사를 거듭 낳은 것이다. 이것이 '두드럭두드럭'으로 발전하여 '두드러기'를 낳은 것이다. 이 말이 다시 발전하여 물건의 껍질이 들어가고 나오고를 자주하여 매끈하지 않고 잘게 울퉁불퉁한 것을 '도톨도톨'하다는 말로 나타내기에 이른 것이다.

이렇게 볼 때 돼지의 밤이라는 뜻이 분명한 '돝의밤'으로 분철할 수 있는 '도틔밤'이 '도토밤'으로 쓰이면서 그 근원적인 의미가 묘연해짐에 따라 새로운 감각적인 의미를 연상하면서 '도토밤'을 그 깍지가 도톨도톨하게 생긴 밤이라는 '도톨밤'으로 인식하게 됨으로써 그 뒤에 음운변화 과정이 뒤따라 '드톨왐＞도톨암'으로 바뀌다가 이윽고 끝음이 떨어져 나간 채 '도톨이'로 불리면서 오늘날의 이름 '도토리'로 정착된 것으로 추정할 수가 있다.

라) 졸참나무 열매 굴밤

한편 '굴밤'이라는 도토리의 별명은 왜 생긴 것일까 하는 문제도 우리를 궁금하게 한다.

사전에 보면 '굴밤'을 졸참나무의 열매로서 식용으로 쓰인다고 적어놓고 있다. 그것이 별도의 다른 나무의 열매로 잘못 알기 쉽다. 졸참나무는 그 죽은 나무등걸에 종균을 심어 곧 표고버섯을 가꾸는 원목으로도 쓰이는 참나무의 일종이다.

'굴밤'은 곧 '도토리'의 일종이다. 도토리가 돼지밤이라는 뜻으로 이루어진 말이라는 데 착안한다면 '굴밤'이라는 말 속에 들어 있는 '밤'에서도 굴밤을 밤(栗)의 원종으로 본 데서 붙인 이름임에 틀림없다. '굴밤'이라고 일컬어지기도 하는 도토리는 그 나무로 보면 너도밤나무과에 속하고 밤나무도 너도밤나무과에 속하여 이파리나 열매가 모두 비슷하게 생겼음을 확인할 수가 있다. 그렇다면 '굴밤'이라는 이름 속의 '굴'은 무엇을 뜻하고 있을까? 이것은 아마도 가을철 불어오는 하늬바람에 도토리나무에서 동글동글한 도토리가 익어 두둑뚝, 우수수 떨어질 때에 가랑잎 위로 댁대굴댁대굴 잘도 굴러가기 때문에 구르는 밤이라는 뜻이 담긴 말로 '굴밤'이라 하지 않았을까 생각된다. 일본 사람들은 밤을 '구리'라 한다. 이것은 아마도 우리말 '굴밤'이 건너가서 밤의 이름으로 굳어진 것이 아닐까 한다. 그리고 역시 너도밤나무과에 속하는 상수리나무의 일종인 '갈참나무'도 가랑잎을 낙엽으로 떨어뜨리는 참나무라는 뜻의 이름으로 가랑잎참나무의 줄어든 꼴인 '갈참나무'라는 이름을 가지게 된 것이 아닐까 한다.

요컨대 이 모든 종류의 열매가 결국 도토리묵을 만드는 데 쓰인다는 것을 기억해 둘 필요가 있다. 굴밤도 상수리도 결국 도토리의 다른 이름에 불과한 것이다. 다시 말하면 굴밤이라 일컫기도 하는 졸참나무의 열매도, 떡갈나무의 열매 도토리도, 상수리나무의 열매 상수리도, 갈참나무의 도톨도톨한 깍지를 모자처럼 쓴 열매도, 이와 아주 비슷하게 생긴 물참나무 열매까지도 모두 묵으로 만들어 놓으면 '도토리묵'이 된다는 사실에서 너도밤나무과에 속한 여러 가지의 참나무의 열매가 곧 도토리라고 말할 수 있을 것이다. 따라서 그것들이 크게 보면 그 이름으로 보아 모두 같은 부류의 나무들이라는 점을 확인할 수 있기 때문이다.

3. 다람쥐의 어원과 그 의미

가) 반가운 동물

우리는 까치소리를 들으면 왠지 몰라도 반갑고 까마귀 소리를 들으면 괜히 싫다. 왜 그런 생각이 드는 것일까?

어렸을 적에 시골풍경을 그려 보면 마을 어귀에 큰 나무들이 서 있고 이 나무 가지 위에는 잎이 다 떨어진 앙상한 가지 위에 하얀 눈송이가 마치 꽃송이처럼 쌓이는 겨울철에 유난히 돋보이는 까치집을 추억처럼 머리에 떠올릴 수가 있다.

그런데 이 까치집에 종종 까마귀가 살고 있는 것을 발견할 수 있다. 그렇다면 그 나뭇가지 위에 새가 깃드는 집은 까치집이 아니라 까마귀집이란 이름으로 불러야 할 것이 아닌가? 그런데도 이상한 것은 까마귀가 사는 집조차도 까치집이라 일컫는 것이 시골마을에 사는 주민들의 언어관습이다. 이러한 언어관습이 정착된 데에는 그럴 만한 이유가 있다는 것을 마을 사람들은 곧 알게 된다.

까마귀는 집을 짓는 일이 없다. 까치는 암놈과 수놈이 사랑의 보금자리를 꾸리고자 추운 겨울이 오기 전에 죽은 나뭇가지를 부지런히 물어다가 집을 짓는 모습을 그 정겨운 까치 울음소리의 자웅화답의 가락과 함께 지켜 볼 수가 있다. 그런데 종종 까마귀란 놈이 까치집에 날아와 이 공들인 애정의 보금자리를 힘으로 탈취하는 쟁탈전을 벌이는데 이런 싸움에서는 으레 악의 세력이 선량한 사랑의 움을 꺾고 이기게 마련이다. 그래서 그런지 까마귀를 보면 도둑놈 같아서 싫고, 까치를 보면 사랑하는 이웃 같아서 그 울음소리만 들어도 무슨 좋은 일이 생기거나 반가운 손님이라도 올 것 같아 기분이 좋아지는 것을 어찌할 수 없다.

이렇게 보면 까마귀가 싫고 까치가 반가운 것은 그 이유가 분명히 있음을 깨닫는다.

그런데 우리는 그 이유가 어디에 있는지 모르면서도 괜히 보기만 하면 반갑고 귀여운 동물이 있는가 하면 이와는 반대로 까닭도 없이 보기만 하면 싫고 징그러운 동물이 있다.

뱀이나 지렁이를 보면 끔찍스러운 느낌이 앞서는데 나비나 물고기를 보면 반갑고 친근감이 든다. 하기야 뱀이나 지렁이가 꿈틀거리며 기어가는 모습이 보기에 흉하니까 싫을 수밖에 없고 나비는 날개를 파닥이며 날아가는 날개 짓이 보기에 귀엽고 물고기는 물속을 이리저리 지느러미의 가냘픈 손짓으로 멋지게 헤엄쳐 다니는 수영실력이 놀라우니까 좋을 수밖에 없는 것이 아니냐고 반문할 수도 있겠으나, 그 이유를 딱 들어맞게 댈 수도 없으면서도 괜히 싫은 동물도 있고 무작정 보기만 하면 반갑고 기분이 한없이 좋아지는 동물이 있는 것이다.

다람쥐가 바로 이 무작정 반가운 동물에 속한다는 것을 특히 우리 어린이들이 즐겨 부르는 동요 속에서 잘 읽어낼 수가 있는 것이다.

나) 쥐과의 신사 다람쥐

다람쥐는 분명히 그 이름에서도 나타나 있듯이 쥐과에 속하는 동물임에는 틀림없지만 쥐를 보는 느낌과는 전혀 다른 사랑스러운 정을 느낀다. 마치 병아리를 보면 가만히 붙잡아 손바닥 위에 올려놓고 요리조리 돌려 보면서 감상하고 싶고, 강아지를 보면 그 꼬리 치는 강아지의 머리와 등짝을 쓰다듬으며 어루만져 주고 싶은 정을 느끼듯이 다람쥐를 보면 두 손을 펴서 얼른 움켜잡아 보고 싶은 충동을 느낀다.

그것은 어쩌면 귀여운 날개 짓에 의한 나비의 춤 솜씨를 내 손 안에 간직해 보고 싶고, 여리디 여리게만 보이는 지느러미의 손짓에 의한 날쌘 물고기의 수영실력을 내 손 안에 지녀보고 싶은 그런 심정에서 비롯된 것일지도 모른다.

그러나 쥐와 다람쥐는 그 생김새로 보아도, 그 이름으로 보아도 동물 분류학상의 계보로 보아도, 사촌쯤 될 만큼 아주 비슷한데 어찌 쥐는 보면 끔찍스럽게 싫은 느낌을 받고, 다람쥐는 보면 곧 다정하고 반가운 느낌을 받는 것일까?

쥐과에 속하는 동물로 우리가 익히 알고 있는 것으로서 박쥐를 더 들 수 있거니와 이것은 날아다닌다는 점에서 쥐나 다람쥐와 아주 다르게 느껴진다. 쥐나 다람쥐가 네발짐승인 젖먹이류(哺乳類) 동물이 분명하다고 생각하면서도 박쥐는 날개로 날아다니는 새 종류(鳥類)에 속하는 동물이 아닐까 하는 생각을 해 보기 쉽지만 이러한 생각은 어디까지나 착각에 불과한 것임을 곧 알 수가 있다. 박쥐도 귀가 달려있고 젖을 먹고 성장한다는 점에 유의하면 '哺乳類'에 속하는 동물임에 틀림없다. 왜냐하면 박쥐의 날개라고 할 수 있는 부분을 새의 날개와 견주어 볼 때 그 생김새 전체가 근본적으로 다르다는 것을 알 수 있기 때문이다.

박쥐가 날아다닐 수 있는 것은 앞발과 뒷발 사이에 연결된 우산처럼 펼쳐지는 비막(飛膜)이 있는데 그것은 본질적으로 오리발의 발가락 사이어 이어져 있는 피막(皮膜)과 비슷한 것으로서 거기에는 새의 날개에서 찾아볼 수 있는 깃털이 전혀 나있지 않다. 이것은 마치 오리가 닭과 비슷하지만 오리발의 발가락 사이에 연이어지는 피막(皮膜)으로 물결을 차고 헤엄을 칠 수 있는 것과 같이, 박쥐도 쥐와 비슷하지만 앞뒤 발 사이에 연이어진 비막(飛膜)으로 바람결을 치고 날아갈 수 있다는 차이가 있을 뿐인 것이다.

그런데 이상한 것은 우리가 살고 있는 집 주변에서 늘 맴돌고 있는 쥐나 이따금씩 발견하는 박쥐는 보기만 하여도 끔찍스럽게 싫은 느낌을 받는데, 이에 반해서 깊은 산골짜기의 호젓한 곳에나 가서야 만날 수 있는 다람쥐는 그 얼룩무늬의 귀족스러운 털옷을 입고 멋들어진 곡예로 재롱을 부리며 외로운 오솔길의 길벗이 되어 주기 때문인지 마냥 반갑고 기분이 좋은 느낌을 받는다.

다람쥐는 어두운 밤에 숨어 다니지 않고 밝은 대낮에 떳떳이 다니되 남이 농사지어 놓은 것을 훔쳐서 먹지 아니하고 야생으로 자생하는 도토리를 주어다가 먹고 살면서 사람에게 해를 끼치지 않고 산길을 걷는 길손에게 길벗이 되어 준다는 면에서 우리의 사랑스러운 이웃으로 사귀고 싶은, 쥐과의 멋진 신사라고 말할 수 있을 것이다.

다) 표범 무늬의 귀족

다람쥐의 머리에서 꼬리에까지 다섯 줄기로 곱다랗게 내려뻗은 세로무늬의 털옷은 표범의 가로무늬 털옷을 세로로 재단해 입힌 귀족가문의 자제들의 제복 같은 느낌을 준다.

그래서인지 한자 가운데 '다람쥐 정(鼬)'자가 있는데 그 뜻풀이를 한자로 '豹文鼠'라 하고 있다. 곧 이 다람쥐는 표범의 무늬를 지닌 쥐라고 설명하고 있는 것이다. 사람도 웬만한 귀족으로서는 표범 무늬 털로 옷을 재단해서 입고 다니는 일이 흔치 않은 것이 사실이 아닌가?

두더지를 보아도 박쥐를 보아도 새앙쥐를 보아도 일반 쥐와 마찬가지로 모두 그 꼬리가 지렁이를 연상할 만큼 흉물스럽게 생겨서 곧 보자마자 혐오감을 느끼게 마련이다. 그러나 다람쥐의 꼬리는 부얼부얼한 무늬 털로 곱게 곤두세우고 있는 모습은 마치 새 종류 가운데 귀족으로 꼽는 공작의 화려한 치맛자락 같은 꼬리에나 비유할 수 있을 만큼 자랑스럽다.

그 꼬리의 세로무늬는 등줄기를 따라 머리정수리까지 올라 넘어가서 깜박이는 눈동자의 언저리를 지나서 도토리를 오물오물 예쁘게 까서 먹고 있는 입술에 응집되어 있음을 본다.

그 무늬는 어쩌면 거꾸로 살펴볼 때 예쁘게 오물거리는 입에서 시작하여 머리를 넘어 등과 꼬리로 이어져 있어서, 공작꼬리처럼 자랑스럽게 귀족의 옷차림으로 꼬리를 곤두세워 멋을 뽐내고 있는 것이 아닐까?

박쥐가 싫은 것은 어둠 속에서 사람을 놀라게 하는 야행성(夜行性)때문일까? 쥐가 그토록 싫은 느낌을 주는 것은 숨어 다니면서 우리의 귀중한 먹을거리를 도둑질하고 더럽혀 놓은 데 대한 적개심 때문일까? 그리고 박쥐나 쥐가 싫은 느낌을 주는 또 하나의 요인은 그 거무칙칙한 빛깔에서 야기되는 음침하고 차갑고 끈끈하고 암울하다는 혐오감 어린 느낌 때문이 아닐까? 거기에 비하면 다람쥐의 그 병아리 털 같고 강아지 털 같고 어쩌면 토끼털과도 같은 따뜻하고 보송보송하고 밝다는 느낌과 얼룩무늬의 보배스럽고 사랑스러운 도안이 주는 애정 어린 느낌이 아닐까?

아무래도 밝은 색은 어두운 빛깔보다는 마음에 안도감을 주는 것이 사실이다. 해를 끼치고 도둑질하는 동물보다는 해를 끼치지 않으면서 귀여운 재주를 보여 주는 동물이 사랑스럽게 보이는 것이 또한 사실임에 틀림없다.

그런데 쥐과에 속하는 여러 가지 유형의 동물 가운데 혐오감을 주는 것이 대부분이다. 박쥐, 새앙쥐, 두더지(<두더쥐) 등이 모두 싫은 느낌을 준다는 점에서 쥐보다 덜할 것이 하나도 없다.

오직 다람쥐 한 가지만이 우리의 사랑을 독차지 한다 해도 과언이 아닐 것이다. 그 귀족 같은 털 무늬 옷은 밝은 빛깔과 따사로운 느낌이 우선 사랑스럽고 기다랗고 부얼부얼한 꼬리를 이끌고 잽싸게 깡충깡충 뛰는 모습이 귀엽고 우리들의 농작물이나 수확된 곡식에 손해를 끼치지 않는다는 데 또한 고맙기까지 하다는 느낌을 준다는 것도 부인할 수 없는 사실일 것이다.

아무튼 다람쥐는 언제 보아도 귀엽고 반가운 동물이다. 쥐과에 속하는 동물 치고는 귀족이요, 신사라 하지 않을 수 없다. 더구나 그 쳇바퀴 굴리는 재주는 서커스 단장쯤 이름 붙여 줘도 좋을 만하다는 생각까지 든다.

라) '쥐'의 족보

다람쥐가 새앙쥐, 두더지, 박쥐와 함께 쥐과에서 분화되어 쥐의 사촌쯤 되는 분가된 가문의 유파라고 본다면 쥐, 새앙쥐, 두더지, 박쥐, 다람쥐에 걸쳐 공통으로 붙어 있는 '쥐'라는 이름이 그 족보의 계보를 알리는 항렬자(行列字)라고나 함 직하다. 항렬자란 곧 그 가문의 본관에서 뻗어나간 계파(系派)에 따라 일정하게 대를 이어가면서 같은 뿌리에서 퍼져 나온 가지라는 것을 알리기 위하여 사람의 가문의 계통을 세워갈 수 있도록 그 구성원의 이름에 돌림자를 붙여가는 것을 뜻한다.

이렇게 볼 때 '다람쥐'라는 이름에 붙는 '쥐'도 '박쥐', '새앙쥐', '두더쥐>두더지'라는 이름에 붙는 '쥐'와 함께 그것이 쥐과의 한 분파임을 보여 주는 이름의 요소임에 틀림없다.

그렇다면 다람쥐의 족보를 알리는 항렬자라고나 할 수 있는 이 '쥐'라는 이름은 무엇을 뜻하는 말이며 그것이 어디에서 생긴 것이라고 설명할 수 있을까? 그것이 순 우리말이라고 믿고 있는 것이 상례인데 과연 그럴까? 혹 한자와는 상관이 전혀 없이 이루어진 것일까?

이러한 일련의 궁금증을 역순으로 거슬러 올라가면서 그 경위를 하나하나 추적하여 밝혀 나가보기로 하자.

한자에서 '쥐 서(鼠)'자는 중국 발음으로 '쑤'처럼 읽는다. 우리말의 쥐는 이 중국음 '쑤'의 변음일 가능성이 있다. 이 한자는 '篆文'에서 '𪔀'자로 쓰이는데 이것은 윗부분에서 쥐의 날카로운 이빨로 상형하고, 가운데의 앞부분의 발톱들과 등부분의 몸통, 그리고 아랫부분의 꼬리를 상형함으로써 그림 그리듯이 쥐의 몸 전체를 글자로 그려낸 것이다. 그리고 그 발음을 '쑤'라고 한 것은 잇소리(齒音)로서 쥐가 이빨로 물건을 갉아대는 것을 나타낸다.

이 '쑤'가 우리말에서 '쥐'라는 발음으로 바뀐 데는 무엇인가 잘 주어먹는 것이라는 뜻이 추가로 가미되어 '주이'의 축약형을 이룬 것이 아닐까 하는 추정을 해볼 만하다.

이렇게 생각해 보면 다람쥐가 알밤이나 도토리를 잘 주어다가 갉아먹는 천성을 그 이름의 일부에서 쉽게 읽어낼 수 있다는 것을 깨닫게 된다.

그렇다면 다람쥐는 그냥 쥐와는 달리 기다란 이름을 가지게 된 연유가 과연 무엇일까?

이 궁금증을 이제부터 풀어나가 보기로 하자.

마) 달리기 선수

우리가 호젓한 산길을 걷다가 지치고 무료해서 심심하고 갑갑함을 잔뜩 느끼면서 무거운 발걸음을 힘겨워 할 때 다람쥐라도 반갑게 나타나서 나무 위에 쪼르르 기어 올라가서 가지 위에서 요리조리 멋진 곡예를 연출하다가 스카이다이빙으로 풀밭에 사뿐히 내려앉아 다시 돌 틈 사이로 앙증스럽게 들락날락거리며 귀여운 숨바꼭질이라도 해주면 오솔길을 걷는 무료함을 씻은 듯이 잊을 수가 있다.

다람쥐가 이처럼 귀엽게 느껴지는 것은 머리에서 꼬리까지 다섯 줄기로 예쁘게 줄무늬 진 부얼부얼한 털옷을 입었기 때문에 마치 복슬강아지라도 만나서 어루만지며 껴안고 싶은 충동을 느끼기 때문이리라. 더구나 잽싸고도 가볍게 사뿐사뿐 내닫는 민첩함에 우리는 모르는 사이에 서커스의 곡예를 구경이라도 하는 듯한 착각에 빠지기 일쑤다.

그래서 사람들은 다람쥐를 잡아다가 집안에서 작은 동물원의 우리를 만들어 가두고 그 안에 물레방아 바퀴 같은 쳇바퀴를 만들어 주어 그것을 돌리며 놀게 함으로써 그것을 애완동물로 키우기까지 하는 것이 아닌가? '다람쥐 쳇바퀴 돌 듯'한다는 속담이 이래서 나온 것이다. 이것은 달리기 선수인 다람쥐의 천성을 쳇바퀴 굴리는 재롱으로 옮겨 놓고 사람이 즐기는 것이다.

> 잘 가느라 닫지 말며
> 못 가노라 쉬지 말라.

이 시조 구절에서 '닫지'는 '달리지'를 뜻하는 말임으로 '달리다'의 어근이 '닫'임을 알 수 있다. '다람쥐'라는 이름이 곧 이 어근 '닫'과 '보람(볼+암)', '꾸지람(꾸짖+암)'에서도 볼 수 있는 명사화접미사 '암'이 결합되고 다시 '쥐'가 합해진 것이므로 '닫(走)+암(接)+쥐(鼠)'의 조어구조로 만들어진 어형임이 틀림없으며, 따라서 잘 내닫는 쥐라는 뜻을 가졌으며 더 나아가서는 이리저리 달리면서 도토리, 알밤 등을 잘도 주어다가 갉아먹는 짐승이라는 풀이를 할 수 있는 이름임을 깨닫고 우리는 새삼 그 의미심장함에 놀라지 않을 수 없다.

특히 '날다람쥐'라는 이름을 가진 다람쥐도 있는데 이것은 '날(飛)+닫(走)+암(接)+쥐(鼠)'의 조어구조로 되어 있어 날아가듯 잽싸게 달리는 쥐의 종류라는 이름이 아니겠는가! 이것을 한자로는 '鼺'(날다람쥐 오)라 쓰고 '飛生鼠' 또는 '五技鼠'라 풀이하고 있다. 날듯이 빠르게 다섯 가지 재주를 부리는 쥐라는 뜻이리라.

4. 마무리

재롱둥이 다람쥐의 표범 무늬 털옷은 그 치켜들고 있는 부얼부얼한 꼬리로 귀족가문의 자재인 양 뽐내고 있거니와 그 먹이를 보면 사람이 농사지어 가꾸지 않는 야생의 도토리나무의 열매를 먹고 사는 소박한 야인의 서민적인 가문의 출신이라는 것을 알 수 있다.

'도토리'라는 이름은 그 원형이 '돝이밤'(猪矣栗)으로서 돼지가 주워 먹는 밤이라는 뜻을 가졌던 것이다.

그 어형변화 과정을 정리하면 다음과 같다.

> 돝(猪)＋익(矣)＋밤(栗)＞도틱밤＞도토밤＞도톨밤＞도톨뱜＞도톨왐＞도톨암＞도톨이＞도토리

그러니까 '도토리'라는 이름 속에는 돼지밤이라는 뜻이 들어 있는 것으로 너도밤나무과에 속한다는 뜻으로 붙은 '너도밤나무과'라는 속명도 일리가 있게 붙여진 이름이라 하겠다.

굴밤이라는 별명이 붙은 것도 도토리를 밤의 일종으로 본 명명법이라는 점에서 역시 일리가 있다고 수긍이 가는 것이다,

한편 '상수리'라는 도토리의 별종의 이름도 그 근원형을 추적해 볼 때 '도토리나무 상(橡)'자와 '열매 실(實)'자가 합해서 이루어진 '상실'이라는 이름이 주격토로 붙은 '－이'가 명사에 붙는 접미사로 굳어져서 이루어진 '상실이'가 어형변화를 거쳐 상수리가 되었다는 것을 알고 보면, '상수리'란 도토리나무 열매라는 뜻을 가졌으므로 '도토리'라는 이름과 의미상 일치된다는 재미있는 결론을 얻어낼 수가 있는 것이다.

'상수리'의 조어구조와 그 어형변화 과정을 정리하면 다음과 같다.

> 橡＋實＋이(주격토)＞상실이(도토리나무 열매)＞상수리

이 야생하는 도토리를 그 먹이로 삼아 산골짜기에서 야생하는 야인가문의 바위 틈 사이에서 귀족무늬 털옷을 입고 사는 다람쥐는 그 이름이 어디에서 어떻게 생겨서 바뀌어온 것일까?

다람쥐는 쥐과에 속하는 동물임에 틀림없으므로 '쥐'라는 이름부터 정리해 둘 필요가 있다고 생각된다.

'쥐'는 한자로 '鼠'라고 쓰고 있는데 그 중국음은 '糸'처럼 읽는다. 이 한자의 모양을 두고 보면 옛 篆文에서 '鼠'처럼 그려져 있는데, 이것은 윗부분의 날카로운 이빨과 잘 후벼 파는 앞부분의 두발과 둥근 등짝과 꼬부라진 꼬리로 이어지는 쥐의 전신을 상형한 문자인 것이다. 그 발음을 중국어에서 치음으로서 '糸'라고 한 것은 쥐가 이빨로 무엇인가 잘 갉아먹는 것을 나타낸다. 이 '糸'가 우리말에서 '쥐'로 바뀌는 과정에서 주어먹는다는 뜻의 '주이'가 가미되었음 직하다.

'쥐'라는 이름의 생성변화과정을 정리하면 다음과 같다.

<table>
<tr><td>鼠</td><td>>糸</td><td>>쥐</td></tr>
<tr><td>(쥐의 상형)</td><td>(갉아먹는 소리)</td><td>('주어먹다'의 가미)</td></tr>
</table>

이 쥐에서 '다람쥐'라는 다정하고 부드러운 느낌이 주는 이름이 붙게 된 데에는 다람쥐가 달리는 선수로서 곡예를 귀엽게 하는 모습을 살려서 달음박질 잘하는 쥐라는 뜻의 조어발상이 이루어지면서 '다람쥐'라는 이름이 만들어진 것이다.

'다람쥐'라는 이름의 조어과정과 어형변화의 경위를 밝혀 정리하면 다음과 같다.

달(走)＋암(名詞形接辭)＋쥐(鼠)＞달＋암＋쥐＞다람쥐

　　이렇게 보면 '다람쥐'란 이름에서는 '달리기선수 곡예사로서의 쥐'라는 뜻
을 투명하게 읽어낼 수가 있음을 우리는 깨닫게 된다. 날다람쥐라는 이름은
더욱 빠름을 뜻한다.

　　날(飛)＋달(走)＋암(接辭)＋쥐(鼠)

〔다〕 연

1. 동심의 날개

정초의 민속놀이 가운데 고향마을 앞뒤 동산과 들녘을 마음껏 뛰놀던 어린 적 동심의 세계에 젖는 향수어린 정을 듬뿍 다시 불러 일으켜 주는 놀이로서 우리는 연날리기를 들 수 있을 것이다. 할아버지나 아버지가 손자나 아들을 데리고 동산에 올라 얼레에 감은 연줄을 잡았다 풀었다 하며 함께 공중에서 곡예를 하는 연을 바라보면서 연날리기를 즐기는 모습은 하나의 풍경화처럼 우리 눈앞에 전개된다. 사람이 새처럼 하늘을 훨훨 날아 볼 수 있다면 하고 상상의 나래를 펴보던 공상이 꿈나라에서 새가 되기도 하고 겨드랑이에 날개가 나기도 하고 더러는 신묘하게도 몸이 비행선처럼 가벼워져서 공중을 마음대로 둥둥 떠다니는 꿈을 꾼 경험을 갖지 않은 사람은 아마도 별로 없을 것이다. 이러한 본원적인 우리의 꿈이 정초의 우리의 전통적 민속놀이로서 알려진 연날리기로 구현된 것이 아닐까 한다. 그것은 무한한 공간이요, 창조자인 섭리자의 영역이라고 믿어지는 하늘로 향하는 우리 인간의 마음이요, 기원이요, 소망이기도 하기 때문이다. 이러한 소망은 동양과 서양이 다를 수가 없었나보다. 우리나라, 중국, 일본은 물론 서양에서도 까마득한 옛날부터 연을 날렸던 것을 보면 이를 알 수가 있다. 우리의 전통적인 가정의 풍습에서는 한 해 열두 달 다달이 하고 많은 민속이 전해져 내려오거니와 그 민속에 담겨있는 뜻을 새겨보면 그 대부분이 불길한 액을 멀리하고 복을 맞이할 수 있도록 비는 것으로 일관되어 있음을 본다. 특허 정초의 민속은 한 해의 풍년을 빌고 가정의 안녕을 비는 뜻과 함께 모든 불길한 것을 멀리 내어 쫓는다는 이 뜻이 강하게 빠짐없이 들어 있다는 것을 알 수 있다. 우리의 전통적인 멋을 잘 살리고 있는 연날리기도 이 점에서 예외일 수가 없다.

연을 날리는 일은 우리나라에만 있어 왔던 것이 아니라고 한다면 연을 처음 고안한 것은 언제 누가 한 일이었을까? 그리고 연날리기가 다만 어린이의 놀이로서의 용도에 그치는 것이 아니라고 한다면 과연 연은 어떠한 목적과 용도로 쓰이기까지 하였던 것일까?

더구나 잊혀져 가는 우리의 전통적인 멋을 되살려야 한다는 안목으로 볼 때에 우리는 과연 연의 구조와 그 만드는 방법에 대해서 얼마나 알고 있느냐 하는 질문에 부딪히면 우리는 너나 할 것 없이 대부분 고개를 가로 저으며 부끄러워하는 표정을 짓지 않을 수 없는 것이 우리의 현실이 아닐까 생각한다.

나아가서 연의 모양과 거기에 그려지는 색채나 그림에 따라서 불리는 여러 가지 이름에 대해서는 더욱 잘 아는 사람이 드물다는 것도 사실이다.

이제 이러한 연에 얽힌 일련의 의문점에 대해서 하나하나 살펴보기로 하자.

2. 연에 담긴 뜻

가) 하늘에 매달아 놓은 사람의 마음

연은 언제 날리는가? 봄, 여름, 가을, 겨울 할 것 없이 한 해의 네 계절에 걸쳐 어느 때고 연을 못 날릴 것도 없을 것 같지만 사실은 그렇지가 않다. 한창 농사일에 바쁜 철에 연을 날리는 사람이 있다면 마을 사람들의 칭송 대신 손가락질 받기 딱 알맞을 것이다. 연은 예로부터 아무 때나 날리는 어린 아이들의 장난이나 해찰이 아니었을 뿐만 아니라 그것은 값진 뜻을 담은 연중행사의 하나였기 때문이다. 이제는 차츰 잊혀져가고 있긴 하지만 그것은 어쩌면 한 해 동안 행·불행을 좌우한다고 볼 수 있는 중요한 주술적인 의미를 지니는 것이었다. 하늘의 섭리자와 우리의 조상신께 한 해가 시작되는 정초에 모든 불길한 재앙과 액을 멀리하고 오직 가정의 안녕과 평강을 누릴 수 있도록 무한량의 복을 온 집안 가득히 내려달라는 우리 선인들의 소박하고도 간절한 소망과 기원을 올리는 뜻을 담은 경건한 전통 민속의 하나다. 따라서 음력 정초부터 정월대보름날까지 약 보름 동안 마을 뒷동산에 올라가 노인부터 어린아이까지 쌀쌀한 찬바람도 아랑곳하지 않고 하늘 높이 공중에 연을 띄우고 얼레에 감긴 연줄을 감았다, 풀었다, 당겼다, 퉁겼다, 놓았다 하면서 좌우상하 전후로 멋진 공중 곡예를 연출하는 연을 통하여 연을 날리는 사람이나 연을 구경하는 사람이나 할 것 없이 우리 모두의 마음을 하늘에 매달아 놓고 한 해의 '送厄迎福'을 경건한 마음으로 빌며 즐기는 것이다. 따라서 양력 정초에는 연을 날려 봤자 어차피 그것은 격에 어울리지를 않는다.

나) 하늘을 날아 떠 있는 솔개

이렇게 볼 때 연날리기는 어떤 면에서는 가족과 마을 사람들의 화목을 다짐하는 군중집회일 것도 같고 또는 솔개처럼 홀로 하늘에 높이 치솟아 마음껏 날고 싶은 동심의 세계라 할 수 있는 꿈의 세계를 현실의 세계에 구현하는 요술 같은 영상예술일 것도 같다.

연은 한자 '鳶'에서 취음한 것으로 두 날개를 활짝 펴서 움직이지 않고 하늘을 둥둥 떠서 빙빙 돌아다니다가도 들쥐나 물고기를 보면 잽싸게 내리꽂듯 내려앉는 소리개를 뜻한다. 소리개처럼 높이 치솟아 하늘을 누비며 마음껏 날아다닐 수 있다는 뜻으로 받아들여진다. 영어로는 연을 카이트(Kite)라 하는데 이 이름이 소리개와 연을 아울러 의미한다는 사실을 놓고 보아도 역시 같은 사실을 확인할 수가 있다. 소리개가 줄어들면 솔개가 되는데 이는 느린 듯하면서도 잽싼 매과에 속한 새다.

연이 공중에서 가만히 떠있는 듯하면서도 잽싸게 치솟거나 내려 꽂듯 곤두박질하기도 하고 뱅글뱅글 맴을 돌기도 하는 모습을 잘 포착하여 붙인 이름이라고 생각된다.

3. 연에 실어 멀리 띄우는 사연

연은 공중에 높이 떠서 또 멀리 날아갈 수 있는 것이기 때문에 예로부터 연은 어떤 사연을 실어 보냄으로써 군사적인 목적이나 사랑의 연락을 교신하는 용도로 쓰여 왔던 것으로 보인다. 그러면 연의 시초는 어떻게 이루어진 것일까?

일찍이 서양에서는 BC 400년대에 그리스에서 플라톤의 친구 알투스가 연을 처음 만들었다고 전한다. 그리고 중국에서는 BC 200년경 한나라 때의 무장 한신이 군사적 목적으로 대치한 적과의 거리를 재고 적의 동태를 엿보기 위해 연을 띄운 것이 처음이라고 전한다. 일본에서도 연을 군사적 목적으로 띄웠다는 이야기가 전한다. 우리나라에서도 신라 때 김유신의 풍연과 고려 때 최영 장군이 탐라에 일어난 묵호의 난을 평정하는 데 연을 이용했다는 기록이 전한다. 한편 연은 사랑의 교신을 하는 수단으로도 이용된 예로서는 이업이라는 사람이 연에 피리를 매달아 날렸다고도 하고, 안록산이 양귀비에게 연을 통해서 사랑의 사연을 적은 편지를 보내기도 하였다는 이야기가 전하고 있다.

그러나 우리나라에서처럼 정초에 불길한 액을 멀려 띄워 보내 없애어 예방한다는 뜻을 가지고 연을 날린다는 민속은 다른 나라에서 찾아볼 수 없는 우리나라 전래의 특유한 민간 신앙적인 유풍이다. 그래서 우리는 이것을 액막이연이라 일러온다. 액막이란 모질고 사나운 불길한 운수를 미리 막는다는 뜻이다.

정초에 액막이 민속은 참으로 많다. 그 가운데 액막이연은 보통 정월대보름날에 연을 날리는 액막이 민속의 하나다. 더위팔기, 지신밟기, 부럼 까먹기, 다리밟기, 달집태우기 등과 함께 액막이연도 대보름날이나 그 전날 저녁이 되어 밤으로 어두워질 무렵 연에다가 액(厄), 송액(送厄) 또는 송액영복(送厄迎福)이라는 글을 써서 앞으로 다가올지도 모를 모질고 사나운 운수를 다가오지 못하도록 미리 막고자 하는 소망을 연에 실어 멀리 날려 보내 없애 버리려는 민속이다.

정월 대보름이 액막이 연날리기와 함께 이처럼 여러 가지 액막이 민속이 특히 많은 것은 그럴 만한 필연적인 까닭이 있는 것이다. 그것은 곧 항상 둥글게 솟는 해를 모든 것을 생성케 하는 에너지원으로서의 태양으로 보아 이를 남신(男神)으로 보고, 보름달 또는 만월의 달을 풍요다산(豊饒多産)의 여신(女神)으로 보는 데서 출발한다. 한 해의 해가 태양이고, 한 달의 달이 곧 태음인 달인 것이다. 일년 연두 달 뜨는 보름달 가운데에서도 한 해의 첫 번째 뜨는 보름달은 가장 으뜸이 되고 근원이 되는 상원(上元)달이라 하여 한 해의 모든 화복을 좌우하는 출발선에 있다고 보고 봄, 여름, 가을, 겨울 사계절 가운데 봄이 처음 시작되는 입춘과 함께 맞이하는 정월달의 만월에 한 해 동안 풍요다산의 여신의 은택이 쏟아져서 농사가 풍년들기를 비는 풍년기원제를 올리는 절기로 삼은 것이 오늘날 우리가 대보름 명절을 쇠는 유풍인 것이다. 여기에서 대보름날이 한해의 흉풍과 화복을 가름하는 날이라는 인식이 굳어지면서 이날 미리 한해의 풍요로운 복을 빌면서 아울러 불길한 운수가 다가오지 않도록 액을 막는 액막이 민속이 다양하게 싹터 온 것이다.

액막이연은 이래서 하늘에 매달아 놓은 우리 겨레의 소망스러운 꿈인 동시에 화와 액을 멀리하고 복과 행운을 늘 간직하고 싶은 마음을 하늘에 간곡히 비는 소박한 민간 신앙적인 무속의 뜻을 아울러 갖는다.

그리고 추위에도 정초에 사랑방이나 안방생활로 갇혀 지내는 일이 없이 떨치고 나와 동산과 들의 맑은 공기를 마시며 노소가 함께 뛰노는 건강을 위한 건전한 민속놀이이기도 하다. 무속과 놀이가 한데 어우러져있는 것은 원시제천의식에 이어지는 종합예술적 형태의 일반적인 모습이 있기도 하다.

4. 연에 얽힌 일화

연은 이처럼 고대까지 거슬러 올라가 삼한시대 이전의 제천행사와 종교의

식이 한데 어우러져 있었던 원시종합예술 형태가 남겨준 한 유풍으로 볼 수 있을 것이다. 그런데 우리 역사에서 상대로부터의 옛 기록을 실어 전하는 정사의 기록이라고 그동안 믿어왔던 『삼국사기』에 보면 우리나라에서 연에 관해 처음 소개된 것은 신라 선덕여왕 때 군사적 목적으로 연을 만들어 날렸던 예로 나타난다. 신라 선덕여왕 말년 무렵에 비담이라는 신하가 여왕의 정사가 잘못되고 있다고 비판하고 군사를 일으켜 여왕을 폐하려는 반란을 일으키고자 도모하였다. 신라의 조정에서는 반월성에 진을 친 관군으로 하여금 명활성에 진을 친 비담의 반란군을 진압하고자 10여 일간의 공방전을 폈으나 싸움은 쉽사리 끝나지 않았다. 이때 하늘에서 큰 별이 관군이 있는 반월성으로 떨어졌다. 비담은 때는 이때라고 판단하고 군사들에게 별이 떨어진 곳에는 유혈이 있게 마련인데 이는 필연코 여왕을 옹위한 관군이 패전할 조짐이라고 외치면서 사기를 북돋우어 천지를 진동하는 진격의 환호소리가 드높았다. 여왕이 이 소리에 무서워서 어쩔 줄 모르고 떨고 있을 때에 김유신이 나타나서 여왕은 뒤로 하고 관군의 두려움을 진정시켰다. 주나라는 봉황새가 모여 흥했고 노나라는 기린을 죽여 망했으며 은나라의 고종은 꿩이 우는 것을 보고 깨우쳤으며 정나라는 용이 싸워서 왕성하게 일어났으니, 우리도 덕이 없이 요사스럽게 구는 세력을 눌러 이길 수 있으니 두려울 것이 조금도 없다고 여왕을 위로했다. 이어 연을 만들어 거기에 허수아비를 매달아 불을 붙여서 바람에 날려 하늘 높이 띄워 보냈다. 그리고는 사람을 시켜 어젯밤 반월성에 떨어진 별이 다시 하늘로 되올라갔다고 소문을 퍼뜨림과 아울러 별이 떨어진 자리에 흰말을 잡아 제사를 드리어 출원을 올렸다. 하늘에는 양이 강하게 지배하고 음이 부드럽게 순종하며 땅에는 왕이 높고 신하가 낮으니 이것이 뒤바뀌면 난리가 나게 마련인데, 반란군이 사람과 신에게 거역하고 있는데다가 별조차 괴변을 일으키니 하늘과 땅 사이에 이런 일이 있을 수 없으므로 부디 선과 악을 구분하여 신의 심판에 부끄러움이 없게 해달라고 비는 것이었다. 그리고 나서 김유신이 군사를 이끌어 비담의 반란군을 쳐서 이긴 것이다.

여기에서 우리는 하늘을 나는 새와 용이 우주를 관장하는 양과 음의 질서와 상과 하의 위계를 무너뜨리는 불길한 운세를 연을 날려 눌러 이겼다는 점이 의미심장하거니와 새를 상징한 연을 날리되 거기에 불길하고 사악한 징조인 허수아비(제웅)에 불을 질러 매달아 멀리 띄웠다는 점에서도 액을 멀리하여 불길한 운수를 미리 막는다는 의미를 새겨 읽을 수가 있다.

제사 때 소지라 하여 종이에 불을 질러 태워 날려 보내는 뜻이 이 일화에 담겨 있기 때문이다. 이것은 우주질서의 파괴행위를 미리 막아 자연의 섭리와 질서에 순응하며 살리라는 소박하고 진실한 꿈이 담긴 민속일화이다.

5. 연과 복조리

연은 어느 나라 연보다 우리나라 연이 가장 잘 난다. 그것은 방패연으로 대표되는 연의 단순하면서도 공기역학적으로 잘 조화를 이룬 구조 때문인 것이다.

동국세시기에는 연을 키 모양 같다고 기록하고 있다. 이것은 매우 의미심장한 비교라고 본다. 이것은 원시농경사회에서 싹튼 유풍이기에 연의 모양까지도 농사짓는 기구에 비교한 것이리라. 연의 머릿달을 활처럼 휘어지게 잡아당긴 활줄을 묶어놓고 보면 방패연의 모양은 키와 비슷한 모양을 한다. 가운데 구멍만 없으면 반달 모양으로 둥글게 휘어진 넓은 연의 면적에 쌀을 담아 까불고 싶은 생각도 날 법하다. 이 비유에서 더욱 재미있는 것을 우리는 발견할 수가 있다. 키는 절구질이나 방아를 찧은 쌀을 까불러 몹쓸 쭉정이를 바람에 날려 멀리 날려 보내고 양식이 되는 낟알의 알곡을 깨끗이 가려 뒤주에 붓는 일을 하는 것이라는 점에 착안하고 보면 키에 비유되는 연도 불길한 운세를 모두 멀리 날려 보내고 복스러운 운세만 가정으로 담아들인다는 풀이를 역력히 해낼 수 있기 때문이다. 이것은 정월보름날 새벽거리를 누비며 외쳐대면서 복조리를 팔면 집집이 이 복조리를 두 개씩 사서 벽에 한데 묶어서 걸어두는 풍습과도 매우 유관한 점을 발견할 수가 있다.

조리는 쌀로 밥을 짓기 위하여 물에 담가 씻은 쌀을 조리로 일어 쌀에 섞인 돌을 물에 가라앉혀서 깨끗하고 하얀 쌀만을 건져서 밥솥에 밥을 안치게 된다. 깨끗한 쌀을 고르고 불순물을 제거한다는 면에서 키와 조리는 아주 닮은 데가 있다. 그런데 키와 키를 닮은 연은 불순물을 멀리 날려 보내려는데 그 목적이 있다 한다면 조리는 순수하고 정결한 쌀을 건져서 솥에 안쳐 밥을 짓는다는 데 그 쓰임의 의미가 있다. 이처럼 쌀을 까불어서 내버려야 할 쭉정이를 날려 보내는 키와 불길한 운세를 멀리 날려 보낸다는 액막이연은 나쁜 것을 멀리 날려 없다는 점에서 공통점이 있다. 그래서인지 키를 정초나 보름날 만들어 판다거나 집에서 만들어 벽에 걸어두는 일도 없거니와 키를 닮은 연도 정초에 만들었다 일년 내내 보관하여 두지를 않고 정성들여 만든 것이지만 대보름날 멀리 날려 보내고 만다.

그러나 조리는 순결한 값진 쌀을 골라 건져 들여 밥을 안치는 일을 하므로 복을 불러들여 온다는 안목에서 길한 징조로 삼아 대보름 복조리 팔기도 하고, 이를 다투어 사서 일년 내내 벽에 걸어 두어 이를 보관하는 것이다. 그래서 이를 복조리라 하는 것이다. 더구나 쌍복조리를 한데 묶어 걸어두는 것은 부부간에, 부자간에, 대소 간에 쌍복으로 갑절의 행운을 맞이하고 싶은 간곡한 우리 선인들의 소망에서 우러나오는 아름답고 유서 깊은 우리의 전통민속이라고 생각된다.

6. 연의 구조

연을 만들려면 먼저 닥나무의 껍질을 뜨거운 물에 삶아 검은 갈색 빛깔의 각질을 벗겨내고 그 섬유질을 짓찧어 마치 바닷물 속의 김을 떠서 말리듯이 해서 만든 미세한 구멍이 지면 전면에 송송 나 있는 한지와 탄력성이 아주 강한 대나무쪽이 있어야 한다. 한지를 자르되 머리 댓살을 감을 만한 2~3센티미터의 여유를 따로 접어놓고 나서 다음의 크기로 재단을 한다. 가로 30센티미터 세로 45센티미터로 하는 것을 기본으로 하여 좀더 크게 만들기 위해서는 35×52, 40×60, 60×90 등으로 2 : 3의 가로세로 비율이 되게 크기를 정한다. 이 비율은 우리나라의 태극기를 비롯하여 세계 여러 나라의 국기를 만들 때의 가로세로 비율과 같은 것이다. 그리스의 건축이나 조각을 비롯하여 책상, 밥상, 제상, 앞닫이 농 등 우리나라 전통가구의 가로세로 비율이 2 : 3 또는 3 : 2의 황금비례를 따르고 있다는 사실에 유의하면 우리나라 연은 그냥 아무렇게나 만들어지지 않고 자연을 잘 구상하여 표상하고 있음을 알 수가 있다. 실제 연에다가 태극을 그려 붙이기도 하는 것으로 보면 그 조화로운 이치를 알 만하다. 이 종이 한 가운데에 가로의 절반, 세로의 3분의 1이 되는 지름의 크기로 원을 그려 오려낸다. 이것을 방이라 하는데 이 방의 크기는 태극기의 기폭에 그려지는 태극의 원형 크기와 꼭 같다. 세계 어느 나라 연에도 이 방구멍이 나 있는 연은 없다. 방패연의 신묘한 공중곡예는 닥나무 한지의 섬유질로 미세하게 뚫려 있는 잔구멍들과 연 가운데 크게 뚫려 있는 이 방구멍이 자아내는 공기역학적인 조화의 묘에 그 비밀이 있는 것이다.

우리나라에서만 볼 수 있는 이 연의 형체는 바로 우리나라의 국기라고 보아도 과히 틀리지 않는다. 공중에 뜬 연을 바라보노라면 한가운데 뚫린 커다란 방구멍은 두말할 것도 없이 대보름날 둥두렷이 밤하늘에 떠오르는 보름달 그것을 상징하고 있음을 직감한다.

연종이에 붙이는 댓살을 달이라고 하는 것도 대보름날의 보름달과 유관하다 아니할 수 없다. 이 연의 달은 물기가 잘 빠진 마른 대나무를 쪼개어 꼬챙이처럼 깎고 마디를 훑어내어 만드는데 다섯 개의 달을 짧은 것 둘, 중간 것 하나, 긴 것 둘을 준비한다. 전체의 달의 굵기가 고라야 연이 기울지 않고 바르게 위치를 잡아 잘 날 수 있거니와 그 중에서 머릿달은 종이를 감아서 양쪽 끝에 실을 매어 당겨서 활처럼 휘게 해야 되기 때문에 힘이 주어지므로 좀 굵게 다듬어야 한다. 댓살의 마디 수나 놓이는 위치도 연에 붙었을 때의 전체 모양의 균형과 무게의 균형을 이루도록 잘 안배해야 한다. 달은 모두 연 뒤쪽에 가로로 놓이는 짧은 두 개의 댓살은 맨 위에 굵은 머릿달을 기점으로 하여 중간의 허릿달로 나뉜다. 중간 길이의 댓살은 꽁숫달이라 하

는 것으로서 머릿달로부터 허릿달을 지나면서 세로 중앙선을 이루도록 붙인
다. 그리고 가장 큰 댓살은 연의 대각선을 이루도록 머릿달 양쪽에서 시작
하여 중앙의 한복판에서 꽁숫달과 허릿달이 교차되도록 하여 아래 귀에 닿
도록 붙여서 이름을 귓달이라 하는 바, 연이 짱짱하게 버틸 수 있는 기본뼈
대의 힘이 붙도록 머리귀 쪽은 굵고 아래치마 쪽으로 내려갈수록 가늘게 깎
는 것이 좋다. 붙이는 순서는 맨 먼저 머릿달을 굵게 다듬어서 연종이 머리
에 감아서 붙이고, 다음에 귓달을 대각선으로 붙이고, 중앙 세로로 꽁숫달도
위는 굵고 아래는 가늘게 깎아 붙이고 난 다음에 마지막으로 아주 얇고 가
늘게 다듬은 허릿달을 가로 붙여 모두 가운데 방구멍 한복판에서 교차하게
한다.

7. 연줄과 얼레

연을 만들면 그것을 실로 만든 연줄에 매어 얼레에 감은 긴 실과 연결하
여야 먼 하늘에 띄워 공중곡예를 연출할 수가 있다. 연의 머릿대를 약 15도
정도 휘어지게 활줄처럼 동여맨 줄을 활벌잇줄이라 한다. 활벌잇줄 양귀에
이어 매는 두 줄을 벌잇줄이라 하고 이것을 잡아당겨 아래 꽁숫달 허리 밑
에 꽁수구멍을 아래에서 2분의 1길이가 되는 길이로 정하여, 거기에도 실을
걸어 묶어 꽁수구멍에서 양귀에 직선거리와 같게 하여, 세 줄이 가운데에서
목줄로 만나게 맨다. 이 목줄을 매는 순서는 연의 중앙 왼쪽 머릿귀, 오른쪽
머릿귀, 꽁수구멍의 순으로 이으면 실에 매듭 없이 하나로 목줄을 단정하게
맬 수가 있다.

이 연줄은 전통적으로 우리 가정에 손수 기르고 가꾼 길쌈을 통해서 얻어
낸 무명실이나 명주실로 하였다. 요즘은 가늘고도 질긴 나일론실로 흔히 연
줄을 삼기도 한다. 연날리기를 하면 연싸움을 하여 상대방의 연줄을 내 연
줄이 쉽게 끊는 힘을 부여하기 위하여 사기나 유리의 가루를 실에 아교풀을
발라 말리기도 한다. 이것을 사람들은 개미 입힌다고 한다. 개미처럼 꽉 물

어 상대방 줄을 끊으라는 뜻인지도 모른다.

이 실을 얼레에 감아 두었다가 연을 날릴 때 연의 목줄에 연결하여 얼레의 실을 풀면서 연을 멀리 공중에 띄운다. 연줄을 감은 얼레는 중심대를 굴대로 하여 뱅글뱅글 돌도록 양쪽 모가 지게 만든 이모얼레를 비롯하여 네모, 여섯모, 여덟모가 되도록 정교하고도 정성스럽게 만드는 그 모양에 따라 사모얼레, 육모얼레, 광모얼레라고 이름한다. 바람의 흐름에 따라 실이 빠르게 풀려나가도록 통줄을 주면 연이 좌우로 비스듬하게 기울어진다. 이때 연줄을 빠르게 감아주면 기울어진 쪽으로 솟아 날고 얼레를 빨리 세워서 튀김을 주면 연은 반대 방향으로 움직인다. 이때 얼레를 감은 머리를 거꾸로 돌리면 수직으로 떨어지며 곤두박질을 한다. 이를 바로 잡아 세우려면 튀김을 주어 풀어 주었다가 다시 감으면 된다.

중국의 용연, 몽고의 가오리연, 일본의 달마연, 한국의 방패연이 그 대표를 이루거니와 족제비연, 십자연, 사람연, 홍어연. 매연 등도 솔개처럼 공중을 난다. 이 멋진 연의 공중곡예가 모두 하늘에 제사 지내고 노래와 춤으로 군중이 한데 어우러져 즐기던 원시제천의식의 잔영이라고 볼 때 우리는 그 뿌리 깊고, 유서 깊은 연날리기에 담긴 전통적 민속의 의미를 다시금 되뇌이며 음미해 볼 만하다고 생각된다.

8. 연의 이름과 빛깔

연은 그 모양이 큰 것도 있고 작은 것도 있으며 네모진 것도 있고 둥그런 것도 있다. 또 새가 날개를 편 모양도 있고 용이나 뱀이 꼬리를 꿈틀거리는 모양의 것도 있고 가오리나 오징어 모양도 있다.

뿐만 아니라 연에는 오색의 빛깔로 무늬나 그림을 그려 붙이기도 하여 다채로운 연의 모습을 연출해 내기도 한다. 또 꼬리를 길고 짧게 이어 붙여서 바람결에 나부끼게 함으로써 연의 묘미를 한결 돋보이게 하고 또 날아가는 연의 위치를 잘 바로잡게도 한다.

이처럼 연의 모양과 그려지는 그림 그리고 그 빛깔에 따라 연의 이름도 여러 가지로 불리게 마련이다. 예로부터 일컬어지고 있는 연의 고풍스러운 이름들을 이제 몇 가지 들어보기로 하자.

가) 기반(棊斑)

이 이름은 원래 바둑판을 일컫는 한자말에서 왔다. 한자로 쓸 때에는 바둑판을 '棊盤, 碁盤, 棋盤' 등으로 쓴다 이 바둑판의 무늬를 '棊斑'이라 한 것이다. 일상적으로 우리는 알록달록한 무늬를 반점(斑點)이라 하고 있다. 강아지의 털 빛깔이 일정한 간격으로 까만 점 하얀 점의 알록달록한 반점이 있으면 마치 바둑알 같다하여 '바둑'이라는 이름으로 부르는 것을 기억할 수 있다.

방패연은 그 이름이나 모양으로 보아 전쟁을 막는 데 쓰인 것이 역력하거니와 바둑판 무늬의 연은 평화를 기원하는 뜻이 역력히 깃들어 있음을 본다. 방패연이 네모졌는데 여기에 가로세로 줄을 그어 놓으면 바둑판 무늬가 되어 이른바 '棊盤'이라는 이름의 연이 되는 것이다. 바둑판이 아니고 둥근 점이나 흰점을 바둑알처럼 그려 붙여도 바둑무늬연이 되는 것이므로 역시 한자로는 다르되 발음은 같은 '棊斑'이라 이름할 수 있을 것이다.

나) 묵액(墨額)

이 이름에 나타나는 묵은 검은 먹물을 말하고 액은 이마를 뜻한다. 따라서 묵액이라는 이름의 연은 연의 머릿달 밑의 이마에 검은 먹칠을 하여 하얀 연종이와 배색을 이루어 공중곡예를 하는 먼 하늘의 연이 뚜렷하게 눈에 잘 보이도록 배려한 연이다. 연에는 원래 오색을 칠하게 되는데 이 색 가운데 검은색은 바탕이 흰 연의 빛깔과 가장 잘 조화를 이룬다. 연에 칠해지는 오색은 흰색과 검은색 이의에 붉은색, 노란색, 파란색의 이른바 삼원색이 추가된다. 이 오색은 곧 오행을 나타낸다. 오색이 이처럼 오행사상과 관련이 있기 때문에 연에는 이 다섯 빛깔 이외의 색은 칠하지 않는다.

다) 쟁반(錚盤)

쟁반이란 원래 음식그릇 등을 받쳐 들기 위해 만든 놋쇠기명으로서 가장자리의 운두가 얕고 둥글납작한 것인데 양철, 사기, 목재 등으로도 만든다. 흔히 보름달을 쟁반같이 둥근 달이라 하거니와 대보름날 만월달을 기리며 풍년기원제를 올리면서 날리는 연을 쟁반연으로 만드는 뜻은 바로 이 대보름의 만월처럼 이지러짐이나 덜 찬 데가 없이 가득가득 꽉 찬 수확의 곡간을 볼 수 있도록 풍년들기를 간곡히 기원하는 뜻이 들어 있는 것이다. 정초는 한 해의 풍흉을 가름하는 시작의 때이기도 하거니와 정월대보름날의 만월은 상원(上元)달이라 하여 풍요다산의 여신으로 믿기 때문에 풍년기원제의 뜻을 담은 대보름의 민속행사에 있어서 연날리기에 이르기까지 만월달을 상징하는 쟁반연을 만들어 띄워 기리었던 것으로 보인다. 이래서 어떤 것은 방패연에까지도 연이마에 둥근달을 그려 붙인 것도 있는데 이것이 다름 아닌 꼭지연이다.

라) 방혁(方革)

방혁이라는 이름의 연이 다름 아닌 방패연이다. 방이란 네모진 방패의 뜻이요, 혁이란 무쇠로 만들어 입는 갑주(甲冑)를 뜻하기도 하고 날개를 벌리고 날아감을 뜻하기도 한다. 따라서 방혁이라는 이름의 연은 곧 전쟁 때 군사적 목적으로 이용하기 위해 연을 처음 만들었다는 옛 기록을 잘 방증하여 보여 주고 있는 이름이라고 생각된다.

마) 묘안(猫眼)

묘안이라는 이름의 연은 고양이의 눈을 그려서 연을 보면 무서움을 느끼도록 만든 연이다.

연에는 종종 고양이 눈 이외에도 무서운 방상씨라는 귀신이나 험상궂은 장군 또는 가면의 눈을 그려서 붙이기도 한다. 그 무시무시한 눈을 보고 잡귀, 병마, 전란 등이 모두 물러가라는 뜻이 담겨 있는 것이다.

눈깔귀머리장군연이나 삼봉산눈깔연이나 눈깔귀머리장군긴코박이연 등이 모두 그 무서운 눈을 그린 연들이다. 전쟁터에서 군사적 목적으로 날리는 연일 경우에는 적진을 모두 굽어보고 있어 상대방의 기밀을 다 안다고 위협하며 물러갈 것을 종용하는 뜻도 있었을 것이다.

바) 작령(鵲鴒)

작령이라는 연의 이름은 그 연모양이 마치 까치가 날개를 펴서 날아가는 것 같다는 데서 붙인 이름인 것이다.

까마귀와 까치에게 대보름날 찰밥을 제공하는 풍습이 신라 소지왕 때부터 비롯되었다는 기록이 『삼국유사』의 사금갑조(射琴匣條)에 전하고 있거니와, 특히 까치는 길조라 하여 아침에 까치 울음소리를 들으면 좋은 소식이 온다는 민간신앙적인 말이 전해오기도 하는 것을 보면 까치날개 모양의 연은 반가운 희소식을 바라는 뜻이 담겨 있는 것으로 풀이된다.

사) 어린(魚鱗)

어린이라는 이름의 연은 물고기 비늘 같은 모양을 한 연이라는 것을 가리킨다. 사람이 솔개나 까치 같은 새처럼 공중을 날고 싶기도 하지만 물고기 같이 깊고 넓은 물속을 마음대로 누비며 헤엄쳐 다니고 싶은 마을은 누구나 다 가지고 있을 것이다. 그리하여 새 날개 모양의 연도 만들고 물고기의 비늘 모양의 연도 만들었으리라.

연이 군사적 목적으로 애당초 만들어졌다는 기록을 우리는 다시 기억하면서 군대의 작전상 배치의 모양에 따라 학익진(鶴翼陣)이라는 새 날개 형상의 진영과 나란히 어린진(魚鱗陣)이라는 물고기 비늘형상의 진영이 있다는 것을 기억해 낼 수가 있다. 마치 사람인자 자형으로 비늘형상을 그리면서 군사를 배치하는 형상의 이름이다. 연의 이름에 어린이 있는 것은 적과 대진하여 싸울 때 백전백승의 다짐으로 전열을 가다듬었다는 뜻이 담겨 있는 것으로 풀이될 수 있다 하겠다.

아) 용미(龍尾)

용미라는 연의 이름은 용의 꼬리 모양을 한 긴 꼬리 연을 일컫는 것이다. 호랑이를 산중의 왕이라 한다면, 용은 수중의 왕이라 일컬어왔다. 용왕이라 는 이름이 바로 그것을 보여준다. 연을 날릴 때 공중에 연이 뜨는 것을 물 위에 배가 뜨거나 물고기가 떠서 헤엄쳐 가는 것에 비유하여 생각했던 것으로 보인다. 그리하여 용미연을 날리는 데는 하늘같이 넓고 무한한 공간으로 전개되는 바닷물 속을 용이 헤엄쳐 다니면서 모든 어별을 다스리듯 이 행운의 길조가 한 해 살림살이를 지배해 주십사 하는 뜻이 담겨있는 것으로 보인다. 용은 꿈으로만 보아도 큰 행운을 잡는다고 믿어 용꿈을 꾸면 예로부터 대길하다고 하였거니와 용은 상상의 동물로서 81개의 비늘과 네 개의 발, 그리고 다섯 개의 발가락이 있는데다가 사슴의 뿔과 귀신의 눈을 가졌으며 소의 귀를 가지고 있는 괴물로서 물속에 잠겨 어별을 통치하다가도 때로는 공중에 하늘 높이 날아올라 누비고 다니며 구름과 비를 몰아 풍운의 조화를 부림으로써 자연의 섭리를 몸소 행하는 신비한 존재로 상정되어 있어 불교에서는 사천왕의 하나로 보고 있고 중국에서는 기린, 봉황, 거북과 함께 상서로운 영을 지닌 동물이라 하여 사령(四靈)의 하나로 삼아 숭배해 오고 있는 것이다.

연의 이름에 용미가 있는 것은 이러한 용의 이미지를 살려서 생각하면 매우 깊은 의미가 연에 실려져 하늘을 향해 사람의 마음을 담아 날려 올리는 것으로 풀이할 수 있을 것이다.

9. 마무리

연은 참으로 아름다운 우리의 전통 민속놀이를 우리에게 값지게 전승시켜 주고 있다. 큰 연, 작은 연, 네모진 방패연, 둥그스름한 가오리연, 기다랗게 나부끼는 꼬리를 자랑하는 연, 무서운 귀신의 눈을 부릅뜨고 춤을 추는 가면 탈 모양의 연, 만월 같은 달을 이마에 그려 붙이고 대보름의 만월을 맞이하는 연, 태극을 이마에 덩그렇게 그려 붙이고 음양오행의 조화 속에 온 갖 공중곡예를 연출하면서 이 나라의 복된 장래를 기리는 태극연……연의 모습은 참으로 다양하다. 할아버지와 손자가 나란히 동산에 올라 마을의 하늘을 향해 고운 한복차림으로 얼레의 연줄을 풀었다 감았다 하며 연을 날리는 모습은 한 폭의 그림인 양 다복해 보이기만 한다. 연이라는 이름은 하늘을 날아 떠 있는 소리개를 뜻한다. 그 모양과 색채 그리고 거기에 그려진 그림이나 무늬에 따라 다양한 이름이 붙여지고 또 그 이름마다 값진 의미가 담겨져 있는 것이다.

이 연이 서양에서는 희랍시대에 이미 있었다고 전하고 중국이나 우리나라나 일본에 걸쳐 동양에서도 일찍부터 연날리기 풍습이 있어왔다고 전한다. 그러나 연 한복판에 대보름의 만월 같은 둥근 구멍을 뚫은 연은 우리나라에서만 볼 수 있는 특유의 형태다. 공중곡예의 역할을 잘 살린 우리 선인들의 지혜의 산물이다. 아울러 정초에 액막이연을 날려 불길한 운세를 날려 보내는 풍습도 우리나라에서만 볼 수 있는 민속이다. 풍요다산의 월신에게 풍년 기원제를 드리는 대보름 민속의 한 가지로서 ‘送厄迎福’의 값진 뜻을 아로새긴 또 하나의 우리 고유의 전통문화에 담긴 깊은 뜻을 이 연날리기에서 찾아 읽어내면서 우리 선인들이 남겨 준 아름다운 삶의 지혜 앞에 다시 한번 옷깃을 여미게 된다.

〔라〕 우주와 인간

1. 우주의 신비

우리가 일상적으로 자유롭게 쓰고 있는 말에 대하여 상식적으로 알고 있는 개념이 의외로 많이 그 말의 근원적인 의미에서 변질된 말단적인 일부분의 의미에 불과한 것일 경우가 적지 않다는 것을 발견하게 된다.

'우주'라는 말이 그 좋은 보기의 하나가 될 것이다. '우주여행'이니'우주탐험'이니 하여 우리는 '우주'라는 말을 지구를 둘러싸고 있는 무한히 넓고도 신비로운 천체공간으로 인식하고 있는 것이 예사다. 그리하여 예로부터 우주의 개념을 '天地' 또는 '天地之間'이라는 표현으로 써서 왔던 것이다. 영어의 표현에서도 마찬가지로 'universe, cosmos, space'라 하여 역시 우주를 공간의 개념으로 적어서 나타내고 있음을 본다. 그리고 우주는 한자로 '宇宙'라 적고 그 글자를 훈독해 보더라도 '집 우(宇)'라는 글자와 '집 주(宙)'라는 글자로 써서 나타내는 말이므로 집은 곧 생활공간이니까 그저 넓은 뜻의 공간개념의 말이리라는 막연한 생각으로 써 버릇해 오고 있는 것이 사실이다.

그러나 이 말의 근원적인 의미는 우리의 상식의 세계를 훨씬 뛰어넘는 폭넓고 차원 높은 의미를 지니고 있다는 사실을 알 때 우리는 새삼 놀라지 않을 수 없다.

왜냐하면 '宇'는 곧 천지사방(天地四方)의 온 공간을 나타내지만 '宙'는 무한히 먼 태고 또는 태초의 과거로부터 오늘에 이르기까지 그리고 무한한 미래로 뻗어가는 시간을 나타내고 있어서 '우주'는 곧 모든 천체를 담고 있는 공간의 개념과 그 공간의 변화를 이루어가는 시간의 개념을 나타내는 말로 만들어진 말이기 때문이다. 더욱 우리를 놀라게 하는 것은 공간은 구체적으로 인식될 수 있지만 시간은 추상적으로만 인식될 수 있는 것이어서 서로 매우 다른 별개의 개념의 말로 알고 있는 것이 예사지만 어떠한 공간의 실체도 시간개념을 떠나서 인식될 수가 없고, 어떤 시간의 변화도 공간개념을 떠나서 인식될 수가 없기 때문에 옷감의 천이 씨줄과 날줄로 이루어지듯 공간과 시간은 이 우주의 역사 속에 항상 공존하고 있다는 사실이다.

우리의 상식적인 판단이 그 근원적인 의미에 비해 너무도 어처구니없이 미흡한 것에 불과한 또 하나의 예를 든다면 '인간'이라는 말을 **빼놓을** 수가 없다. 우리는 인간을 그저 사람이라고 말하면 다 되는 것으로 아는 것이 보통이다. 영어의 'human'에 대응되는 말로 쓰고 있는 것이 예사다.

더욱 차마 웃지 못할 일은 상식 이하의 판단을 내려 이상스러운 글자풀이를 곁들여서 사람이 더불어 사는 아름다움을 가꾸어야 한다는 필연성을 강조하는 명사들의 강연이나 훈화의 말씀을 가끔 듣게 된다는 사실이다. 그 글자풀이 내용을 듣고 보면 '사람 인(人)'자는 왜 두 갈래의 획을 서로 의지하듯 마주대어 그어놓았느냐는 의문에 대하여 사람이 혼자서는 살 수 없음을 나타내는 것이라는 그럴싸한, 그러나 우스꽝스럽기 짝이 없는 무식한 풀이를 하고 있으며 '사이 간(間)'은 원래 대문의 두 짝이 서로 마주보고 날을 보내는 것이므로 사람도 서로 마주대고 의지하며 사는 사람과 사람의 사이에 서로 붙들고 의지하며 맺어지는 필연적인 '相扶相支'의 관계라고 그럴 듯한, 그러나 사실과는 어긋나 있는 인륜도덕을 내세워 강조하고 있다는 것을 알 수 있다.

왜냐하면 '사람 인'자는 사람이 서 있는 모양의 상형이지 결코 두 사람이 기대고 있는 것을 나타내지 않으며, '인간'은 단순히 사람을 나타내는 말로 만들어 쓴 것이 아니요, 사람이 사는 공간으로서의 이 세상을 본디부터 의미하는 말이기 때문이다.

따라서 '우주'는 무한대의 시간 위에 무한대의 천체공간이 바뀌어가고 있는 넓은 의미의 세상이라면, '인간'은 사람이 사는 모습이 담긴 좁은 의미의 세상을 나타내는 말이다. 이렇게 볼 때 이 두 말은 서로 잘못 이해되어 오고 있다는 점에서도 관련이 있고, 의미상으로 공통점이 있다는 점에서도 유관하다.

이제 이 두 가지 말의 근원적인 의미에 대해 좀더 심도 있게 논의해보기로 하자.

2. 공간은 어떤 모양으로 전개되는가?

인간의 개념세계는 공간개념과 시간개념으로 대별된다. 이 가운데 공간은 언어를 통해서 인식되는데 그 인식의 양상을 두 갈래로 나누어 생각해 봄직하다. 그 한 갈래는 네 가지 차원의 측면에서의 공간의 인식 방법이요, 다른 한 갈래는 세 가지 집합론의 측면에서의 공간의 인식방법이다. 이제 이 두 가지 측면의 공간개념의 인식방법을 따로따로 정리하며 살펴보기로 한다.

가) 공간(空間)개념의 네 차원

우리는 인어를 통하여 사물을 변별적으로 인식하여 이를 기술한다. 우리가 인식하는 데는 네 가지 차원의 개념으로 정리할 수가 있다.

첫째는 어떤 개체나 집합의 실제를 점과 그 점이 이동하는 궤적으로 이루어지는 선의 개념으로 인식하는 차원이 있다.

둘째는 그 선이 다시 이동한 궤적으로 이뤄지는 면(面)의 개념으로 인식하는 차원이 있다.

셋째는 그 면이 또 다시 이동함으로써 그 궤적으로 이뤄지는 입체의 개념으로 인식하는 차원이다.

넷째는 그 입체가 이번에는 시간을 따라 이동하는 궤도를 마치 천체를 관측하듯 관계의 궤적으로 인식하는 차원이다.

우리는 ‘우주공간’이라고 흔히 일컫기도 하는 이 무한히 넓은 공간 안에 있어서 무엇이 어디에 ‘있다’거나 ‘없다’든지, 그것이 위아래나 앞뒤 또는 좌우 어느 편에 있다든지, 또는 그것이 ‘세로’나 ‘가로’로 있다든지, ‘반듯하다’거나 ‘꾸불꾸불하다’든지, ‘길다’거나 ‘짧다’는 말로 표현하는 경우가 있다.

이처럼 어떤 실체의 모양이 어떤 공간 안에 위치하는 점으로 인식되거나 그 점이 이동하는 궤적을 따라 이루어지는 선으로 인식되는 개념을 1차원적 공간개념이라 한다.

그리고 우리는 무엇이 있기는 하되 그것이 '넓다'거나 '좁다'든지, '둥글다'거나 '모졌다'든지, '편편하다'거나 '울퉁불퉁하다'든지, 또는 여러 가지 빛깔이 주는 느낌이 '곱다'거나 '따사롭다'는 말로 표현하는 경우가 있다. 이처럼 어떤 실체가 이 넓은 공간 안에 있어서 선이 이동하는 궤적을 따라 이루어지는 면으로 인식되는 개념을 2차원적 공간개념이라 한다.

한편 우리는 집이 '크다'거나 '작다'든지, 양식이 '많다'거나 '적다'든지, 물이 '깊다'거나 '얕다'든지, 이불이 '두텁다'거나 '얇다'든지, 항아리 속이 '가득 차다'거나 '텅 비다'라는 말로 표현하는 경우가 있다. 이처럼 이 넓은 공간 안에 있어서 어떤 면이 이동하는 궤적을 따라 이루어지는 입체로 인식되는 개념을 3차원적 공간개념이라 한다.

더 나아가서 우리는 마치 등잔불 심지를 돋우듯이 해나 달이 동녘에서 밝게 '돋아' 올라온다거나, 마치 배가 물 위에 뜨듯이 해나 달이 공중에 '뜬다'거나, 늦가을 찬바람에 낙엽이 지듯이 해나 달이 서산에 '진다'거나 하는 표현을 하는 경우가 있다. 물이 흘러가듯이 세월이 '흘러간다'거나 봄이 오면 나무에 물이 '오른다'거나, 추우면 기온이 '내린다'거나 하는 표현을 하는 경우가 있다. 이처럼 시간의 경과에 따라 어떤 실체가 이동하는 궤도를 다른 실체와의 관계의 궤적으로 인식하는 개념을 4차원적 공간개념이라 한다.

나) 집합이론의 가정과 세 단위

오늘날 우주여행을 하는 원리는 어디서 얻어 온 것일까? 그 가까운 유형을 모형비행기의 리모콘 조작의 원리에서 찾아낼 수 있다. 이것은 새의 나는 모습을 흉내 내는 종이비행기에서 출발된 발상에서 근원을 찾을 수 있을 것이다. 이처럼 가벼운 장난감의 원리가 계수나무 밑의 쌍 토끼 절구방아 찧는 동화로 상상의 날개를 펴왔던 달나라까지의 실제 다녀올 수 있는 우주여행을 이룩해 내는 과학으로 발달된 것이다. 이처럼 이 우주공간에 무한량으로 쏟아져 있는 만물의 실체도 간단한 장난감의 원리로 그 개념을 파악해 낼 수 있다. 그 장난감의 원리가 다름 아닌 구슬을 꿰어 사슬 만들기 장난놀이에서 발견될 수 있는 것이다. 그 장난감은 세 가지 빛깔의 구슬로 이어진 사슬이다. 빨간 구슬, 노란 구슬, 파란 구슬 그리고 그것을 꿴 실이 그 자료다. 그 꿰는 순서에 따라 다른 모양의 사슬이 된다. 그 빨간 구슬을 개체로 보고 그 노란 구슬을 집합으로 보고 그 파란 구슬을 관계로 보고 그 실을 연결부호로 보자.

그러면 우리가 일상 쓰고 있는 언어를 집합이론으로 설명할 수가 있다.

    (1) 순애가 학생이다.
    (2) 춘향이는 열녀다.

이 예문에서 (1)은 순애라는 개채가 학생이라는 집합 속에 들어 있는 한 원소라고 집합이론으로 설명된다. 마찬가지로 (2)는 춘향이라는 개채가 열녀라는 집합 속에 들어 있는 원소라고 설명된다.

이때 '순애'나 '춘향이'는 개체라는 이름의 빨간 구슬이요, '학생'이나 '열녀'는 집합이라는 이름의 노란 구슬이요, '(이)다'는 원소라는 이름의 연결부호인 실이다. 따라서 이 예문은 두 개의 어휘항목이라는 구슬을 꿰어 이은 사슬의 장난감의 원리로 풀이된다.

    (3) 꽃이 아름답다.

이 예문은 '꽃'이라는 집합의 노란 구슬과 '아름답다'라는 집합의 또 다른 노란 구슬이 '교집합'이라는 형제관계의 사슬로 이어진 예라 하겠다. 이처럼 집합이라는 노란구슬은 둘이 만나면 부분집합, 교집합, 합집합, 보집합 등의 매우 닮은, 그러나 서로 다른 형제들의 관계로 만나게 된다.

(4) 이몽룡은 춘향이를 사랑한다.

　이 예문에서는 이몽룡이라는 개체가 춘향이라는 다른 개체에 대하여 '사랑'이라는 관계를 맺고 있다. 이것은 두 개의 개체라는 이름의 빨간 구슬이 한 개의 관계라는 파란 구슬을 사이에 두고 연결되어 있는 사슬의 장난감으로 풀이된다.

　이렇게 보아 나가면 모든 우주공간의 개념을 나타내는 우리의 일상언어조차도 이 세 가지 빛깔의 구슬 '개체·집합·관계'로 이어지는 사슬로 풀이해 갈 수가 있는 것이다.

　그리하여 마치 종이비행기가 모형비행기로 발전하고, 이것이 다시 사람이 타고 항공여행을 할 수 있는 비행기로 발전하고, 그것이 또 다시 우주비행기로 비약적인 발전을 하는 것처럼 이 세 가지 구슬로 엮는 사슬 만들기의 장난감놀이는 집합의 이론을 만들어 수학으로, 다시 논리학으로, 그리고 더 나아가서 언어 전반에 걸친 분석에 적용되는 원리로 비약 발전할 수 있게 된 것이다.

3. 공간으로 이해되는 시간

　우리는 공간을 하늘과 땅 사이라는 안목에서 위와 아래라는 '上下'개념으로 인식하고, 동서남북이라는 '四方八方'의 방향을 앞뒤와 왼쪽 오른쪽으로 가리키면서 '前後左右'의 개념으로 인식한다. 이런 인식을 바탕으로 하여 우리는 시간을 이해한다. 시간을 앞뒤로 이해하고 또 그렇게 말로 나타내어 쓰고 있는 것이 그 좋은 보기의 하나다. 한 시간 뒤에 만나자느니, 10분 전에 도착했다느니 하는 표현에서 시간개념을 앞·뒤의 공간개념에 기대어 나타내고 있음을 본다.

　시간이 많다거나 적다는 표현은 물체의 분량이라는 공간개념에 기대어 표현되하는 말이요, 시간이 길다거나 짧다는 표현은 물체의 크기를 나타내는 장단의 공간개념으로 시간을 표현하는 말이라는 것을 알 수가 있다.

달리는 기차가 석탄을 불태워 타는 열에너지로 달리는 때와, 디젤 연료를 에너지로 바꾸어 달리는 때와, 전기를 동력 에너지로 바꾸어 전철로 달리는 때와 그 일정한 거리를 달리는 데 소요되는 시간은 많이 줄어들어 생활의 편익을 갈수록 더해 주고 있거니와 이때의 시간이 줄어든다는 표현을 두고 생각해 볼 때에도 역시 공간개념으로서의 길이의 장단에 의지한 시간의 표현임을 직감적으로 알 수가 있다.

이처럼 우리가 일상 쓰는 말을 유심히 살펴보면 시간이라는 추상적 개념의 표현은 공간이라는 구상적 개념의 표현에 기대어 나타내어지고 있음을 알 수가 있다. 이러한 현상은 시간을 나타내는 어휘항목으로 굳어져서 화석화되어 버렸기 때문에 이제는 그것이 공간개념으로 표현된 시간 표현이라는 사실을 표면상으로나 직감적으로는 쉽사리 포착할 수 없게 익어져 버린 말도 적지 않다는 데 우리는 관심을 모을 필요가 있다.

그 좋은 보기의 한 가지로서 '아까'라는 말을 들 수 있다. 이 말은 사투리에서 '아깨'라고 흔히 쓰이고 있음을 본다. 이 사투리 표현은 곧 이 말의 원형에 가까운 형을 아직 남겨 보여주는 것이라고 생각하면 어떤 지역의 사투리도 잘못 쓰이는 말이라고 버리려고만 할 것이 아니라 그 지역에서 생생히 살아 숨쉬고 있는 그 지방의 말 그대로를 잘 수집하여 그것을 통하여 우리말의 뿌리를 찾아 그 심오한 근원적인 의미와 거기에 서려 담겨있는 우리 선인들의 삶의 지혜를 읽어 보려는 노력을 경주할 필요성이 있음을 절감하게 된다.

'아까'의 사투리인 '아깨'는 곧 이 말의 근원형이라 할 수 있는 앒(前)＋ᄢ(時)＋의(方位)'가 줄어든 '앒ᄢ'의 변음임에 틀림없기 때문이다. 따라서 '아까'라는 말의 어원적인 의미는 '지금보다 좀 앞에 있던 시각에'를 말하는 '前時에'의 순 우리말 표현의 응축형으로서 요즘 표현으로서는 '좀 전에'라는 말과 같은 쓰임새의 표현임을 알 수 있다.

그러면 시간개념이 공간개념을 떠나서 인식될 수 없는 것처럼 공간개념

또한 시간개념을 떠나서 인식될 수 없는 필연적인 관계에 대해서 좀더 과학적인 탐색을 하면서 이야기해 보기로 하자.

그것은 어쩌면 철학의 근원적인 사유명제의 하나이었을 수도 있고 종교적 역사적인 차원의 조명을 거쳐 이해되지 않으면 안 될 어떤 고차적이고 다차원적인 인식방법이 동원될 필연성이 있을 수도 있기 때문이다.

4. 시간은 어디로 흘러가는 것일까?

시간을 우리는 어떤 기하학적 직선의 선분으로 상정해 놓고 거기에 세 개의 점을 찍어서 가운데에 찍은 점을 현재로 보면서 그 왼편을 과거로 읽고 바른편을 미래로 읽어서 설명하곤 한다. 이처럼 짧은 안목을 가지고 단순히 현재를 중심으로 그 이전을 과거로 보고 그 이후를 미래로 보아 시간을 이해하는 것은 시간이 직선으로 직진하고 있고 그것은 왼편에서 바른편으로 방향을 정해서 가고 있는 양으로 인식하고 있음을 분명히 보여주고 있다.

그런데 과연 시간은 딱 부러지게 시작과 끝이 있는 직선의 선분과 같은 것이며 그것이 직진하면서 지나가는 것일까? 그렇다면 그것은 어디에서 시작되어 어디로 가서 끝장이 나는 것일까? 우리의 언어습관으로 보면 '세월이 잘도 간다'느니 '세월이 덧없이 흘렀다'느니 하여 시간을 흘러가는 양으로 표현하고 있다. 그렇다면 시간은 직진한다기보다는 꾸불꾸불 휘돌고 감돌면서 물 흐르듯 윗쪽에서 아래쪽으로 점진적인 하향이동(下向移動)을 해 가는 것일까?

답은 간단하고도 분명하게 둘 다 '아니다!'일 뿐이다.

시간의 흐름은 단순한 직진도 아니요, 그렇다고 단순한 곡선의 하향이동도 아니다.

이것도 아니고 저것도 아니라면 시간의 흐름을 과연 어떤 것이라고 설명하는 것이 타당할까? 이 문제는 역사 이래로 많은 철학자와 과학자들이 크나큰 문제의식을 가지고 논의의 대상으로 삼아왔던 과제이기도하다. 그리고 시간은 결코 시간만으로 존재할 수 없다는 데 우리는 유의 할 필요가 있다.

그 시간은 반드시 공간과 공존함으로써 비로소 시간으로서의 인식이 가능한 것이다. 이것을 역으로 말하면 어떠한 공간도 시간을 떠나서 공간만을 제대로 인식할 수가 없다. 그것은 시간과 함께 공존함으로써 비로소 인식이 가능하다. 이처럼 시간과 공간은 항상 각각이 아닌 공존의 관계로서 우리의 인식세계에 들어나고 있다는 점을 명심할 필요가 있다.

그러면 예로부터 이제까지 시간의 개념이 어떠한 양상으로 인식되어 왔는가에 대하여 그 변화과정의 굵은 가닥을 몇 가지로 끊어서 구분하여 생각해 보는 것도 흥미로운 일의 하나가 아닐까 한다.

가) 원형회귀의 반복으로 본 그리스인의 시간관

사람은 원시림이 무성한 자연의 품 안에서 차츰 인지가 계발됨에 따라 자연 속의 불모지를 일구어 물과 풀을 상대로 농경생활을 시작하게 되었다. 이러한 농경생활을 하면서 물과 풀을 따라 옮겨 다니며 가축을 사육하기도 했던 유목민(遊牧民)으로서의 그리스인들은 봄, 여름, 가을, 겨울의 계절이 바뀜에 따라 식물이 싹터서 움돋고 성장하고 꽃을 피워 생식하며 결실하고 시들어 가는 것이 반복되는 일련의 과정에서 보는 시간의 흐름을 지상에서 보는 천체의 순환하는 모습처럼 생각하였다. 해가 돋으면 다시 지고 다음 날 다시 돋는 것처럼 봄, 여름이 가고 가을, 겨울이 지나면 다시 봄이 오게 마련이어서 하나의 원형의 회귀성(回歸性)을 갖는 것으로 보았다.

그리하여 플라톤(Platon)은 이러한 시간의 회귀성을 하나의 이데아(Idea)적 실체로 생각하여 환상의 작용으로 보았다. 따라서 시간의 흐름을 원점으로 되돌아가는 원형회귀의 반복으로 인식하였던 것이다. 이러한 그리스인의 시간관에서는 같은 것이 끊임없이 되풀이 될 뿐이라는 생각을 함으로 말미암아 시간에 대한 인식에 있어서 신선미가 사라지고 진보가 불가능하다고 인식함으로써 이윽고 역사의 발전을 인정할 수 없게 되었다. 그리하여 급기야는 몰락하는 종말론에 부딪치고 마는 이른바 비극적 종말론에 귀착되고 마는 것을 면할 길이 없어 그것을 원하건 원치 않건 간에 어쩔 수 없는 사실로 인정하지 않을 수 없었다. 다시 말하면 삼라만상의 모든 현상은 순환하는 시간의 회귀성의 바퀴를 따라 쉴 새 없이 반복하여 돌고 돌다가 이윽고 인간세상은 무너지고 만다는 것이 그리스인의 시간관이 보여주는 회귀성의 비극이다.

나) 목표지향적인 기독교의 시간관

아우구스티누스(Augustinus)는 일찍이 이렇게 말했다. 시간이란 무엇이냐고 묻지 않을 때는 알고 있지만 물음을 받았을 때는 무엇이라고 답을 할 수 없는 그런 것이라고. 그러면서도 시간을 파악하지 못하고서는 현실 그 자체를 도무지 파악할 수 없는 현실인식의 근본적인 개념으로 보았다.

시간은 과연 어떤 모양으로 오고 또 가는 것일까? 참으로 미묘하고 신비스러워서 우리의 일상적인 생활감각으로서는 좀처럼 감을 잡을 수가 없음을 깨닫는다. 그런데 그리스인의 몰락하는 종말론적인 비극적, 부정적, 소극적 시간인식의 방법과는 대조적으로 헤브라이인의 시간관은 직진하는 직선으로 인식되어 분명한 시작과 끝이 있고 그 끝은 신의 은혜로운 심판을 간절히 기다리는 미래의 목표지향적인 희망적, 긍정적, 적극적 시간인식의 방법을 취하였다.

유태인을 중심으로 한 기독교적 종말론을 신봉하는 그들은 인간세상의 장으로서의 지구의 운명을 유한한 운명체로 실정하여 인식하고 있다. 창조주(God)가 천지창조 당시에 자신의 형상대로 만들어 이 지상의 주체자로 세운 첫 사람 아담(Adam) 이래로 인류의 역사를 이루는 시간을 6000년의 제한된 기간으로 인식한다. 인류 최초의 사람 아담으로부터 노아홍수를 거쳐 인류가 스스로 높아져서 절대자를 넘보려는 죄악으로 인하여 바벨(Babel)탑이 무너져 멸망하기까지 2000년이 지나면, 유대민족을 하늘의 선민으로 삼는 창조주가 보낸 구세주 그리스도의 탄생을 기다리는 기간 2000년을 맞게 되고, 그리스도가 탄생한 이후 33세를 일기로 인류의 죄를 대속하려 고난과 죽음을 감수하고 부활, 승천하여 다시 은혜로운 재림심판자로 올 것을 기다리는 오늘날 우리가 그 말기에 생존하고 있는 기간 2000년을 맞게 됨으로 지상의 인간세상은 끝이 나고, 신의 세계인 1000년 왕국과 영원세계를 맞는다고 인식한다.

오늘날 역사를 영어로 'History'라 하는 것도 알고 보면 'His Story'의 응축형으로서 조물주가 구세주 그리스도를 통해 경영하는 이야기인 것으로 풀이된다. 즉 역사란 곧 예수의 이야기란 뜻으로 이해되는 말이다. 이것을 뒷받침하는 것은 오늘날 세계 공통의 역사적 연대기가 'A.D.'와 'B.C.'로 기록되고 있는 데에서도 나타나고 있다.

'B.C.'란 서양력 기원 이전(西洋曆紀元以前)이라는 뜻으로 쓰이는 '紀元前'인데 이는 'Before Christ'라는 영어의 약호이다. 이것을 우리말로 쉽게 풀이하면 구세주인 예수 오시기 이전의 연대라는 뜻이 된다. 따라서 기원전이란 예수 이전이란 말로 표현되고 있는 것이다. 'A.D.'란 서양력(西洋曆)의 연대기(年代記)를 뜻하는 것인데 이것은 'Anno Domini'라는 라틴어의 약호로서 영어로 번역하면 'in the year of our Lord'라는 뜻으로 풀이된다. 이것을 알기 쉬운 우리말로 풀이하면 '우리 구주 오시고 나서부터 은혜로운 심판을 하실 때까지의 연대'라는 뜻이 된다. 다시 말하면 '西曆紀元'이란 곧 예수 이후라는 말로 표현되고 있는 것이다.

이렇게 보면 인류의 역사는 예수 이전인 'B.C.'와 예수 이후인 'A.D.'가 합해진 예수의 이야기인 'His Story'로 인류 역사(history)의 연대기를 말하고 있는 것이다. 여기에서 우리는 유대인의 기독교적 시간관의 유한성이 오늘날 역사 기술의 언어로 화석화되어 이제는 온 세계 공통의 연대기로서 변함없이 붙박이로 정착되어 상용되고 있음을 본다.

유태인을 중심으로 기독교적 종말론을 신봉하면서 이에 관련하여 창조주요, 우주경영자인 신(God)에 대한 목표지향적 관념에 젖어 있는 헤브라이인들에 있어서는 신은 이미 있으나 아직 안 오고 있다는 변증법적 사고에 의하여 역사적 시간을 시작과 끝이 분명한 미래지향적인 직선으로 직진하는 것이라고 보았다.

　　그리하여 헤브라이인은 시간이란 물 흐르듯이 '하향이동'하는 흘러가는 것
이 아니라 지속성과 돌파성을 가지고 정해진 출발점에서 정해진 목표에 도달
하기까지 직진하는 역사적 개념으로 인식하였다. 이러한 헤브라이인의 시간관
에서는 베르그송(Bergson)의 말처럼 현재란 역사의 목표에 도달하기 위한 중간
단계로서 직선으로 뻗어 직진하면서 창조적 진화를 거듭하여 진보발전해 가지
만 그 직선은 언젠가는 끝이 나고야 말 것이기 때문에 신의 은혜로운 심판을
기다릴 수밖에 없는 기독교적 종말론에 귀착하게 마련이다.

　　이것은 오늘날 첨단과학시대에 있어서도 온 인류의 태반을 차지하는 기독
교인의 사상으로 확신되고 있는 것이다. 뿐만 아니라 'B.C.'와 'A.D.'가 '역사
(history)'의 기본적인 연대기 표기임을 감안해 볼 때, 이것은 과학과 학문 전
역에 걸친 역사적 연대기 기록에도 의식적으로 또는 무의식적으로 그대로 적
용되고 있음을 우리는 확인할 수가 있다.

다) 가속일로로 달려가는 변증법적 시간관

　　위와 같은 두 가지 상반된 시간관 곧 그리스인의 회귀성과 헤브라이인의
직선적 미래지향성을 합친 안목에서 헤겔(Hegel)은 "시간이란 둥글게 순환하
면서 나선형으로 차츰 크게 돌며 사선으로 상향 전진하여 따라서 점점 빨라
진다."고 하는 변증법적 시간관을 내놓기에 이르렀다. 이러한 일련의 시간관
에 깃든 감정적 심리적 측면을 제거하고 객관적 구성체로서 우주를 관류하
는 시간을 인과의 순서로 정의하려는 과학적 시간관도 등장하여 있다.

5. '인간'에 관한 몇 가지 착각

　　우리는 우주 속에 인간이 존재한다고 생각한다. 이 생각이 옳다. 그리하여
'宇宙' 안에 '人間'이 살아간다고 생각하게 된다. 그러나 이 생각은 옳지 않
다. 왜냐하면 우주는 공간이고 인간은 그 공간에서 살아가는 사람이라고 생
각하는 것은 착각이기 때문이다. 우주는 공간개념에 그치는 것이 아니라 무

한한 공간과 무한한 시간을 포괄하는 개념이요, 인간은 사람 또는 사람과 사람 사이를 바꿔 말한 한자어인 것이 아니라 사람이 살아가는 이 세상이라는 공간개념이기 때문이다. '자연과 섭리'라는 말은 곧 조물주가 무한대의 공간 속에 들어있는 만물을 무한대의 시간 속에 들어 있는 현재로 있도록 끝없이 관리하는 오묘한 신비의 초월적인 우주질서의 개념을 나타내는 말이라 할 수 있기 때문이다.

가) '人間'의 근원적 의미

이백의 시 '山中問答' 가운데 '別有天地非人間'이라는 구절이 나오는데 여기에서 '人間'은 사람을 가리키는 것이 아니라 사람이 살아가는 공간을 말하는 것으로서 곧 이 세상을 가리키는 말이다.

따라서 우주는 공간이고 인간은 사람이라고 보는 것은 이 말의 근원적인 큰 뜻을 다 잊어버리고 말단적인 부분의 뜻에 길들어져 버린 탓으로 우리가 오늘날 쓰는 언어감각은 착각의 늪에 깊이 빠져들어 이제는 원상회복이 거의 불가능하리만큼 굳어진 착각의 화석화 그대로 통용되고 있음을 깨닫고 보면 안타까움을 금할 수가 없다. 뿐만 아니라 이름 있는 명사나 교육자들의 연설을 듣는 가운데 종종 우리는 '사람 인(人)'자는 두 획이 왜 서로 기대어 있는가 하면, 사람은 서로 기대어 의지하며 살아가야 하는 사회적 동물이어서 결코 혼자는 살 수 없음을 보여주는 것이라고 그럴싸한 교훈의 말을 설파하는 경우를 만나기 일쑤다. 이는 실로 코웃음을 자아내게 하는 어이없는 착각이요, 몰상식한 발언이다. 이것은 '人間'을 '사람' 또는 '사람과 사람 사이'로 풀이하는 것이 그대로 연장 확대되어 사람이 서로 기대어 의지하고 사는 모습으로 그린 것이 아닐까 하는 착각으로 유도된 것임에 틀림없다. 그런데 우리가 좀 관심 있는 안목을 가지고 살펴보면 '人間'이 사람이라고 생각한다든지 사람과 사람사이에서 부대끼며 살아가는 사회생활로서의 인생살이라고 생각하는 것은 사람이 살아가는 공간으로서의 이 '세상(world)'을 가리키는 원래의 근원적인 의미를 망각하고 피상적인 글자풀이로 잘못 판단한 데서 오는 착각이 화석화된 것이라는 것을 분명히 깨달아 알 수 있다. 그렇다면 '사람'이라는 우리말은 무엇을 뜻하는 우리말로 이루어졌으며 그것을 가리키는 한자 '사람 인(人)'자는 무엇을 근거로 만들어진 것일까? 그 실상을 과연 명쾌하게 밝힐 수 있는 근거는 있는 것이냐 하는 종국적인 질문에 우리는 이윽고 도달하고야 말았다.

나) '사람'과 '人'의 근원적인 의미

'사람'이라는 우리말은 '살다(生)'라는 동사에 그 뿌리를 두고 자란 말이다. 이 '살다'가 두 가지 명사로 바뀐 모습을 '삶'과 '사람'에서 찾아볼 수가 있다. 여기에서 '살다'가 '사롬사리(살＋음＋살＋이)'라는 말로 이어져 쓰이면 인생살이를 뜻하게 되고, '사롬사리'(살＋옴＋살＋이)라는 말로 쓰이면 살림살이를 뜻하게 된다는 것을 눈여겨보면 '사름'은 곧 '사람(人生)'으로 유도되는 어형이고, '사롬'은 '살림(生計)'으로 유도되는 어형임을 알 수 있다. 이때 '사름(人生)'과 '사롬(生計)'이 합쳐져서 '사리(生活)'와 의미상 관련이 맺어지게 최근에 새로 조어(造語)된 것이 다름 아닌 '삶'이라는 현대감각이 넘치는 어휘항목이 아닐까 한다.

'사람'이 '삶'과 함께 '살다'(生)에 근거하고 있음은 성경의 천지창조 장에서 창조주가 인간을 흙으로 빚어서 그 코에 '生氣'를 불어넣어 '살아 숨쉬게'했다는 삶의 근원적인 풀이와도 일치하고 있음을 알 수 있다.

끝으로 한자 '人'에 대한 착각에 대해 해명해 보기로 하자.

'人'이라는 한자는 상형문자다. 그렇다고 하여 이 글자를 두 사람이 기대어 의지하고 서 있는 모양을 상형한 것이라는 성급한 판단을 해서는 안 된다. 그것은 사실과 맞지 않는 어림없는 오판이기 때문이다.

그러면 '사람 인(人)'자는 어찌하여 두 갈래의 획을 맞붙여 기대어 놓은 것일까? 그것을 밝히기 위해서는 이 글자의 옛 모습을 찾아 거슬러 올라가 보아야 한다.

한자의 발달을 오늘날 확인할 수 있는 것은 B.C. 1500년경 중국 은나라시대

(中國殷代)에 생긴 것으로 추정되는 '甲骨文字'로서의 '契文'에서 비롯된다. 이것은 B.C. 1050년경에 주나라시대(周代)에 나타나는 '金文'으로 이어지고 B.C. 403년 전국시대(戰國時代)에 나타나는 '篆文'을 거쳐서 B.C. 206년 한대(漢代)에 나타나는 '隷書'로 이어진다. 한자의 원의(原義)를 추구하기 위해서는 篆文 이전의 글 자체(字體)에서 상형(象形)의 실체를 이해해야 한다.

요즈음에도 자주 볼 수 있는 전자에서는 'ル'로 되어 있고, 그보다 옛 글자인 '金文'에서는 'ㅓ'와 같이 쓰였으며, 그보다 더 옛 글자인 '契文'에서도 비슷하게 'ㅓ'로 나타나 있다. 이것은 사람의 머리, 팔, 몸, 다리에 걸친 온몸을 펴서 사람이 우뚝 서 있는 모양을 본떠 그린 상형문자다. 따라서 '사람인(人)'자는 두 사람이 서로 기댄 것을 본뜬 것이 아니라 한 사람이 서 있는 온몸을 그린 글자다. 이것이 붓으로 획을 편하게 긋는 관습에 의해서 오늘날의 '人'으로 정착되기에 이른 것이다.

6. 마무리

글자 모양에 대한 피상적 고찰은 그 근원적 의미를 파악하지 못하면 오히려 왜곡하기까지 한다. 이런 피상적 고찰이나 왜곡이 사회적 저명인사에 의해 이루어질 경우, 일반인들은 이른바 권위에 따르는 맹목적 믿음 때문에 그것들을 진실로 받아들이곤 한다. 아마 '人間'과 '宇宙'가 그 대표적인 예일 것이다.

'人'을 두 사람이 서로 의지하고 있는 모습으로 파악하는 태도가 오해의 전형이며 '宇宙'를 그 훈에서 유추한 결과 생활공간쯤으로 인식하는 자세가 또한 그렇다. 그러나 앞의 논의에서 알 수 있었듯이 그 진실은 다음과 같이 요약될 수 있다.

'甲骨文字'로서의 '契文'에서는 'ㅓ', '周代'의 '金文'에서는 'ㅓ'으로 나타나는 것을 볼 때 '人'은 원래 한 사람의 우뚝 서 있는 모습을 상형한 문자이다. '人間'이란 어휘는 이백(李白)의 '山中問答'에서 분명히 알 수 있듯이 인간세간 즉 사람이 살아가는 생활공간을 의미한다.

'사람'의 어원은 '살다'에서 찾을 수 있다. '사름사리(살＋음＋살＋이)'는 인생살이를 의미하는 데 여기서 '사름'이 지금의 '사람'의 옛 모습이다. 그 당시 '사름'의 의미는 인생(人生)이었다. 이와 비슷하게 '사롬사리(살＋옴＋살＋이)'는 살림살이를 의미하여 '사롬'은 '살림'의 옛 모습이다.

상식적 개념으로 파악해 온 '宇宙'는 다음과 같은 근원적 의미를 잊고 있다. '宇'는 '天地四方'의 온 공간을 나타내며 '宙'는 무한히 먼 태고에서 현재까지 그리고 현재에서 무한한 미래까지 뻗어가는 시간을 나타내고 있다. 그래서 '宇宙'는 모든 천체를 담고 있는 공간개념과 그 공간의 변화를 이루어가는 시간의 개념으로 만들어진 말이다. 그러나 시간과 공간의 개념은 서로 각각의 것으로 이해될 수 없다. 가령 '空間'으로 이해되는 '時間'의 예는 '아까'의 방언형 '아깨'에서 찾을 수 있다. 이는 '앒(前)＋쯰(時)＋의(方位)＝앒쯰'로 분석되는데, 그 어원적 의미는 '지금보다 조금 앞에 있던 시각에'의 뜻이다.

이와 대조적으로 시간으로 이해되는 공간의 개념의 예는 그리스와 기독교의 시간관에서 볼 수 있겠다. 어쨌든 '宇宙'의 의미 속에 포함되어 있는 시간, 공간의 개념은 단순한 논리로 규명되는 것이 아니다. 네 개의 차원으로 나뉘어 인식되는 공간들이 마치 빛의 삼원색처럼 각각 개체와 집합과 관계라는 다른 빛깔이 되어 시간이라는 연결체를 매개로 시공 공유개념으로서의 우주를 형성한다. 즉 '宇'와 '宙'는 위와 같은 집합이론을 통해 광대무변한 상태로 시간과 공간이 언제 어디서나 항상 함께 하고 있다는 관계를 맺어가며 '宇宙'를 형성하는 것이다. 그리하여 삼라만상은 시간을 따라 끊임없이 오늘 이 시각을 돌아오지 않는 과거로 밀어내며, 내일은 더 큰 원을 나선형처럼 그려가기 위해 갈수록 가속도를 내어 변해 가고 또 변해 가리라.

<h1 style="text-align:center">◇참고논전◇</h1>

김문창, 1974, 『국어 관용어의 연구』, 국어연구(서울대) 30

김민수, 1981, 『국어의미론』, 서울: 일조각

김방한, 1983, 『한국어의 계통』, 서울: 민음사

김승곤, 1984, 『한국어의 기원』, 서울: 건국대 출판부

김종택, 1992, 『국어어휘론』, 서울: 탑출판사

남광우, 196=75, 『국어학 논문집』, 서울: 일조각

남광우, 1975, 『국어학 연구』, 서울: 선명문화사

문선규, 1972, 『조선관역어 연구』, 서울: 경인문화사

박갑수, 1979, 『사라진 말 살아남는 말』, 서울: 서래헌

박갑수, 1983, 『우리말의 허상과 실상』, 서울: 한국방송사업단

방종현, 1963, 『일사국어학논집』, 서울: 민중서관

서정범, 1989 『우리말의 뿌리』, 서울: 고려원

송정석, 1988, 『한국어의어원잡기』, 서울: 의학문화

심우성, 1975, 『한국의 민속놀이』, 서울: 삼일각

심재기, 1982 『국어어휘론』, 서울: 집문당

양주동, 1962, 『국학연구논고』, 서울: 을유문화사

유창돈, 1964=71, 『이조어사전』, 서울: 연세대 출판부

유창돈, 1974, 『어휘사연구』, 서울: 선명문화사

이기문, 1961=78, 『국어사개설』, 서울: 탑출판사

이남덕, 1985, 『한국어 어원연구 Ⅰ－Ⅳ』, 서울: 이화여대 출판부

이숭녕, 1961＝84, 『국어조어논고』, 서울: 을유문화사

이용주, 1972, 『의미론개설』, 서울: 서울대 출판부

이탁, 1958, 『국어학논고』, 서울: 정음사

임지룡, 1992,『국어의미론』, 서울: 탑출판사

전희수, 1962,『서구어 어원산책』, 서울: 동지사

정약용, 1819＝1911,『아언각비』, 김종권 역주 1976 서울: 일지사

정호완, 1988,『낱말의 형태와 의미』, 대구: 대구대 출판부

최창렬, 1980＝83,『한국어의 의미구조』, 서울: 한신문화사

최창렬, 1984,『우리말 계절풍 이름의 어원적 의미』, 한글 183

최창렬, 1985,『우리말 친족어의 어원적 의미』, 국어교육 51ㆍ52

최창렬, 1986,『우리말 어원연구』, 서울: 일지사

최창렬, 1987,『어원의 오솔길』, 서울: 한샘

최창렬, 1989,『아름다운 민속어원』, 전주: 신아출판사

최창렬, 1990,『양의 수와 음의 수』, 한국언어문학 28

최창렬, 1991,『수를 세는 말의 어원』, 김석득 박사 회갑기념 국어의
     이해와 인식

최창렬, 1992,『족두리와 남바위의 어원적 의미』, 김민수 박사 정년
     기념 고이힉 백년사 Ⅱ

허 웅, 1955＝79,『중세국어연구』, 서울: 정음사

홍사만, 1985,『국어어휘의미연구』, 대구: 학문사

加藤常賢, 1982,『漢字の起源』, 東京: 角川書店

渡野昇一, 1977,『英語の語源』, 東京: 講談社

山田勝美, 1980,『漢字の語源』, 東京: 角川書店

山中襄太, 1979,『國語語源辭典』, 東京校倉書房

小倉進平・河野六郎, 1964,『增訂補注 朝鮮語學史』, 東京刀江饗院

松野道男, 1981,『英和辭典にない語源情報』, 東京南雲堂

安 井 稔, 1978,『言外の意味』, 東京: 研究社出版

田井信之, 1978,『日本語の語源』, 東京: 角川書店

佐藤喜什治, 1982,『現代の語彙』, 東京: 明治書院

池上喜彦, 1975＝80,『意味論』, 東京: 大修館書店

太 田 朗, 1980,『否定の意味』, 東京: 大修館書店

大田垣正義, 1979, 『英語の語源』, 大阪: 創元社

Bacquet Paul, 1976, 『L'etymologie』, Que sais-je? No.1652
大泉昭夫外日譯, 1980, 『英語の語源』, 東京: 白水社
Chafe Wallace L, 1970, 『Meaning and the Strusture of Language』, Chicago: University of Chicago Press
Guraud Pierr, 1964, 『La Semantibue』, Press Universitaires de France Leech Geoffry, 1974=81, 『Semantics: 2nd edition』, Penguin Books
Lyons John, 1981, 『Language, Meaning & Context,』 Fontana Paperbooks
Ramstedt G.J., 1982, 『Paralidomena of Korean Etymologies』, Helsinki: Soumalatais Ugrileinen Seura
Ulhnann Stephen, 1966, 『Language and Style』, Oxford: Basil Blackwell

최창렬　　문학박사
　　　　서울대학교 사범대학 국어교육과 졸업
　　　　교육부 국정도서 심사위원
　　　　한국교육개발원 교육과정 심의위원
　　　　숙명여자대학교 문리대 강사
　　　　서울대학교 교환교수 역임

　　현재　전북대학교 명예교수
　　　　한국어의미학회 고문
　　　　한국독서학회 자문위원
　　　　한국국어교육학회 평생회원

주요논저　『한국어의 의미 구조』, 『우리말 어원 연구』, 『어원의 오솔길』,
　　　　『오솔길을 따라서』, 『새국어수업연구』(공), 『아름다운 민속어원』,
　　　　『우리 속담 연구』, 『말과 의미』, 『국어과 교수법』(공),
　　　　『국어의미론』(공) 외 다수

어원산책

• 초판 인쇄	2006년 4월 1일
• 초판 발행	2006년 4월 1일
• 지 은 이	최창렬
• 펴 낸 이	채종준
• 펴 낸 곳	한국학술정보㈜
	413-756, 경기도 파주시 교하읍 문발리 526-2
	파주출판문화정보산업단지
	전화　031) 908-3181(대표) · 팩스　031) 908-3189
	홈페이지　http://www.kstudy.com
	e-mail(출판사업부)　publish@kstudy.com
• 등　　록	제일산-115호(2000. 6. 19)
• 가　　격	30,000원

ISBN　　　89-534-4972-3 93710 (Paper Book)
　　　　　89-534-4973-1 98710 (e-Book)